游牧者的抉擇

面對漢帝國的北亞游牧部族

王明珂　著

中央研究院
聯經出版公司

謹以此書紀念一位蒙古朋友

參普拉敖力布教授(1947-2002)

蒙古草原上的春牧（內蒙古新巴爾虎右旗）
蒙古草原上的羊群，在初春由冬草場遷移到春草場。

蒙古草原上初春牧馬（內蒙古新巴爾虎右旗）。

天山下的草原（新疆巴里坤）

新疆的巴里坤草原是西部匈奴的主要牧區之一；夏季天山融冰流下的溪水滋潤著牧草，此地以產善馬著稱。

草原上的羊群（新疆巴里坤）

草原上的羊群奔騰至水塘處飲水。

蒙古草原上的沙漠地（毛烏素沙地）

鄂爾多斯爲蒙古草原的一部分，其內有草原、河灘以及沙漠。

乾草原上放牧駱駝（新疆準噶爾盆地）

這是西部匈奴（右部）活動的地方，地處內陸，氣候乾旱，故宜養駱駝。漢朝廷常由西域出兵，打擊這一帶的匈奴部落。

蒙古草原上的牧主與牧工（內蒙古新巴爾虎右旗）

新巴爾虎右旗位於蒙古草原最東北緣，與森林草原地帶相接。森林草原地帶半農半牧的經濟，一般比不上純牧的草原，所以前者民眾常到草原上當牧工。

河湟地區的高原河谷（青海互助縣）

黃河上游及其支流湟水，流經青藏高原的東北邊緣，造成一個個高山環繞的河谷。

長江上游的高原游牧（四川色達）

傳說中，西羌無弋爰劍子孫有一支部落往南遷，過阿尼瑪卿與巴顏喀拉山脈，到了今日康藏與羌族地區成為當地的古羌人。

河湟地區的大河谷盆地（青海貴德）

西羌各大部落爭奪的大榆谷，即為黃河上游的貴德盆地；漢代羌人在谷地種麥，在山上放牧。今日仍是青海省的主要糧產區。

青藏高原上的夏季移牧（四川紅原）

夏季藏族牧民驅著旄牛與馬，轉移到高處的草場。

青藏高原上的夏季牧場（四川紅原）

夏季的青藏高原東緣，水草豐美，牧民可在一個牧地停留較長的時間。

青藏高原上牧民的冬場（四川若爾蓋）

牧民的冬場設在避風向陽的坡下，石圍籬爲圈牲畜的地方。

果洛藏族的冬場（青海果洛）

青海南部的果洛分爲三個大部落系統；每一大部落系統下又有數個大部落，大部落下有許多小部落。漢代西羌的各級部落體系與此類似。

藏族婦女擠牦牛奶（四川紅原）

森林草原游牧人群曾活動的地方（内蒙古克什克騰旗）

漢代烏桓、鮮卑等森林草原游牧人群曾活動的西遼河流域，今日絕大多數皆成了農區。

蒙古族的牧民村（内蒙古克什克騰旗）

傳統的冬場今日已成爲磚瓦水泥建造的牧民村。此時爲初冬，大批的牛羊還在外地放牧，以免浪費冬場儲存的草料。

圍牲畜的栅欄（内蒙古克什克騰旗）

冬季，克什克騰旗蒙古牧民的牛羊在村子附近吃草，牠們更依賴牧民在秋季儲備的草料來過冬。

冬季降雪的草原及遠山（内蒙古克什克騰旗）

冬季雨雪足，夏天草就長得好。遠方爲興安嶺的尾端山丘，過去應是林木茂盛的地方。

漢帝國邊郡的太平之世

此圖出於内蒙古鄂爾多斯鳳凰山漢代墓葬之墓室壁畫。畫中主題爲，邊塞無事，城内歌舞昇平，鄉間牛馬布野。此墓墓主爲邊郡長官；這幅畫表現漢代一位邊疆地方官員的期望（魏堅，《内蒙古中南部墓葬》，彩色圖版陸，圖2）。

漢代北方游牧者的形象

此爲內蒙古鄂爾多斯三段地漢代墓葬出土的泥俑，形塑的是東漢時期蒙古草原上的牧人，可能是匈奴人的形象。這個俑人頭戴尖頂風帽，身穿長披風，一副野外行走的避風裝扮。蒙古草原上的風相當大，無論是放牧或在外行走，此裝束有其實際需要（魏堅，《內蒙古中南部墓葬》，頁152，圖15.1）。

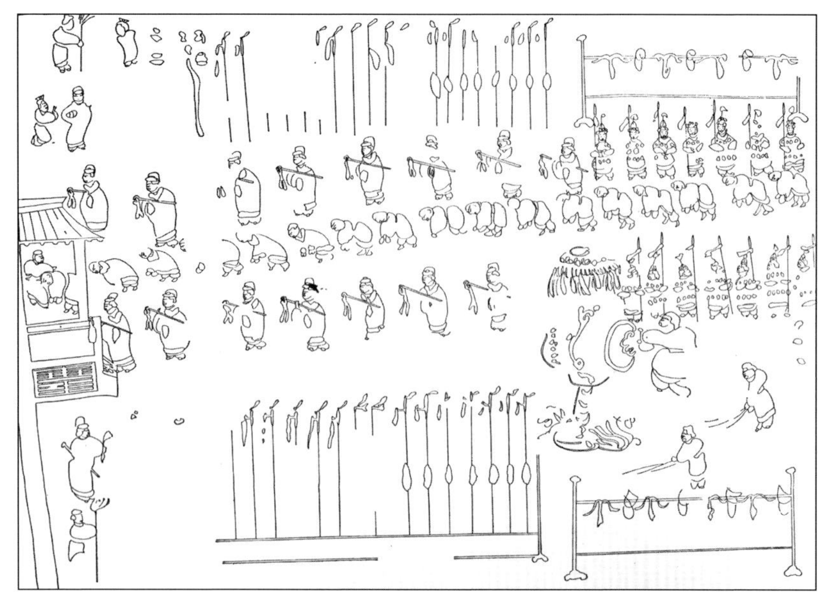

獻鮮卑降俘圖

此圖出於內蒙古和林格爾漢墓之墓室壁畫。畫中主題是，鮮卑降俘低頭魚貫進入正在慶賀軍功的官府。此畫所表達的是對鮮卑的軍事勝利後，主邊事的官員在衙府中慶功宴樂，並舉行獻俘儀式（內蒙古自治區文物考古研究所，《和林格爾漢墓壁畫》，頁17，圖35）。

漢代邊官出巡圖

此圖出於內蒙古和林格爾漢墓之墓室壁畫。畫中帶著士兵、隨從出巡的官員應是墓主；此畫顯示他們一邊巡行，一邊行獵，其巡行的地方應是較少人煙的邊郡塞外（內蒙古自治區文物考古研究所，《和林格爾漢墓壁畫》，頁12，圖28）。

匈奴墓出土銅牌

此銅牌出於寧夏同心縣匈奴墓。銅牌上的透雕主題爲，一個由馬拉的雙輪車，車上有一隻狗，車後有一騎馬戰士，手抓著戰虜的頭髮，而另一隻狗撲向此戰虜（寧夏固原博物館）。

銅馬

這個殘缺的立雕銅馬，造型簡單可愛，表現草原游牧者對馬深厚的情感（寧夏固原博物館）。

旄牛銅牌

這個銅牌在寧夏固原地區徵集，其製作年代約爲戰國末至漢代。銅牌紋飾上的牛，神態猙獰，腹下、腿邊有長毛，表現的應是旄牛（寧夏固原博物館）。

獸噬羊銅牌

這面銅牌爲固原地區出土之漢代草原民族腰間的帶飾，其主題是一隻野獸正在吞食一頭羊（寧夏固原博物館）。

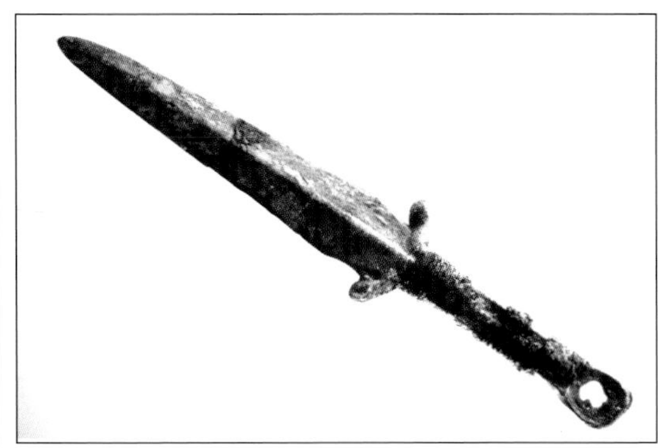

草原游牧人群的青銅短劍

此爲內蒙古鄂爾多斯出土的青銅短劍，其年代約在戰國至西漢（鄂爾多斯博物館，《鄂爾多斯青銅器》，頁57）。

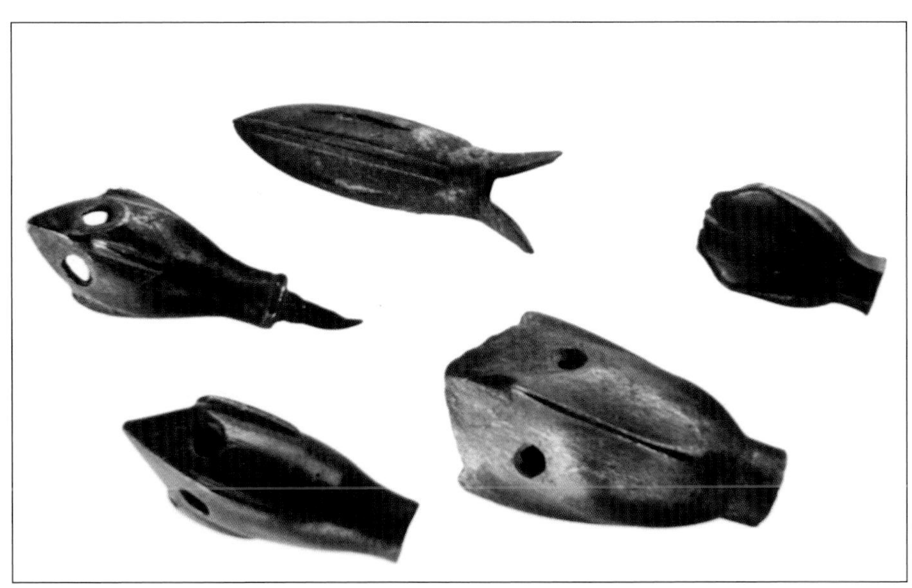

鳴鏑

這些鳴鏑均出土於內蒙古鄂爾多斯地區。鳴鏑爲一種箭頭，其功用不在於刺透目的物，而在於箭射出時讓箭帶著響聲。《史記》記載，匈奴冒頓以鳴鏑帶領他的屬下亂箭射殺其父王，而得到單于之位（鄂爾多斯博物館，《鄂爾多斯青銅器》，頁62）。

許倬雲序

多年來，王明珂先生屢次前去四川北部羌族地區調查，根據田野訪談與當地調查，提出具有卓見的報告，久已爲同行欽佩。尤其他指出族群之間的關係，常以「英雄」、「兄弟」之類的故事，傳達了隱喻的資訊。王先生的報告，洞察族群認同與共同體意識之間微妙的關係，也在中國民族學田野報告的傳統方式之外，開闊了報導與闡釋雙管齊下的方法學。

本書則是王明珂先生著作中，又一新的嘗試。他以比較研究的方法學，陳述草原與高山兩種游牧文化，列舉中國地區北方與西方不同的地形地勢及其生態條件，決定了兩種迥然不同的放牧經濟與由此衍生的社會形態。由此差異，而有兩種牧業各有其發展的歷史過程。王明珂先生的貢獻，實已由田野報告，提升到比較研究的理論。他的造詣，百尺竿頭，更進一層，又出現了一次躍升！

忝爲王明珂先生在史語所的老同事，我當然爲王先生的學業精進十分欣喜！欣喜之餘，也願爲本書陳述的許多現象，添上點讀後的感想，聊備本書的附語。

中國北方草原的族群，歷史上即與其南邊的中國農民，有過長期的衝突與融合。一次又一次，北族組織了強大的草原聯盟，挑戰南方的大帝國，而且還多次征服了中國的一部分，甚至兩度君臨中國。在這一類的鬥爭過程中，北族人口少，掌握的資源也不多，卻不僅使中國疲於奔命，更能擊敗廣土眾民的中國。在人類歷史上，除中國的個案外，波斯帝國與印度也曾遭遇草原族群的衝擊，情形並不完全相同。歐亞大陸的印歐語民族，一波又一波，侵入印度與歐洲各處，殖民建國，終於改變了這個地區的人種成分，也在歐洲發展了高加索族群的文化。

亞歐大草原游牧族群的動能如此強大，是不是意味游牧族群的特色？我們不妨觀察別處游牧族群的情形，作爲比較。在非洲東部山谷的馬賽人，他們牧養非洲牛，已有數千年的歷史，馬賽人的牧群裏只有數十人的親屬團體，分布各處，移動的範圍並不大，星羅棋布，分散在各處，自古以來，未曾結合爲大型的複雜組織，也未曾成爲農耕族群嚴重的威脅。

阿拉伯的貝都因人，自古以來就在這一片乾熱的沙漠牧養羊群，沙漠中有水源之處，就有貝都因的部落，一個部落，也不過數十家，數百個部落，彼此獨立，不相隸屬，各有設克爲其首領。貝都因人，能征善戰，但也不過劫掠商旅，似乎未曾聯合爲麾下的部落聯盟，像匈奴、蒙古那樣，構成游牧帝國。阿拉伯人忽然飆起，是在穆罕默德的宗教力量，集合許多部落，才發展爲強大的實力，從伊斯蘭大帝國的崛起，可以獲知「組織」是集合那些牧民的重要條件。

再以本書山地牧民的情形觀察，中國西部山地高度高、緯度低，山頂、山坡與谷地之間，溫度顯著的不同，牧養的牲口，冬季入谷避寒，春天開始，一點一點的往山上移動，可以常年有足夠的飼料。牧民只須在同一地點，上山下山，不必遷移，於是也可有農業補充牧業的不足。山地陡峭，沒有廣大的空間發展大型聚落，因此，山地牧業的居住形態，也是規模不大的社區，分散在交通不便的廣大山裏。這樣的條件，不利於聚合爲巨大的複雜社群。東漢的羌人，長久以來，只有地方豪強，沒有大部落，更別談國家形態的組織了，唐代吐蕃崛起，成爲當時列強之一，其資源大部取於山下的青海大草原及天山南路的綠洲城市；吐蕃人力不足，還須掠取中國百姓驅趕入蕃。吐蕃維持帝國的力量有限；所以沙洲漢人地方勢力張曹諸族可在河西割據，吐蕃竟不能不容忍其存在。

據以上所述，可以推知，中國北方草原牧民，由匈奴以至蒙古，能夠常常聚合成大型帝國，應當有一些必要的條件。

我以爲，東方的牧業文化，應在新石器文化時代，距今五千多年前的紅山文化，已有相當程度的生產能力。其北面極限，已推到相當於後日長城一線，更往北去，溫度雨量都已不利於農耕。於是，在今日內蒙一帶，農業只能勉強維持百姓生計，必須以採集和漁獵補充食糧之不足。飼養牲口不得不在較大的空間放牧，以就食於水草。這一初步的游牧生活，限於人類的體力，不能超越一定的空間。須在馴養馬匹的知識，由中亞逐步傳入東方草原後，東亞方才有了長程移動的游牧，謀生的能力遂大爲增強。又因爲驅車之便，長途貿易，更使資源與訊息也可以傳遞流通。凡此條件，遂使大型複雜社會可能出現，草原大帝國，幾乎都是以「滾雪球」的方式，席捲大群牧民，以其騎射專長，飆起爲強大的戰鬥體。他們不需有後勤補給，也不必顧慮兵員的補充。昨天征服的部落，就是明天進一步攻擊的新兵。這種組織方式與騎馬作戰的速度，遂使草原上的牧民帝國，有其迅速崛起又迅速解散的發展過程，其中能征服南方農業文化的中國，並能入主中原的大帝國，則又消融於完全迴異的生態環境，終於爲農業大帝國同化了。

「五胡亂華」的鮮卑，是一個典型的例證，他們是東北山地森林以狩獵與初級農業維生的族群，在當地生態變化、生活艱困時，經過大約兩代的長途跋涉，進入可能是今日呼倫貝爾的草原，又逐步南移到長城線，一路以其騎射壯大自己的隊伍，終於進入中國，建立了征服王朝，又以漢化，消融於華夏文化。這一過程，契丹又重新走了一遍。但是，契丹並沒有全部漢化，西遼一支遷入中亞，建立喀喇汗國，最後才消融於中亞的族群之中。後來的女真與蒙古，幾乎都經歷了大同小異的過程，滿洲的經歷稍爲不同，他們在老家已以漁獵與農業，建立了城邦，但是滿洲征服中原，是結合了科爾沁蒙古的力量，而征服喀爾喀與準噶爾蒙部，則是結合了滿洲的武力與該地的資源。

王明珂先生這本著作內容豐富，受他的啓發，我聯想到一些相關的問題，寫入序文，也是我對王先生佳作的讀後感。

許倬雲 謹序

2008-11-1

自序與謝詞

我從前寫過幾篇有關中國早期游牧社會的文章，多年來一直希望能在此主題上完成一更整體的研究。然而從1995年開始進行羌族田野研究以來，我一直關注的是歷史記憶、族群認同、邊緣研究、文本分析、歷史心性等問題。近三年來，我又較積極的從事中國早期游牧社會研究，主要是爲了履行兩個承諾：一是，我在十餘年前修習游牧社會人類學時，對自己許下的將以此研究中國游牧社會的承諾；二是，對我的蒙古朋友參普拉敖力布教授的承諾。

1992年我在哈佛大學完成博士學位回到歷史語言研究所，先是不能免俗的花了兩年升等爲副研究員。隨後在1994年我第一次進入中國，迫不急待的希望能進行一些田野研究，使得我在哈佛所習的人類學知識更爲完整。在北京，我認識了中央民族大學的參普拉敖力布，一位蒙古學者。我們一見如故，我與他談了許多關於人類學游牧社會研究之情況，他十分感興趣，我們也相約合作進行有關蒙古游牧的研究。那一年離開北京後，我又到西安與青海西寧，最後進入川西的汶川。在汶川，我決定以川西羌族作爲往後研究的重心，就這樣開始了將近十年的羌族田野調查與研究。隨後幾年我與參普拉還有些書信往來，路過北京還到他家中喝馬奶酒，後來因工作繁忙便中斷了聯絡。

2002年有關羌族的研究即將完成時，我再與參普拉教授聯繫，但卻從他夫人的來信中得知他已在一年前去世。據說是有一天他結束田野研究返回家中，晚上感到不舒服，經緊急送醫後第二天便去世了；醫生說是過於勞累。近幾年我獨自進行些簡單的游牧田野觀察，並完成這本書，從某一角度來說也是爲了完成和朋友間的許諾。促使我進行此研究的，不只是我與參普拉間的朋友感情，更因爲我深深感受他以及其他蒙古朋友們對蒙古族人及其游牧文化的關懷。

這本書的內容，主要是以人類學的游牧社會研究成果及思考取徑，對中國早期游牧社會——漢代的匈奴、西羌，以及鮮卑與烏桓——作一些新考察。這個研究有多重目的。第一，提倡一種結合人類學游牧社會知識的游牧民族史研究；第二，藉著中國豐富的歷史文獻資料，來增進我們對人類早期游牧社會的認識；第三，促進游牧及定居農業文化人群對彼此的了解，並期望因此對中華民族內的漢蒙、漢藏關係有些貢獻。由最後這一點來說，此與我多年來所從事的羌族以及其他有關華夏邊緣的研究要旨是一致的。

在研究過程中，我曾受到許多朋友的幫助。我的學生蘇布德及她在呼倫貝爾草原上的哥哥們，特別是布仁特古斯先生，曾幫助我在新巴爾虎右旗進行草原游牧觀察。內蒙古克什克騰旗的寶音特古斯先生、朵日娜女士等人，以及參普拉的夫人斯琴格日勒女士，曾協助我在此的田野訪談與考察工作。川西阿壩藏族羌族自治州松潘草原上的資深獸醫鄭文志先生，曾陪伴我在紅原、若爾蓋進行藏族游牧考察，並授我許多有關當地牲畜生物性與疾疫方面的知識。我的朋友考古學者羅豐教授以及王欣教授，曾陪同我在寧夏、新疆、內蒙古等地造訪各個博物館及考古遺址，穿越準噶爾盆地、毛烏素沙地與長城，觀察賀蘭山、陰山、天山與巴里坤等地的自然環境生態與古人類活動遺跡。對於以上這些朋友，我致上十二萬分的謝意。本書有關的田野工作，受歷史語言研究所撰寫專書計劃經費的支持，我在此向該機構及相關人士致謝。本書主要內容完成於2006-2007年我在哈佛燕京學社任Research Associate的期間，部分內容曾在該校人類學系之演講中發表，在此我對哈佛大學燕京學社的杜維明教授、Peter Kelley教授與人類學系Rowan Flad教授等表達謝意。

本書所附彩色圖片引自內蒙古自治區文物考古研究所編著之《內蒙古中南部墓葬》（魏堅，1998）、《和林格爾漢墓壁畫》（2007），鄂爾多斯博物館編著之《鄂爾多斯青銅器》（2006），以及寧夏固原博物館之藏品照片；在此謹向同意授權刊出之以上各機構表示感謝。

王明珂

2008於南港

目次

序／許倬雲 …… i

自序與謝詞 …… v

前言 …… 1

第一章　游牧經濟與游牧社會 …… 15

自然環境 …… 16
畜產種類及其動物性 …… 21
畜產構成 …… 28
游牧與其移動模式 …… 33
游牧生產、分工與消費 …… 40
輔助性生業：狩獵、採集、農作、貿易、掠奪 …… 46
游牧社會組織：家庭與牧團 …… 52
游牧社會組織：家族、氏族與部落 …… 60
分枝性社會結構、領袖威權與外在世界 …… 67

第二章　中國北方游牧社會的形成 …… 75

有關歐亞大陸游牧起源的一些問題 …… 76

考古學有關中國北方游牧文化起源的研究討論 81
西元前15至前3世紀中國北方的人類生態與社會變遷 90
內蒙古中南部與晉陝之北 92
西遼河流域與燕山地區 95
甘青之河湟地區 101
環境、經濟生態與人類社會 108

第三章　草原游牧的匈奴 113

游牧「國家」問題 115
地理與自然環境 118
匈奴的游牧經濟 122
牧區與畜產 122
季節移牧活動 133
輔助性生計活動 139
游牧經濟下的匈奴國家與社會 153
匈奴牧民在國家與部落間的生存抉擇 158

第四章　高原河谷游牧的西羌 167

河湟地理環境與人類生態 168
河湟羌人的游牧經濟 172
畜產構成 173
季節移牧 176
輔助性生計活動 181
羌人部落及其社會 188
羌人之種號與豪酋之名 189
部落結構 197
部落領袖之決策權 198

羌人牧民的生存抉擇 ……… 200

第五章　森林草原游牧的烏桓與鮮卑 ……… 205

秦漢時期遼西的地理環境 ……… 208
烏桓、鮮卑的游牧經濟 ……… 210
　畜產構成 ……… 210
　季節移牧與狩獵、農作 ……… 213
　貿易與掠奪 ……… 217
烏桓、鮮卑的部落社會 ……… 221
　家庭 ……… 221
　牧團 ……… 223
　部落與部落聯盟 ……… 225

第六章　游牧部族與中原北疆歷史 ……… 229

魏晉隋唐的中原王朝與炎黃子孫 ……… 230
漢代以後游牧部族與中原帝國的互動 ……… 233
　長城邊緣地帶 ……… 233
　河湟與西北邊郡 ……… 237
游牧國家興衰：歷史循環論 ……… 240
歷史本相與表相 ……… 245
　游牧國家、部落與部落聯盟 ……… 246
　歷史本相的延續與變遷 ……… 250

結語　邊界・移動・抉擇 ……… 253

邊界 ……… 253
移動 ……… 255
抉擇 ……… 257

認知的邊界、移動與抉擇 …… 259

參考書目 …… 263

索引 …… 281

表目次

表1　阿穆拉貝都因人各氏族所宣稱的祖源關係 …… 65
表2　布里雅特蒙古各氏族部落祖源關係 …… 67
表3　漢軍與匈奴戰爭中擄獲匈奴畜牲記錄 …… 127
表4　史籍所見匈奴入寇漢帝國之發生季節 …… 148
表5　漢羌戰爭中漢軍擄獲羌人畜牲記錄 …… 174
表6　史籍所見羌入寇漢帝國之發生季節 …… 187
表7　史籍所見鮮卑入寇漢帝國之發生季節 …… 220

圖目次

圖1　世界主要游牧類型分布簡圖 …… 17
圖2　中原北方、西方三種傳統游牧類型分布 …… 91
圖3　匈奴牧區及其周邊 …… 121
圖4　河湟及青藏高原東緣的羌人牧區 …… 169
圖5　漢代的烏桓與鮮卑及其遷移 …… 207

前言

當1980年代末我在美國哈佛大學就讀之時，曾在人類學系修習湯瑪斯・巴費爾德(Thomas J. Barfield)教授講授之「游牧社會之人類學研究」(Anthropology of Nomadism)。從那時起，我便深深爲這門學問所涉及的一些問題所吸引，後來我更廣泛閱讀相關民族誌與理論著作。這些閱讀與問題思考，當時對於我在人類學各領域的學習、體悟都有相當幫助與啓發，因此最後游牧社會人類學研究也是我博士資格考的三個主題學科之一。

我與許多人一樣，對「游牧民族」最初的興趣來自於一些浪漫想像。游牧人群逐水草而居，過著自由不羈的生活——「風吹草低見牛羊」，是中國文人對這種無拘無束生活的浪漫寫照。然而，人類學所見的游牧社會首先便讓我們擺脫這些浪漫想像，強調這是人們利用邊緣、不穩定自然資源的一種經濟、社會生態體系——生活中處處充滿危機與不確定，毫無浪漫可言。人們對游牧社會的另一個誤解爲，「游牧」相對於農業而言是一種原始的人類經濟生產方式，在人類文明史上屬於由「漁獵」到「農耕」的中間進化階段。事實上，正因爲游牧所利用的是邊緣、不穩定的自然資源，因此它需要人們高度技術性的對自然(地理環境與生物)的理解與掌握，並配合經濟、社會各方面之種種精巧設計——此遠非8000年前或5000年前新石器時代的原始農民所能企及。因此在人類歷史上，世界幾種主要類型的專化游牧都大約出現在西元前1000至前400年之間，遠較原始農業的出現爲晚。人們對游牧的第三個誤解是，似乎「游牧生活」、「游牧經濟」代表一些同質性的經濟生產與生活方式。事實上，游牧是人類對於環境的一種精巧利用與適應，因此各種不同緯度、地形與植被環境的游牧皆有其特色。也因此，游牧的多樣性(nomadic altenatives)是人類學游牧研究的重點之一。最後也是最普遍的，人們對游牧人群有一種刻板意象，表現在西方卡通電影「花木蘭」中匈奴人猙獰如野獸般的造型，表現在將他們比擬爲「狼」的通俗著作之中。在本書中我將說明，由於游牧經濟及相關的社會組織特質，面對定居敵手時游牧者亦有其脆弱的一面。

人們對游牧社會的不了解或誤解，主要是由於身處於世界主要文明圈的人大多是定居農業文明及相關文化下的產物。以此而言，游牧社會研究更大的意義在於它可以挑戰、刺激我們的知識理性；因於這樣的刺激，我們或可得到些反思性新知。對於熟悉定居文明社會價值體系的「我們」來說，游牧社會及其文化所造成的「異例」(anomaly)或「陌生感」，挑戰我們許多既有的信念：如群體的團結與社會穩固，財富的爭奪與累積，對領袖的忠誠，勇敢奮進的戰場道德，尊重社會階序權力等等。因此人類學游牧社會研究的相關議題探討——如領袖威權與脅迫性政治權力(coesive powers)的由來、平等自主社會(egalitarian society)的人類經濟生態背景、分枝性社會結構(segmentary structure)及其功能等等——皆爲一般性人類社會研究提供另類民族誌資料，以及可能產生反思性新知。

譬如人類學者費德瑞克・巴斯(Fredrik Barth)最爲人所知的是其在「族群研究」(ethnicity study)上的開創性見解，表現在他1969年所編廣爲學界引用的《族群與其邊界》(*Ethnic Groups and Boundaries*)一書及他爲該書所寫的導論上[1]。而巴斯也是游牧社會研究者。在他1961年發

1 Fredrik Barth, "Introduction," in *Ethnic Groups and Boundaries,* ed. by Fredrik Barth (London: George Allen & Unwin, 1969), 9-38.

表的《南波斯的游牧人群》(*Nomads of South Persia*)一書中，巴斯已注意到這些游牧人群在族群認同上的分歧與多樣性，以及注意到其族稱、語言與認同的變易性[2]。這些，顯然對後來他所提出的族群研究新方向——強調族群認同的主觀建構性，以及族群邊緣之工具性的(instrumental)與因時變易的(situational)本質——有一定的影響。另一個例子是，西爾弗曼(Marilyn Silverman)與古立弗(P. H. Gulliver)在1992年共同編著《探索過去：以愛爾蘭研究為例的歷史人類學》(*Approaching the Past: Historical Anthropology through Irish Case Studies*)；在該書的導論中，兩位編者對「歷史人類學」(historical anthropology)有很精采的論述[3]。而古立弗這位資深英國人類學者，過去也是游牧社會的研究者。早在其1955年發表的《家庭牧群》(*The Family Herds*)一書中，古立弗已注意到一游牧家庭的家族譜系記憶在父子兩代之間便有相當差別。他指出，在父親死後，他兒子的家族史版本將成為「正確的」家族歷史記憶——他稱之為「結構性失憶」(structural amnesia)[4]。這種思考——將「過去的事實」視為在現實下被爭辯及可被遺忘、改變的記憶——無疑是歷史人類學的先聲。而我自己，近十餘年來一直從事於有歷史人類學或社會記憶研究傾向的族群認同研究，除了受巴斯與古立弗等人之相關研究影響外，多少也與此二位學者相同的受到游牧社會研究的啟發。

在本書中，我將以結合多項學科的游牧社會研究為輔，探討漢代中國北方的多元游牧社會。這樣的研究有多重意義。首先，我希望藉著中國北方早期游牧社會的例子，介紹人類學游牧社會研究的一些問題旨趣

2 Fredrik Barth, *Nomads of South Persia: The Basseri Tribe of the Khamseh Confederacy* (Prospect Heights, Illinois: Waveland Press, 1961), 130-131.

3 Marilyn Silverman & P. H. Gulliver, *Approaching the Past: Historical Anthropology through Irish Case Studies* (New York: Columbia University Press, 1992).

4 P. H. Gulliver, *The Family Herds: A Study of Two Pastoral Tribes in East Africa, the Jie and Turkana* (London: Routledge & Kegan Paul LTD, 1955), 108-117.

與方法。在20世紀以來的整體人類學中，游牧社會研究從未得到主流地位。甚至在1970年代以後，由於游牧世界之變遷與戰亂，人類學家失了大多數的田野，因而新的學術研究成果並不豐盛。可以說，這是一個日薄西山的學術專題。然而有許多的理由使我相信「游牧」仍是一個重要議題；不僅因爲在新的社會環境與科技下，有些人群仍努力調適、修正並踐行這種經濟模式，也不僅因爲這些當代游牧被視爲破壞環境的元兇而受到許多爭議與指責，更因爲世界各傳統游牧地區近代以來大多在戰爭、饑饉、貧困與政治紛擾之中。此顯示，近代以來的世界政局、科技與相關意識形態變化，皆不利於游牧經濟及其人群的存在與獨立發展。而人們對於游牧社會的認識不足，常使得許多對傳統牧區的救濟、補助、改良徒勞無功，許多對游牧的指責、怪罪也經常是無的放矢。

本書所提及的游牧社會人類學研究，事實上並不限於狹義的「人類學」——除了人類學傳統的民族誌(ethnography)調查研究外，它還包括環境生態、動物性與動物行爲，以及相關的考古與歷史等研究。也就是說，這個研究傳統不僅強調綜合各種學科知識以了解當代游牧社會，也關心游牧社會在人類歷史上的起源、發展與其近代變遷。便是這樣的整體性與歷史性，使得它很適於被應用在中國北方游牧社會的研究上——這兒不但有多元的游牧社會，歷史上本地各種游牧政治體與中原王朝間又有長期的緊密互動，因此漢籍文獻對他們的活動留有大量文字記憶。早在約當西元前2世紀至西元2世紀的漢代，幾種不同類型的游牧社會便已出現在北亞歷史舞台上，並從此與南方中原王朝展開模式化互動。因此，透過研究漢帝國北方游牧社會之形成及其與帝國間的互動，最能表現人類學游牧社會研究對環境生態、草食動物之動物性、人類經濟活動與社會組織、游牧與定居人群關係，以及相關歷史等等之整體研究旨趣。

其次，我希望藉著本書之作，使得中國關於古代游牧社會之豐富文獻記載，特別是其所呈現的多元游牧社會類型與豐富的「史事」，對於我們了解世界早期游牧社會有些貢獻。我對此稍作說明。如前所言，許多學者都對特定形式(如駱駝游牧)、特定地區(如東非)之游牧社會起源、形成與發展變遷等問題很感興趣——這是一個涉及多種學科的探索。運用比較動物學、考古學及古氣象學等知識，學者探討世界各地游牧經濟的起源背景與過程。然而由於文獻記錄缺乏，游牧生產活動之特質——所需工具少，居住遺痕也極少——又使得其考古遺存難以被發掘、呈現，學者們對於早期游牧社會情況所知十分有限。甚至由於游牧考古遺存多爲墓葬，藉此片面資料以認識古代游牧社會也可能失之偏頗。然而，漢晉時期之中國文獻不僅對北方游牧人群有豐富的記載，且這些文獻描述幾種不同游牧生態下的人群——其中最主要的三種類型爲鮮卑、匈奴與西羌。這雖不是世界最早有關游牧人群的史料，但其內涵之豐富，描述對象之多元性、差異性，卻是十分罕見的。這些文獻資料，可以塡補我們對早期游牧社會認識之不足。藉著古文獻與考古資料，以及人類學對游牧社會之研究成果，在本書中我將說明「游牧」不只是一種生產、消費與交換之經濟手段，它還需要特定的社會組織、社會價值觀來與之配合。在這些社會組織與價值體系下，人們基於種種情感、動機，與一層層外在世界人群互動而產生種種言行與事件表徵；這些表徵強化原有的社會體系，或導致社會變遷。

最後，我希望本書能對中國境內游牧與定居農業兩種文化人群之彼此了解有些幫助。我所期望的了解，建立在情境化的(contexturalized)與具反思性的歷史與人類生態知識基礎上，也是對當前中華民族體制下漢、滿、蒙、藏等民族歷史關係的一種新體認。我期盼此知識與理解，能有助於促進公平、和諧與合作共生的民族關係。我在1997年出版的《華夏邊緣》，2003年的《羌在漢藏之間》，以及2006年所著《英雄祖先與弟兄民族》，可說都是這一系列的研究[5]。在《華夏邊緣》一書中

5 王明珂，《華夏邊緣：歷史記憶與族群認同》(台北：允晨文化出版公司，

我提出一種邊緣研究法，探索發生在華夏邊緣的人類生態與歷史記憶變遷，以此了解華夏的形成與發展過程。《羌在漢藏之間》是以羌人與羌族爲具體例證，說明華夏西部族群邊緣的歷史記憶與認同變遷，以及相關人類生態與社會權力關係背景。《英雄祖先與弟兄民族》，則是由歷史文本與情境的互映，建立一種對華夏及其邊緣——也就是「炎黃子孫」與其「兄弟民族」——之反思性歷史新知。

在這本書中，我探討的對象是華夏最古老的一個邊緣，華夏北方邊緣。在《華夏邊緣》中我曾提及，形成華夏認同最主要因素便是西元前2000年至前500年左右發生在黃土高原之北的人類生態變化。也就是說，華夏的形成與黃土高原北方邊緣人群之游牧化二者相生相成。這樣的歷史背景與人群分化，造成兩千餘年來帝制中國社會上層人群根深柢固的定居文明偏見，乃至今日主體社會對「游牧」的認識仍相當不足。認知不足，多少也使得各種政策之制定與推行可能難以深入考量北方、西方游牧世界的特殊社會情境。相對的，傳統上華夏周邊游牧文化人群對於「華夏」以及中原王朝也缺乏深切認識。強調事件與事實的歷史書寫傳統，更造成並強化農牧人群間的區分與對立。在本書中，我將歷史事件當作表相(表徵)，以探索造成歷史上一連串「單于南下牧馬」與「漢將直搗黃龍」事件的人類生態本相。我將說明，漢代中原王朝與其北方游牧部族之互動曾造成三種不同的華夏邊緣，也是三種人類生態本相——甘青高原河谷的西羌、蒙古草原的匈奴、東北森林草原的鮮卑與烏桓。後來在歷史上發生的一些模式化歷史事件，許多都可溯及形成於漢代的此三種華夏邊緣。我希望如此藉由人類經濟生態角度所理解的過去，可以讓不同地域、文化、經濟模式之人群能更深入的了解彼此、體

(續)

1977；簡體中文版，北京：社會科學文獻出版社，2006)；《羌在漢藏之間：一個華夏邊緣的歷史人類學研究》(台北：聯經出版公司，2003；簡體中文版，北京：中華書局，2008)；《英雄祖先與弟兄民族》(台北：允晨文化出版公司，2006；簡體中文版，北京：中華書局，2008)。

認現在，因而能規劃、期盼更好的未來。

研究文獻回顧

世界一般性游牧社會的人類學或民族學研究，除了中國以外，主要有兩個學術傳統。一是，歐美人類學界的游牧社會研究，另一則是前蘇聯民族學者的游牧社會研究。兩者在田野、研究方法與問題旨趣等方面都有些差異，也有相同之處。東非、西北非、阿拉伯世界、西亞、中亞等地是歐美人類學游牧研究的主要田野。前蘇聯學者的田野，則主要是其境內與邊緣的游牧人群。前蘇聯民族學者的研究較宏觀，長於結合多學科，進行具歷史深度的理論探討。歐美人類學者則在其民族誌研究傳統下，長於深入參與觀察，作細膩的民族誌描述及相關社會理論探討。他們共同之處則是，強調游牧是一種環境資源、動物與人之相互依存關係、人群社會組織與結構、牧民與外在世界之互動，四方面緊密結合的人類生態。

雖然我的學術傳承主要來自歐美人類學的游牧研究，但因本書探索的主要田野——蒙古草原及其周邊森林草原、高山河谷草原的早期游牧人群——與前蘇聯學者研究的區域、人群有相當重疊或接近，後者的研究成果自然是我在研究及寫作本書時的重要參考資源。更重要的因素是，前蘇聯學者的歷史研究傾向也與本書的主題相合。除了一些考古文獻外，與本書關係最深的是兩本已譯成英文的俄文著作——安納托利・卡扎諾夫(Anatoly M. Khazanov)所著的《游牧人群與外在世界》(*Nomads and the Outside World*)，以及塞伏晏・凡盧坦因(Sevyan Vainshtein)所著之《南西伯利亞的游牧人群：圖瓦人的牧業經濟》(*Nomads of South Siberia: The Pastoral Economies of Tuva*)[6]。卡扎諾夫這

---

6 Anatoly M. Khazanov, *Nomads and the Outside World*, second edition, translated by

本結合前蘇聯與歐美游牧社會研究的鉅著，除了討論一般性的游牧社會特質外，主要探索不同地區、類型之游牧社會與其外在世界(主要為定居人群國家)之互動關係。他最主要的觀點是：游牧是一種不能自給自足的(non-autarchy)經濟生產模式，因此游牧社會人群與外在世界人群有各種的互動模式，以獲得外來資源。在以下本書中，我將說明鮮卑、匈奴、西羌的游牧經濟，他們的社會組織結構，以及他們與漢帝國間不同的互動關係；可以說本書許多論述，都是在卡扎諾夫與其他學者的研究基礎上所作的進一步探討。凡盧坦因的著作，除了北亞游牧經濟的歷史背景外，對我而言最珍貴的是這本著作的田野地區「圖瓦」(Tuva；中國文獻所稱的薩彥嶺地區)，其地理環境包含森林、森林草原、高地草原等不同的游牧生態區，因此對於探索、比較不同生態環境中的游牧經濟有相當大的助益。

有關戰國至漢代中國北方游牧人群的歷史、考古、藝術研究，中、西方及日本學者之著作卷帙浩繁。這其中，許多都是本書的重要參考文獻，但是以游牧經濟生態觀點探討此一時期游牧社會的著作卻不多。1940左右出版的兩本鉅著，日內・格魯塞(Rene Grousset)所著的《草原帝國：中亞歷史》(*The Empire of the Steppes: A History of Central Asia*)與歐文・拉鐵摩爾(Owen Lattimore)所著的《中國的內亞邊疆》(*Inner Asian Frontiers of China*)，仍為非常值得參考的文獻[7]。尤其是，拉鐵摩爾之書中許多問題的探討及見解——如他強調經濟生態與歷史的關

(續)

Julia Crookenden (1983; Madison, Wisconsin: The University of Wisconsin Press, 1994); Sevyan Vainshtein, *Nomads of South Siberia: The Pastoral Economies of Tuva*, translated by Michael Colenso (1972; Cambridge: Cambridge University Press, 1980).

7 Owen Lattimore, *Inner Asian Frontiers of China* (1940; Oxford: Oxford University Press, 1988); Rene Grousset, *The Empire of the Steppes: A History of Central Asia*, translated by Naomi Walford (1939; New Brouswick, New Jersey: Rutgers University Press, 1970).

係，如他分別探討蒙古草原、滿洲、西藏等地不同的人類經濟生態，如他注意華夏之擴張與北方游牧世界相生相成的關係等等——都對我有相當的啓發，在本書中我將延續拉鐵摩爾的相關研究討論。1950年代漢學家艾伯華(Wolfram Eberhard)所著的《征服者與統治者》(*Conquerors and Rulers*)[8]，該書將中國周邊游牧社會以其牧養動物種類不同而區分爲三種類型：藏系(Tibetan)、蒙古系(Mongol)與突厥系(Turkish)。他說明此三者社會結構之差異，如以牧馬爲主的突厥系民族較進步，社會分化程度高，也最有能力建立游牧國家等等。雖然這樣的分型過於簡化，但他注意牧畜種類、游牧移動類型與游牧社會組織的關係，並以此探討游牧國家的形成，這也是我在本書中將進一步探討的方向。

沿承拉鐵摩爾之研究議題的還有湯瑪斯・巴費爾德(Thomas J. Barfield)的著作《危厄邊疆：游牧帝國與中國》(*The Perilous Frontier: Nomadic Empires and China*)[9]。巴費爾德是有中亞游牧田野研究經驗的人類學者與歷史學者，他以人類學所稱的游牧社會「分枝性結構」(segmentary structure)來解釋歷史上中國北方游牧帝國的形成與消亡。他指出，在歷史上當華夏帝國統一時北方游牧部落也凝聚爲游牧國家，以脅迫或掠奪中國來得到物資；當華夏帝國分崩離析，北方游牧國家則散爲一個個的游牧部落。這是嘗試對北亞游牧國家的形成與崩解，以及游牧國家掠奪中原王朝的策略，提出一種人類學的解釋。他也注意到，出於北方草原的和出於東北森林草原的游牧國家，兩者與中原王朝間有不同的互動模式，也因此造成不同的歷史發展。扎奇斯欽(Sechin Jagchid)與凡傑・西門斯(van Jay Symons)合著的《長城沿邊的和平、戰爭與貿易：兩千年來游牧人群與中國之互動》(*Peace, War and Trade Along*

---

8 Wolfram Eberhard, *Conquerors and Rulers* (Leiden: Brill, 1952).

9 Thomas J. Barfield, *The Perilous Frontier: Nomadic Empires and China* (Cambridge, Massachusetts: Basil Blackwell Inc., 1989).

The Great Wall: Nomadic-Chinese Interaction through Two Millennia)[10]，也是這方面的鉅著。該書主旨在於，對歷史上游牧帝國與中原王朝間的戰爭與和平提出一游牧經濟生態上的解釋；強調貿易對於游牧經濟非常重要，因而中原王朝是否願與游牧部族保持貿易關係是雙方戰與和的關鍵。這也是強調「游牧」經濟的不能自足性，以及長城作為華夏資源封鎖線所造成的資源分配失衡及擾動；該書對此有非常精闢的論述。不過此觀點可能忽略的是，穩定的貿易關係建立在可供交換物資的「盈餘」概念上，然而對許多游牧人群來說，那些畜產為「盈餘」卻是很難估量。在本書中我將作詳細說明。

較晚近的一本著作，尼可拉・迪柯斯摩(Nicola Di Cosmo)的《古代中國及其外敵：東亞游牧強權的崛起》(*Ancient China and its Enemies: the rise of nomadic power in East Asian history*)[11]，較著力於說明早期游牧人群在整個歐亞草原的出現，游牧經濟及其文化的傳播，以及在此背景上說明中國北方游牧社會的形成過程。在漢代中國北方游牧社會方面，作者解釋匈奴帝國的形成，中國對匈奴和親政策的意義及其失敗原因，以及分析司馬遷在《史記》中對匈奴的描述。這是很具雄心的著作，探討游牧社會研究中的兩個大問題——游牧起源以及游牧國家的形成。作者對前人之相關研究作了很好的綜理，並提出自己的見解；如在匈奴國家的形成方面，他提出危機背景(crisis)、武裝化(militarization)、中央化(centralization)以及領袖個人才能與魅力，在此國家形成上的重要性。我認為，文獻記載、描述的匈奴國家形成過程中之武裝化、中央化「事件」及相關英雄事蹟，皆為歷史表相；但這並非是說它們不重

10 Sechin Jagchid & van Jay Symons, *Peace, War and Trade along the Great Wall: Nomadic-Chinese Interaction through Two Millennia* (Bloomington, Indiana: Indiana University Press, 1989).

11 Nicola Di Cosmo, *Ancient China and its Enemies: the rise of nomadic power in East Asian history* (Cambridge, New York: Cambridge University Press, 2002).

要——將之視爲表相，我只是強調其背後還有更基本的人類生態本相。在本書中我將一一說明。

本書重要議題及章節

本書的主要研究對象，三種漢代中國北方游牧社會分別爲：一、黃土高原之東北方，以丘陵森林草原游牧爲主的鮮卑、烏桓及其前身東胡；二、正北方以草原游牧爲主的匈奴(及較晚期的鮮卑)；三、西北方甘肅青海河湟地區[12]，以高原、高山河谷游牧爲主的西羌。

第一章「序論：游牧經濟與游牧社會」，介紹西方人類學對游牧社會之研究，以及與本書有關的一些議題；譬如游牧經濟的人類生態意義、牧畜種類構成、游牧遷徙模式與季節韻律、「移動」的人類生態與政治功能等等。在這一章中我也將探討游牧究竟是否爲一種能自足的經濟手段，爲何有些游牧社會內部極端分散、各自爲主、人群關係平等，有些卻出現游牧國家與脅迫性政治威權(coercive powers)等等問題。

第二章「中國北方游牧經濟的萌芽」，探討游牧作爲一種經濟生產與社會形式，在中國北方的起源與形成過程等問題。在1992年的博士論文中，我曾討論青海河湟地區專化游牧業的起源[13]。後來我又在兩篇論文中，分別探討鄂爾多斯以及遼西地區專化游牧業的起源[14]。這些論述稍晚被綜合納入拙著《華夏邊緣》中，藉此說明華夏認同的形成與黃土高原北方邊緣人群之全面游牧化有密切關聯。近年來中國大陸學者(及

12 指青海東部、南部及四川西北松潘草地一帶。

13 Ming-ke Wang, "The Ch'iang of Ancient China through the Han Dynasty: Ecological Frontiers and Ethnic Boundaries" (Ph.D. diss. Cambridge, Mass.: Harvard University, 1992).

14 王明珂，〈鄂爾多斯及其鄰近地區專化游牧業的起源〉，《中央研究院歷史語言研究所集刊》65.2 (1994)：375-434；〈遼西地區專化游牧業的起源——兼論華夏邊緣的形成〉，《中央研究院歷史語言研究所集刊》67.1 (1996)：195-238。

少數西方考古學者)在此方面有豐富的考古發掘與研究成果。本書第二章將在此基礎上，對我的舊說作補充、修訂及進一步闡述，並以長程與宏觀角度，在整個歐亞大陸游牧經濟起源與傳播的背景中，說明中國北方游牧世界的形成過程。我也將說明，長城之建立與此後兩千餘年沿長城地帶游牧與定居農業世界互動之人類生態意義。

第三、四、五章是本書的主體，分別說明漢代匈奴、鮮卑(與烏桓)、西羌的游牧經濟與社會政治組織，以及他們與漢帝國往來互動之歷史。漢代北方各游牧部族之社會政治結構，以及基於此他們與漢帝國的互動，可以說都是春秋戰國以來中國北方各游牧社會專化過程(specializing process)的一部分。匈奴之「國家」組織學者已論之甚詳；西羌是些聚散無常的「部落」；鮮卑則先由各部落大人所領導的幾個「部落聯盟」所構成，後來發展爲與匈奴類似的權力集中化國家政體。爲何同樣爲游牧社會，匈奴、鮮卑與西羌的政治社會組織會有如此不同？在本書中我將說明，「部落」、「部落聯盟」或「國家」都是游牧經濟的一部分——它們是爲了配合各種特定游牧經濟所產生的政治社會組織。在這方面，卡扎諾夫的意見值得我們注意：他指出，基本上游牧的生產方式不能自給自足，它不能離開輔助性經濟活動，也不能脫離人們爲克服經濟片面性而從事的政治與社會活動。這的確是精闢的見解。在本書中，我的主要論點也是針對卡扎諾夫以上觀點的補充。我認爲，各種狹義的「游牧」經濟活動的確皆無法自給自足，因而游牧人群需以其他生業(如農業、採集、狩獵、貿易或掠奪等等)來補足。農業、採集、狩獵與生計性掠奪，主要是在本地生態區內獲得資源的手段，以此獲得輔助性資源的游牧人群(如西羌)較傾向結爲一個個平等自主的小型游牧群體，只在必要時才暫時組成較大的群體。貿易與政治性掠奪，則是向外擴張以得到資源的辦法，以此獲得輔助性資源的游牧人群(如匈奴與鮮卑)，其所接觸的多爲定居城邦、國家或不同環境生態的游牧群體，涉外事務較複雜，因此他們需組成較大的政治組合與之對應。

第六章「游牧部族與中原北疆歷史」，我說明北方人群爲適存於華夏邊緣所造成的資源情境，在秦漢時期逐漸發展成種種專化游牧生計，並配合著特定社會政治組織以與漢代華夏帝國角逐資源；草原、森林草原、高原河谷，三種環境中的游牧人群，其游牧生計及其與漢帝國間的互動皆成爲一種模式，在往後的中國北疆歷史中延續與變遷。在西北及西部的青藏高原東緣，歷史上本地游牧人群多處於分裂性結構之「部落」中，不斷進行各部落間的爭奪與讎報，難以產生大的游牧汗國。正北的蒙古草原則不斷產生中央化、階序化的游牧「國家」，從掠邊、和親、歲給、貢賜、關市貿易中突破華夏之資源界線。東北的森林草原游牧人群的「部落聯盟」，則吸收各種生態背景之人群，包括漢人，以此混合人群、混合政治體制，他們在歷史上一波波的西移、南移，爭奪較優的農牧資源，或有時得以進入中原成爲王朝統治者。

我視這些在特定資源環境與人群互動下產生的種種華夏邊緣爲「歷史本相」(historical reality)，它不斷產生類似的歷史事件——我們可視之爲「歷史表相」。雖然如此，不同於歷史學者所稱之「歷史循環論」或人類學者的「歷史結構」之說，我認爲處在資源環境與各種政治社會結構與因此形成之社會本相中的人，在追求較安全或較優越的社會身分與現實利益之動機下，其個人行動作爲表徵、表相涓滴的形塑與改變著「本相」。也就是說，透過個人追求更好或更安全的立身之道，人們有能力以其抉擇與行動來塑造及改變種種社會結構與現實規範。

在結語中，我以「邊界・移動・抉擇」爲主題，以本書中面對漢帝國的北亞游牧人群爲例，說明人們如何生活在種種「邊界」之中，說明爲何人們「移動」與跨越邊界的動機與能力有別。我的目的並不在於「解構」邊界，不在於鼓勵盲目的移動、無知的抉擇與任意的跨越邊界，而是期許我們能在對人類生態與長程歷史的了解中「反思」邊界，以此成爲有抉擇能力的社會人。

第一章
游牧經濟與游牧社會

在本書之始，我將以人類學的游牧社會研究成果爲基礎，介紹游牧經濟及游牧社會的一般性特質。也藉此簡介人類學家在「游牧社會研究」中的主要問題及旨趣、相關理論與爭議焦點，以及重要研究著作等等。我所依賴的主要是東非、西亞、阿拉伯世界、中亞、中國蒙藏等地20世紀上半葉之人類學民族誌文獻。在對當前中國游牧之田野研究方面，我感到慚愧且無奈的是，近十餘年來我大多數的寒暑期都投入在羌族田野上；羌族不是游牧人群，我在羌族中的研究重點是「歷史記憶」與「族群認同」。直到最近幾年(2003-2007)，我才得以在川西北的紅原、若爾蓋一帶，以及內蒙新巴爾虎右旗、克什克騰旗，零星進行一些短期的自然環境與游牧生計之考察訪問。

關於游牧社會的人類學民族誌著作大多出版於1980年代以前，而這些民族誌所載內容又大多是人類學者在1940至1970年代間採訪所得[1]。1970年代以後，或由於游牧地區之社會變遷，或由於戰亂、饑荒，人類學田野調查及相關著作較少，且主題已有轉變。前述游牧田野研究最盛的1940-70年代，正是人類學史上的功能結構學派(functional-structuralism)與相關經濟人類學(economic anthropology)盛行的時代。這樣的背景也說明，爲何這些民族誌有類似的書寫結構——其章節包括地理環境、經濟

1 這是指較嚴格定義的西歐、美國人類學者所進行的民族誌調查工作而言，實際上廣泛的游牧社會民族誌調查在這之前已有許多文獻；俄國方面的調查記錄更多，由帝俄時期到前蘇聯(USSR)都有許多官私觀察、調查記錄。

生態與一年之生產活動、家庭結構與親屬關係、部落組織及其與外在世界之關係等等。學者們認爲，一社會人群的親屬關係、社會組織皆有其現實必要的功能，與對應的內在結構，與該人群基本之經濟生產與交換行爲模式密切配合，並能助其與外在世界建立各種關係，以維繫人們的生計安全及其社會的穩定延續。他們也認爲影響人類經濟生產與交換行爲最鉅的，便是其所依存的自然環境——人類的經濟與社會活動，基本上是對本地資源環境的一種專化適應(specialization)。1978年出版的一本有關游牧社會的論文集，書名即爲*Nomadic Alternative*[2]；充分表現人類學家基於生態研究(ecological approach)旨趣，注意游牧人群如何在不同環境中，選擇或發展出各種游牧方式以適應當地特殊環境。這種專化適應常表現在人們飼養不同種類、數量的牲畜(畜產構成)，有不同的季節移牧方式，兼營不同的副業(輔助性生計)而與外界或定居聚落發展特定互動模式，以及，爲配合這些生產活動而有特定家庭與親屬關係、部落組織等等。

雖然人類學在1970-80年代以來有許多新的發展，雖然老的民族誌傳統受到許多「後現代的」批評，我仍認爲這是人類學在其發展史上最好的學術資產之一。以下我便由游牧人群的環境、游牧經濟(畜類組合、游牧模式，消費、生產、交換與輔助生計活動)、游牧社會組織，以及其與外在世界之關係等方面，簡單介紹人類學的游牧社會研究。

自然環境

「游牧」，從最基本的層面來說，是人類利用農業資源匱乏之邊緣環境的一種經濟生產方式。利用草食動物之食性與牠們卓越的移動力，

2 Wolfgang Weissleder ed., *Nomadic Alternative* (The Hague: Mouton Publishers, 1978).

將廣大地區人類無法直接消化、利用的植物資源，轉換爲人們的肉類、乳類等食物以及其他生活所需。然而相對於農業生產來說，這是一種單位土地產值相當低的生產方式。在中國農業精華地區，不到一畝地便能養活一個五口之家。在較貧瘠的山地，如川西羌族地區，約要6至10餘畝地才能養活這樣的家庭。然而在當前內蒙的新巴爾虎右旗，20畝地才能養一頭羊，至少要300-400頭羊才能供養一個五口之家；因此一個牧民家庭至少需要6000-8000畝地。

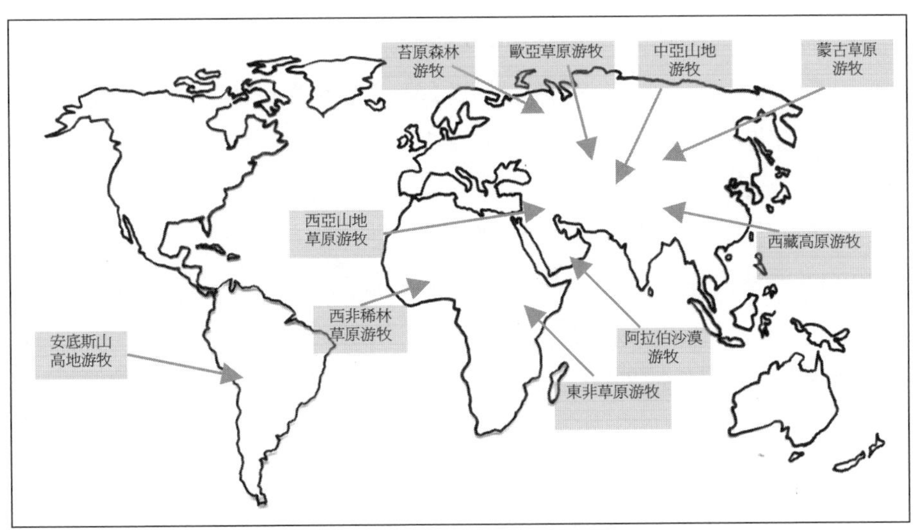

圖1　世界主要游牧類型分布簡圖

以上這些數字可說明，「游牧」的單位土地生產力遠低於農業生產。因此在人類歷史上定居農業人群的勢力擴張中，可以說，能穩定發展農業的地區都已成爲各種型態農業人群所居，並受到各種定居政權的保護。過去一些游牧帝國的統治者，也常在其領域內發展區域性農業，期望由此得到穩定的糧產與物資，如此也使得許多原來的牧區逐漸成爲農區。在這樣的歷史過程下，我們所知20世紀上半葉的游牧地區——如阿拉伯半島、東非、北非、中非之沙漠與疏林草原，西亞、中亞山地，歐亞草原，西藏、帕米爾、南美安地斯山等高地，西伯利亞與中國東北之森林草原等地——都有不同理由難以穩定的發展農業。

農業發展需在有適當日照、雨量、溫度及土壤的環境中。大多數的游牧地區都屬於乾旱或半乾旱氣候，缺水是其不宜農業的主要因素。不只如此，愈是在乾旱的地區，降水型態(雨降在哪裡、降在何時)對整體環境及人類生態就更重要了。不幸的是，世界許多盛行游牧的地區不只是乾旱，降水量也極不穩定，或降雨雪的型態不利於農業。南美秘魯的海岸平原地帶，年平均降水量在40毫米以下，離海岸稍遠的地帶也只有約150毫米的年降水量。這樣微少的降水量還極不穩定，一年年的變率很大[3]。東非烏干達的Jieland，中部與東部地區的年降水量約640毫米，對農業而言這是相當豐足了。然而雨水都集中降在4至8月的雨季，乾季幾乎全然無雨。長期乾旱使得植物枯死，地面水蒸發消失，土地乾裂。相反的，雨季的降水常是暴雨型態，如此降下的雨水無法被土壤吸收，反而沖走地表的沃土層。這樣的環境自然極不利於農業[4]。鄰近的Turkana地區年平均降水量約在300-400毫米左右，中央沙漠地帶年降雨量少於150毫米。這些雨水，同樣的，常以暴雨形態降下，且雨量極不穩定[5]。

一項關於中東游牧的研究指出，本地只在少數山區及海岸地區有500毫米左右的年雨量；其他地方，撒哈拉沙漠中心與埃及南部約只有25毫米(1吋)，阿拉伯半島南部沙漠約100毫米(4吋)，北阿拉伯與敘利

3 Avi Perevolotsky, "Herder-Farmer Relationships in the Tropical Desert of Piura: The Role of Uncertainty and Variable Environment," in David L. Browman ed., *Arid Land Use Strategies and Risk Management in the Andes* (Boulder & London: Westview Press, 1987), 28-30.

4 P. H. Gulliver, *The Family Herds: A Study of Two Pastoral Tribes in East Africa, The Jie and Turkana* (London: Routledge & Kegan Paul LTD, 1955), 16-17.

5 同上，頁22-23。

亞沙漠則有200毫米(8吋)的年雨量[6]。學者一般皆同意，若有適當日照、土壤、地形的配合，年降水量只要在250-400毫米之上的地區便可以行農業。然而在中東，許多地區的降水量並非全然不足以支撐農業生產，而是其降落的時間、地點及雨量完全不確定[7]。中東有些地區曾孕育世界古老農業文明，後來在歷史時期也大多成爲游牧之地；造成此變遷的因素，除了乾旱化外，主要還是降雨變得極不穩定。在極端乾旱的阿拉伯沙漠「空寂區」(Rub'al-Khali)，一位早期西方旅行者記載：

> 一塊雲聚集，雨降下，人們就得以活命；當雲散了，沒有雨，人畜都得死。在南阿拉伯沙漠，這兒沒有四季變化，沒有枯榮交替，但只有一片空寂的荒野……[8]。

在中國的內蒙古地區，降水量由東南向西北遞減。大興安嶺、哲里木與昭烏達兩盟南部與大青山南麓等地，仍有400毫米之年降水量。西部從二連浩特沿中蒙邊境到烏拉特後旗，以至賀蘭山，此爲150毫米等雨線所經，此線以西便是年雨量150毫米以下之乾旱荒漠化草原和草原化荒漠區了。然而便是在雨量可支持農業的東部，由於降水量集中，變率大，春旱嚴重，環境仍不利於農業。相反的，即使在西部的荒漠草原，人們仍可藉游牧維生。

在青康藏高原，許多地區的年雨雪量有400-800毫米；這些雨雪或穩定或變易大，但在這兒不利農業的最主要環境因素卻是「低溫」。據研究，若一年溫度高於10℃的日子少於50天，則農作物難以成熟。在青

---

6 Donald P. Cole, *Nomads of the Nomads: The Al Murrah Bedouin of the Empty Quarter* (Arlington Heights, Il.: Harlan Davidson, Inc.), 18-19.

7 Emanuel Marx, "The Tribe as a Unit of Subsistence: Nomadic Pastoralism in the Middle East," *American Anthropologist* 79 (1977): 344-47.

8 Wilfred Thesiger, *Arabian Sands* (London: Longmans, 1959), 1, 引自Donald P. Cole, *Nomads of the Nomads*, 35.

藏高原的東緣，造成農業限制的低溫事實上是高度造成的氣候效應。青海省東部，阿尼瑪卿山脈以北，青海湖附近及其以東之地，是青海省的主要農業區。在此地區，群山間的河谷盆地海拔高度約在2200-2600之間，目前是小麥、油菜等的生產地。然而離開河谷上到高山、高地上，就超過農業可存在的上限了。如青海東部的瑪沁、甘德、班瑪，與川西北的若爾蓋、色達、石渠等地，由於地勢高寒，只有在海拔低的零星向陽河谷能種少量青稞、小麥，其餘大部分地方皆只宜游牧。20世紀初曾長期住在青海東南及川西北地區的羅伯・艾克佛(Robert B. Ekvall)曾指出，在此地區「高度」是造成人類生態上農、牧之分的最主要因素，在牧業上也造成特殊的高原游牧型態[9]。在過去的著作中我也曾提及，牧養草食性動物(羊、馬、牛)，銅石並用時代的河湟(青藏高原東北邊緣)谷地農人得以突破當地環境生態的高度限制，以利用高原上廣大的水、草資源[10]。

我們知道，所謂適於農業的環境其定義相當寬鬆。如前所言，降水量有250-400毫米以上，只要其他條件配合便可以行農業。事實上即使其他條件差，人們也努力且十分艱辛的向土地討糧。看看近代以來陝北的例子便可知，人類可以在相當惡劣的自然條件下從事農業。許多從事游牧社會田野研究的學者都提及當地種種不利農業的因素，但更重要的是，他們都注意到此環境中有許多不確定因素。的確，除非一些極端狀況(如100毫米以下的年降水量)，低年平均雨量、低年平均溫並無妨於人們發展農業。事實上是環境中的「不確定」因素，使得人們不但要靠草食動物來獲得食物，也要靠牠們的移動力來逃避環境中不時發生的風險，以及藉以追尋不確定的資源。

許多環境也對草食牲動物不利，如濕熱而牛蠅滋生的地方，過於潮

9 Robert B. Ekvall, *Fields on the Hoof: Nexus of Tibetan Nomadic Pastoralism* (Prospect Heights, Il.: Waveland press, Inc., 1968), 5.

10 王明珂，《華夏邊緣》，台北允晨版，110-114；北京社科文獻版，66-70。

濕的地方，冬季嚴寒的地方，春、夏過於乾旱缺少水源的地方，近森林而野獸多的地方等等。然而游牧者在廣泛空間之「移動」，常可以讓他們季節性的避開這些不利的環境因素。即使無法脫逃而遭受畜產損失，游牧社會中也有許多的社會機制，如親友、部落間的互助，為富牧主放牧等辦法，來讓牧民恢復牧產。或者，失去畜產的牧人成為城鎮或農村中的傭工也是常有的事。

畜產種類及其動物性

游牧是在特定環境中，人們依賴動物來獲得主要生活資源的一種經濟手段[11]。因此在環境之外，「馴養動物」應是此種人類經濟生態中的另一個重要因素。這些動物具備特殊之「動物性」，其動物性與其生長環境密切配合，因此牧人必須掌握自然環境及牧畜動物性的知識，以發展適當的游牧技術與韻律。以下說明牲畜之動物性與游牧經濟之關係。

首先，能被人們馴養的動物——無論是常見於游牧經濟中的牛、馬、羊，或是定居農業聚落中的豬——皆為群棲動物。也就是說，喜好成群生活並有其「社會性」是牠們的天性。牧人能控制、管理畜群，除了其放牧技術外，更基本的原因便是這些動物原來就喜歡結群活動，並有某種「社會秩序」(如性別、世代、族群間的優劣階序)。

其次，游牧經濟中的馴養動物如馬、牛、羊、駱駝、駝馬、馴鹿等等，都是以草、葉、嫩枝、荊棘、苔蘚等為食的動物。這些植物或其纖

11　游牧人群是否以畜養動物為主要生活資源，這一點在學者間仍有爭議。有些學者認為，游牧人群事實上依賴多種的資源，其中牧畜資源有時甚至不是最主要的。然而因為牧業收入在人們的生計中常扮演救命解急的功能，因此人們皆樂於說「我們是牧人」。見Emanuel Marx, "The Tribe as a Unit of Subsistence: Nomadic Pastoralism in the Middle East," 344.

維部分，大多是人類無法直接作爲糧食吃下肚的。相對於這些動物的是豬；豬在野外所蒐尋的食物，除了少數草葉外，主要爲根莖、菇菌、野莓、野果、蝸牛等等，這些大多是可直接作爲人類「食物」的自然資源。如此，飼養豬與飼養牛、羊等等，在人類經濟生態上有不同的意義。簡單的說，在生存環境極端匱乏的情況下，豬是人的食物競爭者。養豬雖可爲人類增添肉食，但豬也消耗人類的食物；兩相抵消，養豬並沒有爲人類增加多少食物。肉食或雜食性的狗，就更會與人爭食而不宜作爲牧畜了。但狗在人類馴養動物的歷史上有特殊地位，在游牧社會中牠們常被用於放牧、守護以及協助狩獵。

第三，游牧經濟中的主要牲畜如馬、牛、羊、駱駝、馴鹿等皆有很好的移動力，且其幼畜皆在出生數十分鐘內便可行走移動，這在配合游牧經濟的「移動」及減省人力上至爲重要。最後，產乳量高也是牠們的動物性之一。後面我會說明，游牧人群難以賴畜肉爲主食。經常宰殺牲畜爲食難以維持游牧生計；因此，特別是在近現代之前(牧業被納入市場經濟之前)，世界上各類型的游牧經濟人群皆普遍依賴乳產品爲食。

除此之外，有些動物其本質宜生存於特殊地理環境。一些簡單的例子如，青藏高原那樣高寒的地方較宜於養旄牛(亦作犛牛、氂牛)，而不宜養黃牛；阿拉伯半島的乾燥沙漠宜於養駱駝，而不宜養一般的牛。然而游牧社會研究者所探究的不僅如此，他們更希望結合動物學知識與牧民之本土知識，以探索「動物性」，以及牧民對動物的認知如何影響他們的游牧經濟與社會行爲。以下舉一些動物的例子，說明與游牧經濟有關的「動物性」。

首先，旄牛，這是一種能適應高海拔生活的動物；相反的，將其移到低海拔地區飼養，牠們常易生病、無活力，甚至失去繁殖力[12]。我曾在四川西部黑水河下游的羌族地區(村寨附近海拔高度約在1800-2500公

12 Robert B. Ekvall, *Fields on the Hoof*, 13.

尺左右)聽得人說，他們到海拔高度約3600公尺的「草地」(指松潘高原牧區)買來旄牛後，有經驗的人會將剛買來的旄牛寄在黑水河上游的村寨朋友那兒，放養一段時間，讓牠們適應較低的海拔環境(2500-3000公尺)然後再牽回來。還有，旄牛的舌頭可以舔刮高海拔山區到處皆有的苔蘚植物。在高原地區季節性草資源匱乏時，這是牠們重要的食物來源。旄牛之宜於高原環境還不止此。在高原上常有難以預測的暴風雪，數小時內可積雪及腰。此時成群的旄牛前行，有如在雪地上以鏟雪機開道一般，讓牠們及其他人畜得以離開危險的積雪山區[13]。旄牛對風雪、低溫環境的抵抗力極強。松潘地區羌族常將旄牛與馬放養在高山上，平日無人照管，偶爾才派人上山看看。我曾觀察到，在大風雪來臨前馬會自動成群的回到村寨裡，而旄牛則留在山上度過風雪侵襲。

旄牛之外，一般被人們畜養的牛可略分爲瘤牛(humped cattle或zebu)與無瘤牛(humpless cattle或稱Europain cattle)。牛需要大量飲水，因此養牛的環境需供水充足。牛怕熱、怕牛蠅騷擾，在悶濕、牛蠅多的環境中牛吃不好、睡不好，容易生病，所以通風、涼爽的環境較宜。不同種類的牛，也有不同的環境需求；如瘤牛較能耐熱及耐高度日曬，無瘤牛則這方面的能力較差[14]。牛是反芻性動物(ruminants)，牠們一天約花上八小時吃足相當份量的草，然後休息，慢慢反芻消化胃中的草[15]。如此只要草食充沛，牛無需長時間、大範圍移動以覓食。牛也較能保護自己，所以日常牧牛花費的人力較少。因此在各種經濟生業之人類社會中，養牛與牧養其他牲畜通常不會矛盾互斥，養牛也能與其他生業如農業、狩獵等共存。然而在有些宜游牧的環境中，牧牛不見得有利。牛不易在厚雪覆蓋大地的冬天自行覓食，此時需賴人力來爲牠們提供草料，

13　同上。

14　H. Epstein, “Cattle,” in Ian L. Mason ed., *Evolution of Domesticated Animals* (New York: Longman House, 1984), 14.

15　同上，頁7。

因此冬牧場雪多的地方無法養太多的牛。牛不易在嶇嶁多石的山道上長程遷徙，因此多石的山區不宜於牧牛。牛又需消耗大量的水，因此水源匱乏的地方也不宜養牛。

羊，山羊與綿羊，各品種的山羊與綿羊，都有其特殊動物性以生活在特定環境中。羊的品種多，廣泛分布在各種緯度的游牧類型中，因而牠們成爲對牧民或對全人類最有貢獻的一種牧畜。我曾在內蒙新巴爾虎地區觀察「出冬場」(牧畜移往春季草場)，那時的夜間氣溫是攝氏零下28度。據牧民稱，本地冬季時冬場氣溫常在攝氏零下40度左右，這對巴爾虎羊來說還不構成問題。人類學家曾提及，伊朗法爾(fars)地區牧民的羊，其耐寒性比不上北方山地農區的羊，在耐熱上又比不上南方農區的羊，所以牠們宜於隨著牧民冬季住南方，夏季移往北方[16]。這個例子更能說明，羊品種繁多，因而在各種極端環境中幾乎都有宜於本土的羊種。

山羊與綿羊的高產乳量(特別是山羊)，使得人們在資源極端匱乏的地區能賴以維生。牠們的高繁殖率，也讓人們在遭受牧產折損後，得以很快的恢復其牧產與生計——在普遍環境變數多、風險高的游牧地區，這是很關鍵的優點。以上這兩個優勢，使得羊成爲全球各種游牧經濟類型中最普遍、最重要的牧畜。山羊與綿羊的食性不同，使得牠們各有所宜的環境。綿羊基本上是草食動物(grazing animal)，牠們只愛吃青草，而山羊雖也吃草但牠們是偏愛啃食嫩枝葉的動物(browsing animal)。山羊可兼容各種植物資源的食性，使得牠們非常宜於生存於多石、高山、乾旱而富於灌木叢(shrubs)的環境中[17]。牠們對各種極端環境的適應力，以及賴極少的資源便可維生的生物特質，也使得人們常依賴牠們(山羊)來生存於極艱困的環境中——最窮困的游牧便是如此：一家人靠

16 Fredrik Barth, *Nomads of South Persia*, 6.

17 Frederick E. Zeuner, *A History of Domesticated Animals* (London: Hutchinson of London, 1963), 130.

著幾十隻山羊生活在窮山之間。然而，亦有不宜養羊的環境。如在太潮濕的環境，蹄常濕，羊容易生病，這是牧民的常識。在松潘草地的紅原與若爾蓋，前者因濕地多所以當地牧民養牛較多，後者不那麼濕，所以牧民養的羊較多。羊相較於牛、馬來說，不太能保護自己，須相當人力來照料牠們。因此在多狼的環境，或人力吃緊的情況下，養羊都不宜太多。

駱駝分爲兩種，單峰駝(dromedary)與雙峰駝(Bactrian camel)；前者由北非到裡海，從阿拉伯半島分布到印度西北，後者由裡海東經中亞分布到中國東北地區。駱駝耐渴，此特別的動物性讓牠們可生存於乾旱且水源不定的環境中。據動物學家稱，在夏季，駱駝可以3至7天不飲水，視其所食植物的含水性高低及當時氣溫而有等差。冬季若草料含水夠，牠們甚至可以全然不喝水[18]。在僅能放牧駱駝的阿拉伯沙漠最乾旱的牧區，Rub'al-Khali(其意爲空寂區)，當地駱駝在夏季約4天喝一次水，春、秋季7至10天喝一次水，冬季可約一個月或一個半月才喝一次水[19]。然而除了少數像沙烏地阿拉伯南方沙漠那樣僅能放牧駱駝的地區外，在其他地區只要可以牧養其他牲畜，駱駝都不會成爲牧民的主要牧畜。原因是，除了牠脾氣壞、有體臭、難以訓練(據動物學家稱，其智能比馬低很多)之外，駱駝五歲才成熟，且每三年才生一胎，需放牧在外的時間長[20]。在游牧生活中，這都是很不經濟的因素。然而牠們的足蹄適於行走各種地形，背負力強，耐長程行走，這些都使牠們宜於作爲長程遷移與貿易的馱獸。我們常認爲「輪子」是人類在運輸交通史上的偉大發明。然而歷史學家發現，在當地古老文明中早已出現輪子的西亞、中東與北非地區，駱駝被成熟的用於長程貿易後，有一段時間居然

18 I. L. Mason, "Camels," in Ian L. Mason ed., *Evolution of Domesticated Animals*, 107.

19 Donald P. Cole, *Nomads of the Nomads*, 21.

20 Frederick E. Zeuner, *A History of Domesticated Animals*, 363-64.

幾乎全然取代了有輪的車[21]。一種北阿拉伯駱駝鞍的發明(想想看若沒有這種鞍，人們要如何騎在單峰駝上)，也有助於阿拉伯文明及其勢力的擴張[22]。這些都可見駱駝在人類文明史上的重要性，而且，其主要貢獻是在交通運輸方面。

在所有被人類馴養的動物中，除了狗以外，馬應是與人類關係最親密的動物了。馬對主人馴服、效忠，據動物行爲研究者稱，這與馬群中的馬兒們服從領頭雄馬之習性有關。牠們被廣泛用於各種類型的游牧中，作爲載物、交通以及牧者座騎之用，馬奶也可作爲乳品以供食用。然而馬被大量牧養主要還是在歐亞草原，這也是馬最原始的棲息地，以及牠們最早被人們馴養的地方。比起牧養牛、羊來說，養馬有其不利之處。牠們的胃只有單胃室，對食物的消化利用不如牛、羊等有反芻胃的動物那樣徹底，因此牠們消耗草食不甚經濟。牠們的肉、乳產量與生殖率也不如牛、羊。但在大多數游牧社會中，馬的肉與乳並非牠們被牧養的主要目的。甚至於在許多盛行養馬的游牧人群中，養馬已超越「經濟」考量，而蘊含更多的社會文化意涵與情感——牠們被牧民視爲忠誠的朋友與伴侶，以及社會身分地位的象徵。我曾問一位蒙古朋友，爲何許多蒙古牧人所養的馬遠超過其生計所需。對此，他的回答十分有趣。他說，若沒有幾十上百匹馬，出門時就不容易選到一匹宜於乘騎的馬(一個丈夫或能因此體會，爲何他太太的衣櫥中會有那麼多的衣服)。這只是說，對當代草原牧民而言，養很多的馬有其情感的、文化的因素而非全爲生計。但我們仍不能否認馬在歐亞草原游牧上的重要性，特別是在過去，尚無現代化工具協助游牧之時。除了牠們的乳、肉、皮、糞爲人們生活所賴之外，馬卓越的移動力讓牠們可利用廣大的、遠方的草場資源，可以幫助人們溝通訊息，以及讓人們快速遠離危機。這些都使得

21 Richard W. Bulliet, *The Camel and the Wheel* (New York: Columbia University Press, 1990), 1-27.

22 同上，頁87-110。

近代以前馬在歐亞草原游牧上有其優勢。

人類學家也注意到，牧人常能利用或配合某些動物的動物性在日常放牧上。如在希臘伯羅奔尼撒(Peloponnesia)，牧羊人能利用經過訓練、能聽懂主人呼聲指令的大公羊來控制羊群[23]。我也聽內蒙古克什克騰旗的蒙古朋友說，過去蒙古牧人有訓練「頭羊」來管理羊群的習俗。主人對一頭大公羊好一點，培養牠的領袖氣質，別的羊就較容易緊跟著牠。更經常被人類學者提及的，許多地區之牧人都知道山羊與綿羊混合放牧有好處；綿羊吃草不太移動，日常放牧時有山羊在綿羊群中，山羊可領著綿羊緩緩前行，如此可避免羊群過度啃食一片草地。在遷移到另一牧地時，有山羊領頭，綿羊也較易於成群跟隨移動。綿羊有認「家」的習慣，因此夏季牧人會帶著羊到「牠們自己」的牧地去，放心讓牠們在那兒過夜，不用擔心明天會找不著羊。馬會認路回家，這樣的能力也讓許多半農半牧的人群可以將馬整年放牧在山上，無需太多看管。如我在川西松潘、黑水之羌藏族地區所見——大風雪來臨前，山上的馬群各自回「家」(村寨中的主人家)避難。在冬季，馬可用蹄踢、刨，打開冰層吃下面的草，別的牧畜隨後也可吃到草。雖然綿羊也能用蹄刨開雪吃下面的草，但對於已凍成冰的雪層牠們也無可奈何，只有吃被馬兒打開的冰層下的草[24]。還有，山羊與綿羊吃草都從草株的底部切斷它，而牛與馬吃草則截斷草株的位置較高。因此馬與牛吃過的草地，羊能獲得草食；但羊先吃過後，馬與牛就沒得吃了。這樣的動物習性也是牧民熟知的，因此在草場不足而需所有動物共用草場時，他們會讓馬與牛先吃草。

---

23 H. A. Koster, *The Ecology of Pastoralism in Relations to Changing Patterns of Land Use in the Northwest Peloponnese* (Ph. D thesis, University of Pennsylvania, Philadelphia, PA, 1977), quoted from Rada Dyson-Hudson & Nevelle Dyson-Hudson, "Nomadic Pastoralism," *Annuel Review of Anthropology* 9 (1980): 28.

24 Sevyan Vainshtein, *Nomads of South Siberia*, 63.

還有一種不能算是畜產，但在許多游牧社會中都是不可缺的動物，那便是狗。狗在人類馴養野生動物的歷史上有其特殊地位。約在距今10000年或11000年前開始，羊、豬、牛、馬等動物陸續被新石器時代早期的人類馴養。然而究竟從何時起狗成爲人類的馴養動物，就很有爭論了。原因是，可能比牛、羊被人類馴養早一萬年，狗已進入人類生活之中。但此時的情況可能是，狗與人類共生；成群的野狗跟著游獵的人群移動，撿食人們丟棄的動物殘骨，並在人類進行狩獵時幫忙圍趕獸群。在此情形下，很難說，狗何時開始被人「馴養」。無論如何，在游牧社會中狗也與牧畜(馬、牛、羊等)有不同的地位——牠們協助人類保護、管理牧畜，也保護主人與其家產。另外，經常仰賴狩獵以作爲額外經濟來源的游牧人群，更需要狗作爲狩獵時的助手與伙伴。

畜產構成

如上所述，各種類、品種之動物皆因其動物性而有其所宜之生活環境。人們因其環境，選擇牧養具特定動物性的牲畜，或經由選種、配種繁殖有特定「動物性」的牲畜，以獲得主要生活資源。因此養何種牲畜，每一種應飼養多少，是游牧經濟中的重要考量——這就是所謂畜產構成。

20世紀下半葉以來，全球之傳統游牧地區都產生很大變化。以下我藉著一些人類學民族誌資料，略舉例說明20世紀上半葉各游牧社會畜產結構概況。在東部非洲，蘇丹南部及依索匹亞西部的努爾族人(the Nuer)是養牛的半游牧人群，他們的畜產以牛爲主，另有少量的綿羊[25]。肯亞的圖卡納族(the Turkana)，牧養動物有牛、羊與駱駝[26]。西

25 E. E. Evans-Pritchard, *The Nuer: a description of the modes of livelihood and political institutions of a Nilotic people* (New York and Oxford: Oxford University Press, 1940), 16-21.

部非洲游牧的福拉利人(the Fulani)主要牧養的也是牛，以及少量綿羊、山羊及駱駝[27]。阿拉伯半島的游牧以羊、馬、駱駝爲主；在沙烏地阿拉伯南部的沙漠地區，只宜於牧養駱駝[28]。西亞的伊朗地區，游牧以綿羊與山羊爲主，另有少量驢子、馬、駱駝[29]；由於游牧路線上山路崎嶇多石，不宜於養牛。如伊朗之巴涉利部族之人(the Basseri)，日常所需多出於綿羊、山羊，又有驢、馬、駱駝等作爲馱獸。一個五、六口人的家庭，約有6至12頭驢子，不到100頭的羊(綿羊與山羊)。據當地人說，一個家庭的羊若少於60頭便很難過生活[30]。在中亞的阿富汗Qataghan地區，當地牧民主要牧養的是綿羊，家中山羊只有兩三頭，主要用來作綿羊群的領路羊。另外他們還養幾頭驢子、馬與駱駝作爲馱獸與乘騎[31]。

在更靠近中國的中亞大小帕米爾地區，吉爾吉斯人(the Kirghiz)所牧養的牲畜主要是綿羊與山羊，還有少量的旄牛、駱駝(雙峰駝)、驢子與馬[32]。在此之北已進入歐亞草原地區。歐亞草原游牧人群經常牧養綿羊、山羊、馬、牛、駱駝、驢等多種牲畜。一項研究指出，20世紀之前本地尚未被俄國掌控時，草原游牧的哈薩克牧民以馬爲最重要的牧畜，每一家約有15至30匹馬，最富有的可達3000匹馬。但他們生活所需肉、乳主要來自於綿羊，另外每家還有幾頭駱駝，牛則很少見[33]。鄰近的吉爾吉斯人也差不多，只是他們的駱駝比馬多；此顯示他們移牧、貿易的

(續)

26 P. H. Gulliver, *The Family Herds*, 27-28.

27 Derrick J. Stenning, *Savannah Nomads* (London: Oxford University Press, 1959).

28 Donald P. Cole, *Nomads of the Nomads*, 26.

29 Fredrik Barth, *Nomads of South Persia*, 6.

30 同上，頁16。

31 Thomas J. Barfield, *The Central Asian Arabs of Afghanistan: Pastoral Nomadism in Transition* (Austin: University of Texas Press, 1981), 37-39.

32 Nazif Shahrani, *The Kirghiz and the Wakhi of Afghanistan* (Seattle: University of Washington Press, 1979).

33 Elizabeth E. Bacon, *Central Asians under Russian Rule: A Study in Culture Change* (Ithaca, NY: Cornell University Press, 1966), 29-30.

路程較長。許多中亞與西亞地區都宜於養羊，這兒也以出產世界頂級羊毛著稱。除了少數品種的山羊產上好羊毛外，供應市場的羊毛主要出自綿羊。在牧區，一般認爲綿羊肉較鮮美，少腥羶，因此供應市場的肉品也主要出自綿羊。山羊則抗病力強、繁殖力高、產乳量高，較能忍飢挨餓僅靠粗糙的植物爲食。因此，離市鎮較近的牧民經常養的綿羊較多(市場取向)，離市鎮愈遠的牧民則傾向於養較多的山羊(生計取向)。

蒙俄之間的阿爾泰—薩彥嶺地區又稱「圖瓦」(Tuva)，這兒在漢代時曾爲匈奴牧地。在本地的高山草原地帶，游牧人群牧養綿羊、山羊、馬、牛、馴鹿；根據1931年的調查數據，綿羊占48%，山羊占27.4%，牛占14.6%，馬8.9%，馴鹿爲1%。據研究者稱，這數據反映的是俄國革命(1917)後的改變，而在更早以前，馬在畜產中所占比例要高於牛。主要的變化是，革命後在當地政府協助下牧民可得到較多的草料與飼料，如此才能多養在冬季需賴草料、飼料維生的牛[34]。爲何牛增加，馬反而減少？此反映牛的乳、肉生產量的確大於馬，而過去養馬多是爲了生計安全考量——馬移動快，可迅速脫離自然與人爲災難。當許多環境風險消失後，自然馬的需求也就減少了。圖瓦的另一生態區，森林草原地帶，爲狩獵游牧人群(pastoralist hunters)所居；他們牧養馬、牛、綿羊、山羊。根據1931年的畜產比例調查數據，換算爲百分比後約爲，綿羊占10.7%，山羊占13%，牛占30.7%，馬45.4%。顯然爲了配合狩獵，以及多森林的環境(肉食性野獸多)，他們需減少小型牲畜(羊)的牧養。

很早以來，在廣大蒙古草原地區牧民所畜養的動物便是山羊、綿羊、馬、牛(少部分地區還有旄牛)、駱駝。其中駱駝進入蒙古草原游牧經濟的時間較晚。蒙古人將以上五種動物稱爲「五畜」，此反映著這是蒙古牧業中最普遍的畜類組合。根據學者Lawrence Krader的研究，鄂爾

34 Sevyan Vainshtein, *Nomads of South Siberia*, 54-55.

多斯、喀爾喀(the Khalkha)、布里雅特(the Buryats)與卡爾梅克(the Kalmuck)的蒙古族人，以及哈薩克、吉爾吉斯人，只要維持純牧的經濟型態，他們的牲畜構成及比例便相去不多——除了數量很少的駱駝不計外，綿羊、山羊、馬、牛的數量比例約是10:1:2:2。也就是，在數量上綿羊是山羊的10倍，綿羊又分別是馬與牛的5倍[35]。這反映的應是20世紀上半葉的一般情況，事實上各個地區、個別牧民家庭的差別很大。另一位人類學者H. H. Vreeland在蒙古國喀爾喀蒙古牧民中所作的調查，顯示該地牧民的牲畜也是「五畜」；一個中產之家約有綿羊200-300頭，各戶所有的馬、牛、駱駝數量差異比較大。據他稱，以當地人的觀點來看一個家庭若有300頭綿羊、20頭牛、3-4匹馬，日子便能過得很安穩了[36]。以上數字反映的還是20世紀上半葉或中期的情況。在蒙古牧民的經濟生態、社會與文化各方面，「五畜」各有其特殊的功能與意義。綿羊與牛主要供應生活所需的食物、衣料、燃料，馬作爲戰爭、交通與放牧的乘騎，駱駝主要被用在較長程的乘騎、載物運輸上，山羊除了提供乳、肉外與綿羊同群也有助於綿羊之牧養。綿羊是最不能與農業相容的牲畜；在此地區愈純粹的游牧者所養的綿羊也愈多。馬與駱駝的數量與質量，也常被用以誇示主人的身分與財富。無論如何，馬在蒙古社會中是最尊貴的牲畜[37]。

青海省東部到川西北的黃河、長江上游，是漢代西羌的主要活動地區。20世紀上半葉，這兒藏族牧民的主要牲畜是旄牛、犏牛、綿羊，以及少量的黃牛與馬。1950年左右，青海中部興海縣上阿曲乎部落(133戶)牧民所有的牧畜比例約爲，羊(綿羊爲主)占總數的85.9%，牛占總

35 Laurence Krader, *Social Organization of the Mongol-Turkic Pastoral Nomads* (The Hague : Mouton, 1963), 28-29.

36 Herbert Harold Vreeland, *Mongol Community and Kinship Structure* (New Haven: HRAF Press, 3rd edition, 1962), 33-34.

37 Sechin Jagchid & Paul Hyer, *Mongolia's Culture and Society* (Boulder, Colorado: Westview Press, 1979), 22-24.

數的10.5%，馬占3.6%。青海東部澤庫縣拉倉部落牧民之畜產結構及比例約為，羊84.6%，牛13.4%，馬2%。往南，據1950年代在青海南部果洛地區與川西北的調查，當地牧畜中綿羊約占總數的54.9%，山羊只有1.2%；另外，馬占2.1%，牛則在畜產中的比例遠較環青海湖等地牧區為高，約占牧畜總數的41.8%[38]。果洛牧民的旄牛較多，顯然因地勢較高的緣故。約在1950年代末，川西北的若爾蓋地區牧民畜產中羊占66.6%，牛為27.3%，馬占全數的6.1%。此時更南的麥洼部落(紅原縣)，由於低窪濕地多，羊只占畜產的2.1%，又因整個地區海拔高，所以牛占了全數的94.1%，馬只占3.8%[39]。在此高原或高山河谷游牧地區，旄牛當然是最重要的牲畜。

人類學者常估計游牧人群最低生活所需的牲口數，卡扎諾夫在其著作中引了許多資料來說明此問題。以歐亞草原為例，他所引的資料稱，在18世紀中期一個五口之家的卡爾梅克蒙古家庭需8匹母馬、1匹公馬，以及10頭母牛、1頭公牛才能存活。1880年代Akmolinsk地區的哈薩克牧人家庭，一個五、六口之家需5匹馬、10隻羊、6頭牛才能生存。同一地區1960年代的調查資料則稱這樣的家庭需15匹馬、2頭駱駝、6頭牛、50隻羊才能維持生計。對同一時期哈薩克牧民最低生活所需，另一項調查資料估計更高：至少需15-20匹駱駝、4-5匹馬、100-150隻羊[40]。在青海南部與川西北的藏族牧區，一個四口之家需多少牲畜才夠生活，本地人的估計也有相當差異。據曾長期生活於此的英籍學者艾克佛的訪查，較富有的牧人說至少需200-300頭牛及1000隻羊。艾克佛則認為，較中肯的估計，若牲口照料得宜約40頭牛、100隻羊便能養一個四口之

38 青海省編輯組，《青海省藏族蒙古族社會歷史調查》(西寧：青海人民出版社，1985)，頁18、56、80。

39 四川省編輯組，《四川省阿壩藏族社會歷史調查》(成都：四川省社會科學院出版社，1985)，頁84、169。

40 Anatoly M. Khazanov, *Nomads and the Outside World*, 30.

家。我認爲，艾克佛的另一說法更正確；他指出，在此生活中充滿生機與危險，一場嚴重的大雪、嚴重的口蹄疫流行，都可以讓最富有的與最貧窮的牧人都變成乞丐，因此他們很難估計究竟多少牲口才夠維生[41]。

一游牧地區牧民之畜產構成及其數量、比例，最能表現地方環境特色(包括對外關係)、各種牲畜之動物性，以及人們如何藉對環境與動物的認識來建立及調整其生計活動、社會組織，並因此產生一些文化價值。然而在這些環境、生物與人文「結構性」因素之外，個別家戶之畜產構成與數量差異又反映著牧人在最小風險與最大利益間的取捨抉擇，在畜產經營上之勤惰智愚與知識技術，以及個人之雄心、企圖與情感。

游牧與其移動模式

牧民對其牧產之經營，除了在動物品類與數量上作適當選擇與安排外，最主要是活動便是「游牧」。

對於「游牧」(nomadic pastoralism)，人們往往只注意「牧」(pastoralism)，而忽略其「游」(nomadic)的一面，或只是以「逐水草而居」來了解牧民日常生活中的經常性遷移。事實上主要便是游動、遷徙，使得「游牧」與其他各種人類經濟模式中的牲畜飼養有本質上的不同。對游牧社會人群來說，「游動、遷徙」不只是讓牲畜在各種季節皆能得到適宜的環境資源，更是人們逃避各種自然與人爲「風險」(包括權力掌控與階級剝削)，以及利用更廣大外在資源(如貿易與掠奪)的手段。因此「游動」深深影響游牧人群的族群認同、社會結構、領袖威權，以及其社會道德與價值觀。20世紀上半葉國民政府時期的一篇康區視察報告中稱，四川西北爐霍之羅科馬居民都以游牧爲生。當時地方政府對他們的態度是，「上牲稅任其自便，政府不敢強迫也，否則遷家驅

41　Robert B. Ekvall, *Fields on the Hoof*, 19.

牛，逃往野番」[42]。這說明本地牧民可藉其遷徙、移動的能力，來脫離當時政治威權的掌控與剝削[43]。

游牧人群的遷移因氣候、地形、植被、畜產、水源、社會結構與人力配置，以及農區、市鎮與國家威權等外在世界因素等等而有不同的模式。一般而言，氣候南暑熱而北嚴寒，低處濕熱而高處涼爽。因此，最基本的移牧方式分爲兩種：夏天往北而冬季往南的水平移動，以及，夏季往高山而冬季向低谷的垂直移牧。事實上，其中又有許多複雜變化以及異例。蘇聯學者凡虛坦因曾提及，歐亞草原的「突厥—蒙古族系」牧民約有四種游牧模式。一是，平原—山區—平原型：冬季住平原，夏季移往山區，秋季下移至平原，然後逐漸移往平原的冬場。部分的土庫曼、卡爾梅克蒙古，13世紀部分的蒙古族人，皆曾行此種游牧模式。二是，山區—平原型：冬季住山區，夏季移往河、湖邊放牧。許多東部哥薩克牧民行此種游牧。三爲，山區—山腳—山區型：冬季在山區避風處，春季移往山腳，夏季又往山區放牧，秋季下降至離春草場不遠的地方，冬季再回到山區。薩彥嶺地區的圖瓦牧民，部分蒙古與阿爾泰山牧民，以及多數吉爾吉斯牧民，皆行此種游牧類型。第四種爲山區型：夏季在接近山脊處游牧，冬季下降到山谷森林中，整年不離山區；這是東圖瓦馴鹿牧人的游牧方式[44]。如此的分類敘述，可以表現一地之游牧傳統與許多牧民的共同選擇。然而實際上影響游牧遷移的因素很多，各地牧民的季節移牧也遠較此爲複雜。以下由幾個例子來說明。

在蒙古草原游牧中，出冬場一般是3月下旬；此時牲畜羸弱，草資源不豐，且有春雪的威脅，因此是最困難與危險的時節。5月至9月進入

42 劉衡如等，〈視察道爐甘德白瞻雅江七縣報告書〉，《新西康》第1卷，2-3期；引自趙心愚、秦和平編，《康區藏族社會調查資料輯要》（成都：四川民族出版社，2004），頁47。

43 雖然如此一個游牧部落是否能隨便離開其牧地，仍要看當地、當時的部落關係、草場分配及本地「庇護逃難者」的傳統。

44 Sevyan Vainshtein, *Nomads of South Siberia*, 92-94.

夏季，此時最好的放牧場所是在大河邊上或沿溪谷的山坡上，這也是牧人生活較清閒的季節。9月至11月爲秋季放牧時節，一般而言，此時爲了搶膘(利用好的草地及運動，讓牲畜脂肪厚、肌肉實)人畜移動較多，又須打草儲備爲冬季之用，因此相當忙碌。冬季定居不移動，但部分家人偶爾仍須領著馬、羊在覆雪薄的山坡上放牧。如蒙古國Narobanchin地區的喀爾喀蒙古族人，在20世紀中期，牧民的牧畜主要是綿羊、山羊、牛、馬與少數駱駝。他們的游牧是「山牧季移」模式。冬場在向陽的高山南坡下，或在河邊低地。春天3月牛羊由冬場出來，進入春季草場。隨著氣候漸溫熱，牧民趕著牛羊移往山區，夏季草場在高山有溪泉的地方。秋季10月，返回冬場。如此，一個牧群(camp)在一年中有4-5個駐牧點，夏季他們的移牧多一些。夏草場是公有的，冬場則爲各牧戶私有。此外，有的牧民還兼種一些田地；春季翻地播種後，較富的牧人繼續進入夏季草場，而窮的牧人常受僱留下照顧作物[45]。

在青海東南部黃河上游地區，據艾克佛報導，藏族牧民盛夏在接近植物生長極限的高山石坡上放牧。秋季他們下移到較低海拔處，在接近冬場的地方放牧。冬場有儲草場所的牧民，秋季「打草」(割牧草)以備冬季作爲牲畜草糧。此時(秋季)除了留一人看守牲畜外，所有人力都用在打草上，有時還得僱工。打草在冬場附近，冬場一般都在較低且接近農業聚落的地方，如此才能由農村中得到僱工。打草工作從清晨持續到夜裡，這得花上約半個月。然而並非所有藏族牧民均打草；不打草而靠讓動物養膘過冬似乎才是本地的老傳統。據艾克佛報導，有些牧人不但不備草過冬，連固定的冬場都沒有；在冬季，他們找尋草好且能避風的地方過冬。出冬場的時間約在4月中到5月底之間，出發前還要派探哨去看看附近是否有搶匪，以及草長的狀況如何。剛出冬場的游牧通常不遠，移動緩慢。這是由於此時牲畜體力虛，離冬場遠的地方草也不多，

45 Herbert Harold Vreeland, *Mongol Community and Kinship Structure,* 34-44.

加上有新出生的幼畜要照料。此後草長的速度愈來愈快，牧民的移牧遷移也較快，但在一地停留的時間則愈來愈長。秋季，可能在一個點上就停留一個月。由出冬場開始，一年的遷徙最少3次，最多約8次。但當年若情況危急，一個牧民聚落也可能遷徙十多次[46]。以上都是20世紀上半葉的情況。

20世紀上半葉，川西北之若爾蓋地區各藏族部落都有一定的游牧疆域；草場爲部落公有，只有冬房(冬場)打草備冬的地方爲各家私有。每年的11月至來年4月是牧民住冬房的時段，牲畜利用冬場的草。5月出冬場，由土官與老民議定出冬房的日期，分配各寨游牧路線與駐牧點。一年游牧期間(5月至10月)遷移帳房約5、6次，每次約10-20華里，停留20-40天。9月至10月割冬草。夏秋放牧時，牛就放在帳幕附近吃草；冬季則幾家的牛聚集在一起，派人帶到較遠的地方放牧。牧馬，也是全寨的馬合群放牧。羊則是各家自己放牧，冬季羊不回冬房，由青壯年人帶帳幕在山谷中放牧[47]。略北的果洛藏族地區，同樣的，牧場歸各部落所有。牧民夏、秋在高平之處放牧，冬、春在較低可避風之處放牧。其季節性約是，4月至5月出冬場移至春草場，6月移牧至夏草場，10月至秋場，12月進冬場。本地沒有修圈儲草過冬的習俗，動物靠著秋季養膘來過冬[48]。一般而言，牧民若要讓動物靠養膘過冬，則需秋末盡量在外游牧利用秋草，讓牲畜多動、多吃；如此一方面延遲進冬場以保留冬草，另一方面牲畜體健膘厚也較容易活過冬。

游牧路線有時需考慮外來資源，對游牧人群來說，此經常涉及農區與城鎮。如前所述，青海東南部的藏族需靠農區人力來協助「打草」，以儲草過冬。又如，伊朗南部的巴涉利游牧人群，每一個主要部落都有

46 Robert B. Ekvall, *Fields on the Hoof*, 33-35.

47 四川省編輯組，《四川省阿壩藏族社會歷史調查》，頁77-78。

48 青海省編輯組，〈果洛藏族社會歷史調查〉，《青海省藏族蒙古族社會歷史調查》，頁81。

其傳統游牧路線，稱作*il-rah*。在此路線上，何時出發到何地，停留多長，然後又到何處，都有傳統的時間、空間季節劃分。因此*il-rah*被部落民眾視爲本部落的財產，當地其他民眾與地方政府也承認他們這項權力。然而他們並不「擁有」相關土地，因在這路線上有私人農地、水井，也有其他游牧部落在不同時間來利用此土地[49]。他們的游牧模式一般是南北向遷徙。當冬天北方山區都被雪覆蓋時，南方還有些草可利用。春天低地及低山地區牧草豐盛，然而由3月起，這些草就由南往北逐漸枯黃，牧人也趕著牲畜逐漸往北移以利用較好的草場。6月他們抵達游牧路線的最北方，在此停留時間較長或只在附近移牧。8月底開始南下移牧，途中經過主要農區要停數週，以助農人秋收賺點工資，也讓牲畜吃田裡的禾桿。秋季草普遍不好，幸好這也是農區秋收之時，收割後留下的穀類禾桿是動物很好的食料。動物在田裡進食，排下糞便，農田也可因此受惠。由秋場到冬場的游牧停留少、速度快。在冬場的期間則很少移牧，只在附近放牧[50]。

「游牧」有時並不需所有家庭成員都遷移；這多見於所謂的半游牧人群(semi-nomads)或農牧人群(agro-pastoralists)——部分家人整年定居，而由部分青壯年人領著牲畜在特定季節外出游牧。在有些游牧方式下，一家人要在某季節分開來，各領著不同的畜群放牧。人類學者古立佛所研究的非洲肯亞之圖卡納族(Turkana)便是如此。圖卡納人居住的地方有山區，也有平原。他們養牛、羊與駱駝，賴畜產爲生，行所謂「山牧季移」(transhumance)。然而其游牧模式與夏季居山、冬季居於山腳的「山牧季移」不同。本地季節，一年主要分爲乾季與濕季兩部分；9月至來年3月是乾季，4月到8月是濕季。雖然如此，每年的降雨及雨量皆相當不規則。乾季時，部分家人帶領牛在山區放牧；此時山區才

49　Fredrik Barth, *Nomads of South Persia*, 5.

50　同上，頁9。

有足夠的水源與草，這是牛比較需要的。另一部分家人帶領駱駝與羊在平原游牧，因羊與駱駝較能適應乾旱，以及賴旱地之灌木、荊棘類植物維生。山區野獸多，也對羊不利。到了濕季，山區的家人帶著牛群下山，家庭中的人畜此時才全聚集在一起[51]。

水草資源愈不穩定、愈匱乏，牧民的移牧遷徙愈有長程、大範圍而多變化的傾向。如在以乾旱著稱的沙烏地阿拉伯南部沙漠地區，根據人類學者寇爾的研究，本地阿穆拉貝都因人(Āl Murrah Bedouins)的游牧一年分成四或五階段。雨季主要在9月中到12月，或至1月初。2月至3月初，他們進入冬季牧場。如果當年降雨狀況好，這便是個歡愉的季節，許多節日活動在此時舉行。家族、部落人群聚集，這也是一年中他們與定居人群互動密切的季節。春季他們向南遷數百哩，6月遷到了夏季水井處。6月初至8月，在夏季牧地放牧；因水源爲家族或氏族所共有，所以家族、氏族成員聚集。秋季9月到12月，氣候稍溫和，又有雨水，駱駝可以不依賴夏季水井，於是各家庭深入沙漠中分散放牧。此時單位空間人口最稀，牧民只作短程遷移，每兩天遷徙約7哩。對牧民來說，這是最好的季節；天高皇帝遠，沒有城市與綠洲中政治威權的騷擾，又可享受狩獵之樂。12月至1月初是他們開始北移進入冬季牧場的季節。何時開始往北移，取決於北方何時下雨。由1月開始他們便期盼著北方下雨，一旦有了北方下雨的可靠訊息，他們立刻向北方移牧。此時移動速度很快，日行約30-40哩，約10-15日到達位於北方的冬場[52]。寇爾也指出，何時遷徙，採何種路線，以何處作爲冬場，在各處停留時間長短，每年都不同——這是人們適應水草資源極端匱乏且不穩定之環境的策略與選擇。

總之，移動，以及隨時作有關移動的抉擇，是游牧社會人群適存於

51 P. H. Gulliver, *The Family Herds*, 27-29.

52 Donald Powell Cole, *Nomads of the Nomads*, 39-47.

資源匱乏且變數多的邊緣環境之利器。移動，使得他們能利用分散且變化無常的水、草資源，也讓他們能夠及時逃避各種風險。須經常移動，影響他們生活之各個層面。如在財產方面，他們不宜擁有太大、太多的物質財產；注重土地資源的使用權，而相對輕忽土地領域之所有權。由於常要及時移動，且有能力移動，所以各個小單位人群(家庭或牧團)都需擁有行動的「決策權」，也就是他們要能爲生存自作抉擇。在空間上的經常移動，也影響他們在社會結群上的「移動」——由於需因應環境變化(地形及水、草資源之多寡與分布狀態)，一起遷移的人群時大時小，因此各層次的社會認同與人群親緣關係也經常「移動」。此種「移動」表現在大小、聚散無常的部落型態上，表現在相當有限或多變的領袖威權上，也表現在人群之共祖血緣記憶的易變化上。一個由親戚組成的牧團，在水草資源發生困難時分裂成數個更小的群體，各走各的路線以求生。一個部落爲了逃兵災而移牧到別的地方，與收容他們的部落聯合，並在部落歷史記憶中找到彼此共同的祖先。一個大部落在遭受重大軍事挫敗時，各小群體分裂各自求生，無需講求「戰至最後一兵一卒」的軍人榮譽——「不羞潰走」，如漢代史家司馬遷對匈奴的批評。簡單的說，「移動」使得他們有能力突破各種空間的、社會的與意識形態的「邊界」。

與此相關的是「信息」。游牧之生活環境中多變數，因而牧民須隨時觀察、蒐集各種「信息」，以作出下一步的行動判斷。各種日夜天象，都提供牧民判斷其游牧行止的基本信息。此外，牧民之間相互溝通、交換所得的信息，從途經的市集中獲得信息，從遠方旅人口中更能獲得許多珍貴信息。因而，由沙烏地阿拉伯經西亞、中亞到蒙古地區，牧民們對旅人的熱情待客之道(hospitality)都是一樣的。一壺奶茶，幾碟乳製品或肉，賓主坐定後主人的起頭語常是：「遠方有沒有些新鮮事。」

下面是我的朋友參普拉敖力布，中央民族大學的蒙古族學者，所寫的有關「信息」的一段文字：

> 對游牧生活來說，信息至關重要。每個游牧民必須隨時掌握有關周圍環境的最近情況，了解的空間越大越好，信息越新越好。四周天氣變化、草場情況，各牧家轉場的位置，以及周圍狼等野獸的最近活動範圍，病害情形，人員來往情況等等，必須了解清楚，這樣才能準確選定下次轉場的位置。選好草場十分重要，有了好草場，牲畜的安全才有保障……。草原牧民有個習慣，人們見面時不管認識與否，都得相互問安，即「賽恩白奴？」(意思是你好)，然後就是互換鼻煙壺或煙袋，現代人多為交換煙卷。緊接著就是互問「蘇寧由白那？」(意思為有什麼消息)，這樣很快就相互通報各自所看到或聽到的各種情景和信息……。某種意義上說，游牧民的問候言行就是一種形式的信息交換。他們的問候打招呼中就包含著信息內容。草原游牧民的問候禮節、問候語言、問候內容也特別豐富多采。這也與它所包含的實際內容有關聯。問候中的相互問答非常多、涉及面很廣。從畜群膘情到草場情況，從個人身體健康狀況到家庭每個成員以及親朋好友、左鄰右舍的情況，從最近天氣變化到附近草原各種野獸活動情況等，都包括在問候禮節或問候語範圍內。不懂問候禮節的人在草原上很難得到信息。不掌握足夠信息量的人，也不可能成為合格的游牧民。

游牧生產、分工與消費

在游牧生產活動中，牧民並不如人們所想的那樣無拘無束、自由自在。他們生活忙碌、艱苦，並經常遭遇一些難以預測的風險。日常生活中直接與牧業生產有關的事務便有：放牧、擠奶、製酪、剪毛、鞣皮、製氈子、照顧初生幼畜、治療病畜、閹畜、收集畜糞作爲燃料等等。有些牧民還有秋季「打草」(割牧草)以儲草過冬的習慣。打草時間雖短

(約花上2-3週)，但需及時，因此需花費相當人力。更不用說，許多牧民的生產活動皆不限於牧業，他們有時還從事農作、狩獵、採集、貿易。過去有些游牧人群還從事對外劫掠，這也算是一種生產活動。這些活動，都需消耗許多人力。

放牧是最主要的生產活動項目，其中又包含許多工作，涉及不同季節、不同牲畜，也因此涉及各種技術。放牧技術好而又勤快的牧民，與經驗差或又偷懶的牧民，其牲畜的成長、生產情況皆有天壤之別。秋季，有經驗的牧民會趕著羊撿最肥美、最營養的草吃，且經常移動。羊動得多、吃得多才能夠養膘。羊的膘夠厚，便能活過艱苦的寒冬，以及在初春產下健康的羊羔。有經驗的牧民，也常能夠利用冬場之外最後的一點草資源，趕著牲畜游牧，盡量延遲進入冬草場，以多保留冬場的草讓動物可賴以過冬。

牧民皆期望牲畜能多生產健康的幼畜；牲畜的生育經營，也是一需要經驗、知識與努力的工作。動物的選種、閹割、分群、交配都需在良好的經營控制之中，如此才能在適當季節讓母畜生下幼畜。由於同類幼畜都在年中同一時段出生，因此「接羔」(接生小羊)季節牧民十分繁忙。小羊出生時或太弱需人工照顧，更普遍的是，小羊第一次吸母羊的奶有時需人協助，這也是協助母羊認識小羊的關鍵時刻。牧民皆傾向於維持最低數量的種畜(雄畜)，其餘的雄畜都需閹割。此一方面是爲了便於選種、控制交配。另一方面，未閹割的雄畜難控制，發情時易燥怒，肉質也不好。

擠奶、製酪、剪毛、屠宰、集糞等工作，直接涉及牧民日常衣食所需，或以相關產品來交換其他生活用品。擠奶、製酪在許多游牧社會中都是女人與老人從事的工作。在春、夏、秋季，幾乎每日都要擠奶2-3次；即使在冬季與早春，也需擠一些畜奶以供食用。收集羊圈、牛圈中的糞便，曬乾、堆積，以作爲炊煮、取暖的燃料，這也是牧民的日常工作。即使牧地附近有山區林木，許多游牧人群仍視畜糞爲最好及最穩定的燃料來源。剪毛作爲日用(衣物、帳幕、繩索的原料)或出賣，也是一年中的重要工作。青海南部至四川北部的藏族牧民，剪羊毛通常在初夏7月，剪牛毛在4、5月間。相關工作除剪毛外，還有以牛、羊毛搓繩、編織、縫補帳幕，以及運送販賣等等。

在許多近現代游牧社會中，牧民每年都要宰殺一定數量的牲畜以供肉食；無法生育的母畜，無法挨過寒冬的弱畜，剛出生的過多公畜等等，都因其經濟效益低而可能被宰殺。雖然如此，許多研究者指出，乳製品才是游牧人群日常主要食物來源——游牧人群不輕易或不經常爲食肉而宰殺其牲畜。在環境極端險惡而牧民生計最脆弱的游牧地區，以及在過去，尤其是如此。對此我需作一些說明。

在人類畜養動物之初期，也就是在新石器時代之原始農業時期，人們畜養動物主要是爲了得到肉食。「游牧」在人類經濟生態歷史中，比起原始農業來說是一較晚、較進步的生產方式。所以如此，很重要的一個因素便在於：此時人們知道如何以食「乳製品」來取代食「肉」。這也是一個數學問題。若人們以畜肉爲主食，一個五口之家就必須飼養大量牲畜來維持一年所需的肉食。大量的畜產，草食性動物，需要廣大牧地來供應其草料。大量畜產，寬廣牧地，代表著需更長程的游牧與更多照料、保護牲畜的工作。五口之家的人力，實難應付如此大數量牲畜的放牧及其他工作，也難以穩固擁有此大量畜產所需的草場領域資源。事實上，牧民還要與其他牧民，以及更有社會組織力量的農民群體，來競爭相關的空間資源。以此而言，以畜肉爲主食對一個家庭游牧生產單位來說，在人力運用與草場資源之獲得上幾乎是不可能的。只有學會如何「吃利息」(乳)，並盡量避免「吃本金」(肉)，游牧經濟才得以成立。更不用說，在游牧地區的險惡多變環境中，畜產可能在一夕之間損失殆盡，因此牧民傾向於保持最大數量畜產以應災變。再者，我們今日知之較詳的游牧社會資料多採集於20世紀上半葉，或1970年代以前。此時國際羊毛、羊肉市場已大大改變許多歐亞草原牧民的生活，被納入各國家體系之中使得游牧地區與定居城鎮之關係更密切，新的運輸、通訊工具與畜產照料與防疫技術也減少許多游牧風險。在此情況下，牧民對於其牧產較有「盈餘」概念，因此「食肉」自然較已往普遍。

由於游牧生活有太多的變化、特例與危機，我無法一一說明各種游牧人群日常之繁雜工作。總之，在一個游牧社會中日常生產工作最主要的特色是，無論男、女、老、少，人們在一年絕大多數時期均十分繁忙。而且由於環境變數大，許多工作都是十分迫切，或來得十分突然。因此雖然這些工作大致上都有依男女性別或年齡的分工，但由於其迫切與突然，所有的人皆需適時投入任何工作中，以及隨時作出行動抉擇以應付突來的情況。也因此，「制度」、「結構」與「文化模式」等人類學概念在游牧社會中最易受到挑戰——在此，人們難以受限於制度，無法受傳統或文化模式規範，而其社會結構的最主要特色是需具有變化彈性。

我們若從生產、分工與消費角度，來比較農業與游牧此兩種人類經濟模式，更能突顯游牧經濟社會之特色。在生產工具方面，傳統農人需犁、鐮、磨等物質工具以及耕牛(或其他犁地動物)，但游牧經濟所需物質性生產工具要少得多。因而農人常因生產工具短缺而受制於他人(如地主)，或其部分收成被用以獲得工具，牧人在這方面的困擾較少。在生產的土地成本方面，因作物固著於土地，農業生產在一年大多數的時間都離不開土地，也因此土地的擁有與壟斷對農業生產者相當重要。相對的，游牧生產並不固著於土地，牧人只是暫時利用一片土地，因此對他們來說關鍵在於是否能在特定時間使用土地，而非永久占有、壟斷[53]。在種子與牧畜等成本上，農人留下部分穀子(種子)以作爲再生產

53　雖然在許多自然資源匱乏的地方，游牧人群以各種社會組織(牧團、家族、部落)來擁有及保護一定的牧區，但這些牧區常與其他游牧人群的牧區或農區交錯，並且，幾乎所有游牧社會都允許鄰近部落或部族因緊急避難而來共用自己的草場。誰都可能有不時之需；這樣尊重他人緊急避難權的傳統，也是人們在

之成本，其餘在自食、納稅之外均可作爲盈餘來出售，或囤積。主要利用乳產品的牧人必須擁有一定數量的牲畜，日常衣食出於此，再生產的成本也在於此；有多少爲盈餘不清楚，也無法囤積其「收成」。農人與牧人都可能因種種緣故而失去生產成本，此時農人常爲得到糧種及日常衣食所需而困於高利貸難以翻身，甚至衣食無著。失去牲畜的窮牧人替富人(通常爲親戚)放牧，至少由日常乳、毛生產中得免於餓凍，也能由酬傭抽成中(分得部分的初生小羊)恢復自己的畜產。

在家庭分工方面，雖然在各種游牧生計中都有依男女老幼的基本家內分工，但由於突發狀況很多，或某些季節性工作亟需人手，因此許多事經常都是家人相互協助共同完成。在許多定居農業社會中，特別是在中國(主要是部分漢族地區)與印度，女人只負責家內的事務及生育「生產者」(也是繼承者)[54]。與此相對的，在所有游牧社會中女人都需直接從事生產工作。或因如此，同一文化圈中牧區婦女的家庭、社會地位明顯高於農區婦女；在西亞、中亞及中國藏族地區皆如此。在社會分工及相關的社會貧富階序上，由於生活所需物質器具、工具少，且它們多由附近定居城鎮之工匠製造，通常游牧社會中少有社會分工，大家都從事類似的日常游牧工作。即使部分游牧社會中有些專業技術人士，如在蒙古國西部，近代當地喀爾喀蒙古牧民中有鞣皮匠、木匠、鐵匠、閹畜手、獸醫等等，但這些人大多仍然從事放牧。而且據報導，這些工匠都不會因其技藝而致富[55]。因此，其所從事之工藝只是一種家庭副業，而未形成可能導致社會階層化的社會分工。在社會貧富階序方面，世界許多牧區如西亞、沙烏地阿拉伯、中亞、哈薩克及蒙古等地，都有相當富裕的牧主；在藏區、東非，相對於前者，牧民的畜產較平均。無論如

(續)

此多變、邊緣環境中的一種生存策略。

54 Jack Goody, *Production and Reproduction: A Comparative Study of the Domestic Domain* (Cambridge: Cambridge University Press, 1976), 1-8.

55 Herbert Harold Vreeland, *Mongol Community and Kinship Structure*, 50-51.

何，在社會階序化程度上游牧社會都遠不如農業定居社會。兩個主要因素造成游牧世界的「平等自主性」(egalitarian)。其一，畜產財富不易儲存、累積，且再多的畜產也可能在自然災變中歸零。其二，即使有些富有牧主能將畜產轉變爲城鎮中的財富(如房屋、農田)，但經常這也讓他們定居下來。另一種情況是，牲畜少的貧窮牧人經常放棄游牧，落入定居城鎮成爲勞工。此兩種情況，最富有的與最窮的牧人離開游牧[56]，也使得許多游牧社會中牧民財富較爲平均。

在收成、消費與銷售交換方面，農人投入勞力與種子等「成本」於土地，經數個月等待作物成熟始得收穫、食用、變賣、納稅。在這一段延遲收成的等待時期，農人生計靠以前的儲存或外來接濟與借貸過活。等待收成以及照料作物，都使得他無法離開安身立命的土地。因此其生計依賴本地社會體系所維繫之秩序。得到借貸與受保護，農人所付出的代價則是難以擺脫統治威權體系、地主與放貸者的控制或剝削(高利貸、納稅、勞役)。相對而言，游牧者的收成可以日日爲之，無需等待；這是一種「由手到口」(hand to mouth，指抓來就可食)的生計模式。牧者工作、收成的「田」——牲畜——都長了腳，可以移動，因而也有較多機會逃避各種危險與「保護者」的控制。在古代中國，許多文獻記載都稱游牧人群沒有「徭役」。在生產品的交換、銷售方面，農業定居生活較穩定及可預期，農人也因此較能估量有多少農產爲可資交換、銷售的「盈餘」。相對的，傳統游牧生計中的風險、變數太多，因此牧人較難以估量多少畜產爲「盈餘」；在後面我將作進一步說明。

無論如何，這只是傳統農業與游牧社會間的一般區分。人們對土地疆界的觀念，並非在所有游牧社會中都同樣寬鬆。游牧社會之階序化程

56　Thomas J. Barfield, *The Central Asian Arabs of Afghanistan*, 121-22. Barfield書中的例子，富人與窮人的家庭雖定居下來，但窮人提供勞力為富人放牧，因此他們都並未真正離開游牧經濟。雖如此，我認為這樣的「游牧經濟」已遠離傳統的游牧活動與社會密切結合的游牧了。

度也各地不同。貿易、交換在各地游牧生計中的份量也有相當差異。又如，一個游牧人群在何種程度上可以不依賴或較少依賴上層政治群體的保護，此乃依其游牧經濟之性質，及其與外在世界之互動關係而定。其與外在世界之互動，又經常並非因其「牧業」所需，而是因其輔助性生業活動而定。

輔助性生業：狩獵、採集、農作、貿易、掠奪

在游牧社會研究中有一經常被提出的問題：究竟「游牧」是否爲一能夠自給自足的人類經濟生態？歷史與民族誌資料中，常見游牧人群與定居人群貿易，或掠奪定居聚落，或從事其他生業(如農、漁、獵)，有的學者因而認爲「游牧」爲一種不能自足的經濟型態，需要外來資源來補足其欠缺。另有一些學者則認爲上述看法是一種偏見，游牧經濟可以自給自足，不需外在資源。這問題也涉及，什麼是「純粹的游牧人群」(pure nomads)。對於這些爭論，我的看法是：所謂「游牧人群」、「農業人群」或「純粹的游牧人群」，都是研究者心目中的人群範疇建構。堅持這樣的「定義」，可能忽略了每一個「人」追求生存的動機、動力與選擇，以及因此而發的即興作爲。游牧人群的確從事許多其他生業，但這並非因「游牧經濟」本身有所不足。而是，從歷史與人類生態觀點，「游牧」爲人類利用邊緣性資源環境的一種適應手段；在這樣的邊緣環境中，人們盡可能以各種手段得到資源，甚至對外掠奪與貿易以突破本地資源邊界也是他們的生存策略。

狩獵是許多游牧人群喜好從事的活動，也是他們避免宰殺牲畜而仍可得到肉食的手段。但不是任何地區、任何季節都有豐富的野生動物可供獵取，更何況在有些季節，或在某種特別耗費人力的游牧經濟模式下，牧民們十分忙碌而無暇從事狩獵。一般來說，森林草原游牧區——如薩彥嶺地帶的東部——較富於野生動物，當地圖瓦牧人也較賴狩獵來

獲得額外生活資源。屬草原游牧的薩彥嶺西部地區，相對於前者，這兒的牧人就不太依賴狩獵來作為輔助生計了。整個歐亞草原地區大致皆如此[57]。雖然歐亞草原牧民的文學中經常歌頌狩獵之樂，在日常游牧生活中狩獵也是牧民喜好的活動，但這究竟不是他們重要的輔助生計。狩獵機會較多的是歐亞草原周邊與內部的森林草原與高山草原地區的牧民。在中國北方與西方，相對於蒙古草原與鄂爾多斯等地，屬於高原的青海南部、四川西北部藏族地區較富於野生動物，這兒牧民的狩獵活動也較多[58]。雖然如此，近現代部分較虔誠的藏傳佛教信徒牧民因宗教因素不常從事狩獵活動。在20世紀上半葉，居於中國東北的蒙古族人也遠較其他草原地區蒙古族人依賴狩獵[59]。「狗」是狩獵生計的一項重要指標；較賴狩獵的游牧人群通常養狗也較普遍、較多，且在其文化中狗有特殊地位。狩獵常因環境、獵物種類以及游牧韻律而有季節性。如在東部圖瓦地區的馴鹿牧人，秋、冬是他們獵松鼠與貂的季節，其他季節則獵野羊、鹿等動物[60]。一般來說，秋季到初冬牧民的狩獵活動多一些。此時游牧工作較少，獸肉易保存，在薄雪上容易追蹤獵物足跡，馬也較肥壯，都使得此季節宜於狩獵。

狩獵幾乎都是男人的活動，相對於此，採集食物的工作多由女人來做。可食的植物根莖、野果、野菜、菌菇等等，都是牧民的採集對象。採集的收穫直接供食用，或出售(如藥材)換得現金。如在青海、川西北一帶，牧民普遍吃蕨麻(人參果)，一種根莖植物[61]；挖蕨麻通常是女人

57 Sevyan Vainshtein, *Nomads of South Siberia,* 9.

58 Robert B. Ekvall, *Fields on the Hoof*, 53-54.

59 然而此時他們，如從事農耕、畜牧與漁獵的達斡爾蒙古族(Dagor Mongol)已是定居的混合經濟人群了。相關資料見，Herbert Harold Vreeland, *Mongol Community and Kinship Structure*, 198-200.

60 Sevyan Vainshtein, *Nomads of South Siberia*, 184.

61 青海省編輯組，《青海省藏族蒙古族社會歷史調查》，頁82；馬鶴天，《西北考察記青海篇》(南京：新亞細亞學會，1936；台北：南天書局，1987影印本)，頁239；新疆維吾爾自治區叢書編輯組，《哈薩克族社會歷史調查》(烏魯

與小孩的事。東非的努爾人(the Nuer)也採集各種野果、野菜、野穀與根莖類植物爲食，尤其在荒年時這些野外採集來的食物特別重要[62]。民族誌資料顯示，在添補牧民食物上採集常比狩獵可靠、重要。特別在愈是極端艱困的情況下，人們便愈依賴採集食物維生，但此種日常性的、隨機的、多爲女人與小孩所從事的工作經常被人們所忽略。

中國文獻常強調游牧人群「食肉飲酪、不事種植」，這也是一般人對他們的刻板印象。事實上，游牧人群的食物中常有穀類，其中有些是他們自己所生產。如塔什庫爾干的塔吉克牧民，除了牧養綿羊、山羊、旄牛外，也種些青稞、小麥、玉米。在春季種完地後，他們開始遷往山區夏季草場放牧，在秋收前只派人回來一、兩次做澆水、除草工作。秋天，移牧返回田裡收割，冬天再回到山下的冬場[63]。人類學者巴斯報導的伊朗巴涉利牧民，日常食用相當多的穀類，多半是買或換來的，部分牧民也自己種一點。配合游牧季節中不常移動的夏季，一進入夏草場便下種，初秋離開夏草場前收成。有時他們付錢請當地定居村民替他們播種，秋天自己收成。然而，巴涉利牧民種植技術粗糙，而且他們也不喜歡農事[64]。

在中國，部分的哈薩克族牧民也兼事農業。據研究者蘇北海稱，其農作物種在冬牧場，春天離開冬場前先翻地、播種，然後開始游牧，任作物生長，在秋後再回來收割[65]。如此粗放的農作也見於蒙古地區，如蒙古國西部的喀爾喀蒙古牧民，種糧對他們而言純爲副業；他們不一定

(續)

木齊：新疆人民出版社，1987)，頁90。

62 E. E. Evans-Pritchard, *The Nuer: A description of the modes of livelihood and political institutions of a Nilotic people*, 75.

63 新疆維吾兒自治區叢刊編輯組，《塔吉克族社會歷史調查》(烏魯木齊：新疆人民出版社，1984)。

64 Fredrik Barth, *Nomads of South Persia*, 9.

65 蘇北海，《哈薩克族文化史》(烏魯木齊：新疆大學出版社，1989)，頁342-43。

每年都種糧食，或有些年種糧的家庭多一些，收成也時好時壞，或有時太差而不得不放棄。而且，本地農作常是富有牧人與窮牧人合作而為。富有的牧人牲畜多，所以種了地後必須離開，往夏草場遷徙、放牧。窮牧人留下照顧自己及富牧人的田，因牲畜少可以就在附近放牧。秋天，富牧人回來收成，並給一部分收成予窮牧人[66]。

南西伯利亞薩彥嶺地區的圖瓦牧人大都從事一些農作。他們的春耕與播種，配合著由冬場轉到春場的移牧；農作的收成，則配合由夏草場到秋草場的遷移。他們的田，因此大多臨近其春、秋草場。他們會利用渠道引山泉或河水灌溉。每年春天，男人要花上7-10天整理水渠及翻地、播種，夏天會來灌水，然後便是秋天移牧回來時順便收成。牧民一般種的是粟米(millet)與大麥(barley)。生長環境愈差的地方，如山地，種植大麥的比例也就愈大。這是因為與別的作物相比，大麥較能耐寒以及容忍氣候的急驟變化。收成後，居無定所的牧人如何存放其穀糧是個問題。圖瓦牧人是在田附近較乾的土地上掘儲存穴，將穀物置於乾燥的穴中，並加以遮蓋、掩埋，需使用時再去掘取。學者指出類似圖瓦這樣粗放的農業，也行於蒙古人、吉爾吉斯人及其他中亞牧人之中[67]。

除了狩獵、採集、農業等生產活動外，部分游牧人群也經由其他手段如掠奪與貿易來獲得額外的生活資源。掠奪與貿易，乍看來是截然不同的活動，但它們的功能則同；並非自己生產、採獵，而是由他人處以交換或強奪獲得資源。由更深層的社會意義來說，掠奪與貿易，以及賞賜，都是廣義社會「交換」的一部分；兩個或多個群體(或個人)，透過不同性質的「交互作用」(reciprocity)，作資源的輸送、轉移與互換，同時也在此過程中產生或強化個人與群體之社會位置與相關權力階序。馬歇爾・薩林斯(Marshall Sahlins)曾將這類的社會交換區分為三種：一

66　Herbert Harold Vreeland, *Mongol Community and Kinship Structure,* 46.

67　Sevyan Vainshtein, *Nomads of South Siberia*, 145-165.

般交互作用(generalized reciprocity)，均衡交互作用(balanced reciprocity)，負面交互作用(negative reciprocity)。一般交互作用，薩林斯指的是如長輩的餽贈，與他人分享或一般宴客等等；均衡交互作用是指，如親朋之間的「禮尙往來」，婚姻中的嫁粧、聘金與人員的相互流動，以及做買賣等；負面交互作用，如各種程度的詐欺、盜竊、掠奪[68]。以這樣的定義來說，貿易便落在均衡與負面交互作用之間，而掠奪，無疑是一種負面交互作用。薩林斯以這樣的區分來說明，在各種親屬距離、社會階序之社會中，人群間以不同的「交互作用」產生社會距離、階序。在本書後面的內容中，我會繼續此討論。

無論如何，在實際田野民族誌及文獻資料中，游牧人群的貿易與掠奪行爲都非常複雜，而不只是一種「生計」。譬如，過去在沙烏地阿拉伯的各部落間，「掠奪」是一種不同於「戰爭」的武力活動。各個部落常彼此掠奪牲畜。在部落內各家族不互相掠奪；一部落也不掠奪勢力地位與自身不相當的部落。阿穆拉貝都因人常自豪，他們最好的駱駝都是從別的部落掠奪而來。由於這樣的掠奪多在地位相當的部落間，所以有的學者認爲這是一種平衡畜產的機制[69]。對此，人類學者路易斯・史維特(Louise E. Sweet)有更精闢的分析。他認爲，駱駝游牧之貝都因諸部落有兩種不同的掠奪，一是各貴冑部落的相互掠奪(reciprocal raids)，一是各部落對外(指綠洲墾殖者、牧羊人及農區邊緣村落等)的單向掠奪(unilateral raids)，兩者對貝都因游牧部落來說都很重要。後者(對外的單向掠奪)爲他們帶來游牧生產之外的必要資源，戰利品的分配又可鞏固部落領袖的地位。然而更重要的是前者，它直接與本地駱駝游牧生業相關。史維特指出，駱駝游牧之地理環境中最主要的生態問題便是，由於氣候在嚴重乾旱與豐宜之間變化無常，導致經常有區域性的水與植物

68 Marshall Sahlins, *Stone Age Economics* (New York: Aldine Publishing Company, 1972), 193-95.

69 Donald P. Cole, *Nomads of the Nomads*, 95.

資源波動。週期性的獸疫也可能讓牲畜數量突然減損。因此，相互掠奪(駱駝)在此生態情境下有如一種經常性的、制度化的交換，各部落都可恃此以應不時之畜產損失。史維特進一步指出，部落間的相互掠奪以及相關的戰、和行爲，都需遵守部落間的傳統規矩，配合各部落之血緣譜系親疏與空間距離遠近(血緣與空間距離遠的部落間，敵對關係也較深、較久)。因此，駱駝游牧部落間的相互掠奪與戰和關係，不斷強化部落組織，以及部落間的血緣譜系與結盟[70]。

類似情況也見於青海東部至川西北一帶的青藏高原東北邊緣。這兒，漢代中國文獻記錄便稱，本地各游牧部落「無相長一」、「更相抄盜，以力爲雄」——也就是說，沒有哪個部落能統一諸部，他們相互劫掠，並以有能力掠奪爲榮。20世紀上半葉，外來人對西康榆科地區牧民有以下記載：「西康關外民眾，多半是以搶劫爲最光榮的英雄事業，不搶劫或怕搶劫的，他們認爲是沒有本領的弱者。」作者提及，政府的政治力量只能及於本地(榆科附近)農民，因他們有固定住地、財產。然而，「榆科是牧民，牧民的財產是牛馬，牧民的房屋是帳篷，均係搬遷容易，無固定性質的，以此他們搶劫的風氣特別盛行。」[71]過去川西北之松潘草地各游牧藏族部落之間也常有械鬥，搶劫、偷盜牲畜、爭草場爲引發仇怨及武力報復的主要原因[72]。

著名人類學者伊凡斯佩恰對非洲努爾人的劫掠有非常深入的描述分析。努爾人幾乎是每年在一定季節(雨季末的9月)就出外掠奪，對象主要是與他們在生計、文化上最接近的鄰近丁卡人(Dinka)。伊凡斯佩恰也認爲，這樣的掠奪不只是爲了得到丁卡人的牛或其他利益，它也是努

70 Louise E. Sweet, "Camel Raiding of North Arabian Bedouin: A Mechanism of Ecological Adaptation," *American Anthropologist* 67 (1965): 1132-50.

71 王涤瑕，〈榆科見聞記〉，《康導月刊》4.1(1938)；引自《康區藏族社會調查資料輯要》，頁249-50。

72 四川省編輯組，《四川省阿壩州藏族社會歷史調查》，頁17-18。

爾人與丁卡人間一種結構性關係。兩者由於過於親近、相似而產生敵意，而奴爾人以不斷對丁卡人發動攻擊來消弭奴爾部落內的歧異[73]。

游牧社會組織：家庭與牧團

在游牧社會之日常生活中，最小、最基本的人群應是家庭與牧團。游牧家庭，一般是人類最基本的家庭組合方式，只包括一對夫妻及他們的未婚子女。當然也有鰥、寡單親帶著孩子的家庭，或有近親同住而較大的家庭。有些游牧人群的家庭較大，如阿穆拉貝都因人經常爲三代同在一家庭中——已婚兒子及其妻兒與其父母同住[74]。同一家庭的人經常也就是住在同一帳幕中的人，因此「帳」通常是游牧社會稱呼家庭的數量單位[75]。如說這個家族或部落有多少「帳」，大約便是指它有多少家庭。

同家庭的人住在一起，共同擁有畜產，共同分擔所有放牧工作，也同炊共食並分享收成。在農業定居社會(如印度、東南亞與中國)所常見的女性社會地位低、無財產繼承權等現象，在大多數游牧社會中都並非如此。女兒在出嫁離開家庭時，或在出嫁後其母家分產時，經常都可分到一分畜產。在嚴格區隔男女、嚴格控制婦女行動的回教世界中，游牧貝都因人的婦女則在家中有較大的權力，行動較自由，而且在當地觀念中「帳幕」是家中女主人的財產[76]。

在青海東南部的藏族中，也是以父母及其未婚子女所構成的小家庭爲最普遍；一旦兒子成家，他就分得一分家產——牲畜——而成立自己

73 E. E. Evans-Pritchard, *The Nuer*, 127-131.

74 Donald P. Cole, *Nomads of the Nomads*, 62-66.

75 Fredrik Barth, *Nomads of South Persia*, 11; Donald P. Cole, *Nomads of the Nomads*, 62.

76 Donald P. Cole, *Nomads of the Nomads*, 70-81.

的「帳房」。家庭畜產屬家中成員共有，女兒也不例外。姊妹與弟兄有同樣的財產權，離婚的妻子也可以帶走她自己的一份財產。當一對新人成立新帳房時，男女雙方都從他們原來的家中分得一些畜產。若一個男子娶了兩個妻子，便要成立兩個帳房，因每個帳房都只能有一個女主人。此時畜產也要分爲兩部分，兩個妻子各自經營畜產以撫養其子女。這在人類學中稱「多妻家庭」(polygynous family)。這樣的多妻家庭不同於我們在傳統中國所見妻妾共處的家庭；一般來說，游牧社會的多妻家庭中妻子們都是「正妻」，她們的子女都有分畜產的權利[77]。當然，較富有的人才負擔得起養兩個帳房。另外還有「多夫家庭」(polyandrous family)之例。這通常發生在較窮的家庭中。由於畜產少，不宜分成兩份讓兩個弟兄單獨成戶，也不宜在同一帳中有兩個女主人(兄弟兩人的妻子)，所以兄弟共有一妻。不過這樣的家庭狀態通常不持久，兄弟終要分成兩戶，畜產也分開來[78]。

以小家庭(核心家庭)爲主的伊朗巴涉利牧民，一家之主是男主人，他負責所有對外的交涉。但在家內事務上，男女主人的地位相當。雖然畜產是一家人共有、共用，但部分畜產也可以屬於家中某一人。妻子自其母家所繼承的畜產，或兒子自己掙得的畜產(譬如爲別人放牧所分得的小羊)，都是她(他)們個人所有。因此一個年輕人與他父母住在一起時，便可能累積了一些畜產。一對新人結婚後，很快的建立起他們的帳房(家庭)，他們也開始經營自己的畜產(雙方由其父母那兒都分得一部分)。無子女或子女尚幼的家庭，人力短缺是無法避免的問題。這時有許多可解決的辦法，如僱牧工或收養子女等等。然而最普遍的，還是賴

77　據20世紀上半葉人類學家Laurence Krader的觀察，鄂爾多斯的蒙古族多妻家庭中第一個妻子的地位高於後進門的妻子；哈薩克的Great Horde多妻家庭中各個妻子地位平等，在Inner Horde中則首妻有較高的地位，但所有妻子的兒女都有同樣的繼承權。見Laurence Krader, *Social Organization of the Mongol-Turkic Pastoral Nomads*, 36, 39, 260.

78　Robert B. Ekvall, *Fields on the Hoof*, 25-28.

牧團內的親人互助。無論如何，巴涉利游牧社會內之種種制度與安排，都讓「家庭」成爲一個經濟獨立、能自己自足的單位[79]。不只是巴涉利牧民如此，相對於農區中的各家庭，幾乎在所有游牧社會中「家庭」都是有相當自主、自立能力的人群單位。

由於太多變數，我們常難以用人類學者所稱的「核心家庭」(nuclear family)、「延伸家庭」(extended family)或「從父居」(patrilocal)、「從母居」(matrilocal)來描述游牧社會的家庭。譬如，20世紀上半葉之鄂爾多斯蒙古族家庭，結婚的兒子最好有自己的帳房，搭在父母帳房的旁邊，如此形成一從父居的延伸家庭。然而如研究者所指出，在傳統上只有一個兒子留在父母身邊(所謂「灶王子」)，其餘的弟兄得到部分家產而在經濟上完全獨立。由於家產主要是很容易分成幾份的畜產，因此兒子們出外獨立成家是普遍的事。造成「延伸家庭」難以維繫更現實的原因是，若羊的數量多到無法放牧在同一個營地草場，那麼自然這個大家庭要分開來[80]。更不用說，突然發生的乾旱、戰亂都使得一同游牧的團體需隨時分裂，或在他處與別的群體再組合，這都使得許多「親屬關係」或「社會結構」難以維持。

幾個家庭(帳)構成一「牧團」。如許多傳統農業社會中的親族村落一樣，牧團主要由有親屬關係的幾個家庭構成，但其成員常不限於親屬。同一牧團的家庭在同一地區放牧，同時遷徙，或者年中至少有一季節整個牧團聚在一起。駐地放牧時，帳房紮在鄰近可互相守望相助的距離內。不同於定居農村，牧團的成員家庭常有變化。最通常的情況是，牧團大小隨季節而變化。有些游牧人群夏季牧團成員集中，冬季大多分散；也有些是冬季集中，夏季分散。此種季節性由牧團分出的更小放牧群，我們且稱之爲「牧圈」；因其聚散無常、大小不定，所以牧團與牧

79 Fredrik Barth, *Nomads of South Persia*, 11-23.

80 Herbert Harold Vreeland, *Mongol Community and Kinship Structure,* 51-53.

圈有時並不容易區分[81]。一年中牧團的聚散分合，一般而言，並未改變牧團的內在家庭構成，只是在某些季節爲了追尋分散的資源他們沒有聚在一起。另外，牧團內的人群構成變遷也常發生。那便是，由於游牧移動常涉及一些關係重大的決策(遷移的時間、地點，是否參與一場戰爭等等)，若一個牧團各成員家庭間不能達成協議，那麼在游牧遷徙中有些家庭便自然脫離群體。或先與原牧團維持一段距離，後來則脫離並加入另一牧團。合則聚，不合則離。然而，並非所有的游牧社會其成員都能如此自由聚散——領袖的威權、牧場資源多寡與分配狀況、部落間關係，都使得許多牧民難以自由脫離其牧團。以下簡介幾個游牧人群中的牧團。

阿拉伯沙漠的阿穆拉貝都因人，約2-3帳的家庭構成一牧團，稱「達爾」(dar)。同一牧團的人一起放牧、一起遷徙，並一起抵抗外敵。同一牧團的人多半是近親家庭成員，但不必然如此。組成牧團常是因偶然的機緣；正好兩個家庭都在附近放牧，便結爲牧團。在放牧工作上各個家庭還是做各自的事，牧團內各家庭間沒有什麼分工，在經濟上更是各自獨立。所以若牧場環境有變化，不宜於同時放牧、同路線遷移時，牧團內的各家庭也就毫不遲疑的分開來。雖然如此，牧團這種「現實」結合，其成員凝聚力非常強；爲了保護自身的牧團，即使敵人爲近親，牧人都不惜與之對抗[82]。

伊朗巴涉利牧民，在冬季2-5個帳房組成一個牧圈。在其他季節則有規模較大的牧團，約有10-40個帳房。夏季牧團較分散，但每一群也

81　我將英語文獻中寫作camp或village的游牧群體譯作「牧團」，將由此分出的更小游牧單位herding unit譯作「牧圈」。然而以下我所舉的民族誌文獻之例可以看出，有的牧團大有的小，有的牧團內不分牧圈，如此所謂牧團也等於牧圈。這也說明了為何在喀爾喀蒙古族中阿烏爾(ail)可稱由小而大的許多層次之游牧人群單位。喀爾喀蒙古族中ail的多重定義，見Herbert Harold Vreeland, *Mongol Community and Kinship Structure*, 56.

82　Donald P. Cole, *Nomads of the Nomads*, 63.

至少有兩個牧圈。每一牧團有一頭人，領導牧團並代表此牧團參與部落事務，傳布部落首長「汗」的命令。雖然頭人多由「汗」正式授命，但也有非經「汗」正式承認的頭人。在牧團內部事務上，「汗」不能干涉；甚至當牧民推舉新頭人而背棄由「汗」任命的頭人時，「汗」也會承認此新頭人的領導地位。當然，首領要慷慨，所以較窮的人無法成爲頭人，但也不是畜產最多的人就會成爲頭人。頭人很少靠武力威脅他人而得此地位，因爲每一家庭都很獨立自主，即使「汗」也無法授權頭人對其民眾行政治暴力。甚至，每一家庭的家長或家人都可直接與「汗」接觸，無需透過頭人，此刻「汗」也不太考慮頭人的意見。在此情況下，牧團的凝聚及其頭人的領導力主要靠的是「親屬關係」——組成牧團的大多是個人的父系、母系親屬與姻親，也就是多有叔伯嬸姪舅甥連襟等關係的家庭[83]。人類學者巴斯指出，牧團最基本的特質便是其孤立性。牧團內部的各家庭在日常生活上，在許多有關游牧問題的協商上，都有經常而密切的接觸。然而對外界人群，他們就盡量避免接觸、往來，即使同部落的各牧團間也很少往來。對牧團的民眾來說，外界都是有敵意的人群，這些「外人」可能偷、搶牛羊。對外界人群的敵意，更強化他們心目中牧團溫暖、安全、團結的意象。也因此，牧團內婚(嫁娶都在牧團內)的情況很普遍[84]。

在青海南部，相當於「牧團」的游牧人群稱「日科」或「措哇」，它的意思是「帳房圈」；在中文裡也如此稱呼，或稱之爲「帳圈」。有時，「措哇」指較大的「帳房圈」，如前面提及的牧團，其內包含數個「日科」(牧圈)。以下我們就以「牧團」來稱此群體。據艾克佛報導，本地牧團少則5-6帳，多者可達80帳。在一年游牧過程中，牧團的大小也隨地形及水草資源而變化。在開闊的河谷，牧團的帳房聚集；在艱困

83 Fredrik Barth, *Nomads of South Persia*, 25-47.

84 同上，頁35、46-47。

的環境，則牧團分散爲較小的游牧單位。牧團有其頭人，通常是最富有或最有能力的人[85]。有時本地人也以稱「村落」的詞，德哇，來稱牧團[86]。牧團有其傳統駐地以及牧地，一般而言，這是鄰近牧團的人也都承認的。另外，根據中國學者對青海南部果洛藏族的社會調查，當地牧民最底層的部落組織爲「科爾」或「措哇」，也就是牧團，一般只有幾戶到十多戶，最大的可至百戶。其內部家戶多半有共同祖先，但也有外來者。「措哇」的領袖稱「措紅」，爲不能世襲的頭人，由上級部落頭人指定。「措哇」中的各牧戶有互助義務，但各戶經濟獨立[87]。青海海南藏族稱小部落爲「措哇」或「德哇」，其下又分若干「日科」，由5、6戶到十幾戶有親屬關係的牧民組成[88]。

根據以上20世紀上半葉的調查資料來看，青海南部到川西北一帶游牧藏族的「牧團」或「帳房圈」變化很大；可以小到5-6戶，也可以大到80-100戶。或因此，它的名稱在資料中也很混淆。有的稱「措哇」或「德哇」，有的稱「日科」，也有的在「措哇」下包括幾個「日科」。艾克佛曾指出，帳房圈在青海南部地區不一定是主要的社會組織，只是由於地形或安全考量下的人群組合。有些地方，甚至每一帳房家庭單獨放牧，與鄰人隔一段距離，並沒有帳房圈這樣的群體[89]。我認爲，在此「牧團」變易大，或在有些地方根本沒有，並不表示它們不重要。家庭以上的基本游牧群體結合(牧團或牧圈)，在任何游牧人群中都是重要的。青海東南部到川西北一帶游牧藏族中的此一現象，只表示他們是更不受任何「結構」規範的游牧人群。

---

85 Robert B. Ekvall, *Fields on the Hoof*, 28-29.

86 Robert B. Ekvall, *Cultural Relations on the Kansu-Tibetan Border* (Chicago: The University of Chicago Press), 68.

87 青海省編輯組，《青海省藏族蒙古族社會歷史調查》，頁98-101。

88 青海省社會科學院藏學研究所編，《中國藏族部落》(北京：中國藏學出版社，1991)，頁126。

89 Robert B. Ekvall, *Fields on the Hoof*, 28.

在歐亞草原游牧社會中，幾個牧戶組成一個牧團是非常普遍的現象，甚至其稱法都很類似——如阿烏爾、阿吾勒等等[90]。喀爾喀蒙古族稱這樣的牧團爲「阿烏爾」或「賀塔」(*hota*)，一般是2-4帳，很少超過6帳。組成阿烏爾的通常是近親，如分產後的弟兄家庭若還在一起放牧，就成爲一個阿烏爾[91]。凡盧坦因所研究的薩彥嶺地區圖瓦人，也以「阿烏爾」指一起游牧、紮營的幾帳牧民所組成的牧團。有的圖瓦牧民將它定義爲共用羊欄的幾帳人群；一起放牧但不同羊欄，也不算是在同一阿烏爾內。相當數量的圖瓦阿烏爾是由近親家庭組成，如父母的家戶與他們已婚兒子們的家戶所組成的牧團。但阿烏爾內的組成分子不限於有親屬關係者。東圖瓦森林草原中的馴鹿牧人也有如此的阿烏爾，夏天各阿烏爾趕著馴鹿上山放牧，冬季幾個阿烏爾共20來帳聚集在一起。凡盧坦因指出，這樣的牧團也常見於土庫曼人(the Turkmen)、哈薩克人、卡拉卡爾帕克人(the Karakalpaks)、吉爾吉斯人、卡爾梅克蒙古族人[92]。18-19世紀游牧在貝加爾湖附近的布里雅特蒙古族人，這樣的牧團稱ulus或xoxon；4-6個ulus又構成一個xolbon或tabin。牧團多由父系近親家庭結合而成，在夏季它們進一步分裂爲更小的群體，冬季又聚集在一起[93]。

分布在新疆西北到裡海之間的哈薩克人，在19世紀時分爲四部：大帳(Great Horde)、中帳(Middle Horde)、小帳(Little Horde)、內帳(Inner Horde)。據19世紀有關小帳哈薩克的報導，當地牧民之牧團稱爲阿烏爾(aul)，由近親家戶構成，冬天較聚集而在夏季分散。19世紀學者指稱，當時一個哈薩克的阿烏爾約有50-70帳，其內又有3-6帳組成的牧圈；這可能指的都是富人、貴族的阿烏爾。據20世紀初的資料，哈薩

---

90 西文文獻中稱：*aul*(哈薩克)、*ayil*(蒙古)、*ayir*(蒙兀兒)、*aal*(圖瓦)、*ail*(喀爾喀蒙古)等等；詳見下文說明。

91 Herbert Harold Vreeland, *Mongol Community and Kinship Structure*, 34, 56.

92 Sevyan Vainshtein, *Nomads of South Siberia*, 243-246.

93 Laurence Krader, *Social Organization of the Mongol-Turkic Pastoral Nomads*, 61-63, 77.

克的阿烏爾可以小到只有兩帳——父母的與他(她)們已婚獨子的帳房[94]。小帳哈薩克牧民也差不多；他們的阿烏爾也是由父系近親家庭組成，一般是5-10帳(家庭)[95]。

新疆東部巴里坤地區的哈薩克族，一同放牧的牧團稱「阿吾勒」，一般由3-5個近親家庭構成，以一家牧主或富戶爲中心，也有10來戶或更多戶構成的大阿吾勒[96]。根據《哈薩克族社會歷史調查》中的資料(約在1950-60年代進行的調查)，北疆阿勒泰地區哈薩克族的「阿烏爾」由同一祖父的近親組成，更普遍的是由本氏族成員組成，其中也可能包括本氏族或本民族之外的家庭。夏季因農牧均忙，富戶需人工，所以此時「阿烏爾」集中、完整，冬季因冬場爲各戶私有，所以成員分散。該資料舉出兩個阿烏爾，分別爲20餘戶與40餘戶；這些應是較大的阿烏爾。阿烏爾領袖爲大家所共同推舉，多爲富有或具威望的長者；他決定遷徙時間，並調解內外糾紛。若一牧戶的畜產增加到相當數量，就獨立出一個阿烏爾。阿烏爾長破產，則其阿烏爾離散加入其他阿烏爾。該項資料舉出的一個哈薩克之阿烏爾，其領袖擁有全阿烏爾50%的牛馬，70%的駱駝，80%的羊，還有三處冬牧場與春夏秋牧場以及耕地。其他各戶的牲畜不夠維生，甚至有40%的人沒有牧場[97]。如此，阿烏爾像是貧富親人、族人間的互助、互倚組織。富人需人工，窮人牲畜少需與他人合群放牧，並需畜乳維持生計，因而在阿烏爾內有種種傳統的合作放牧契約。

由以上幾種不同的游牧社會資料看來，是否組成牧團，以及牧團的性質，其領袖威權大小，以及其成員構成是否穩定，各游牧社會都有許

94　同上，頁241-243。

95　同上，頁259。

96　編寫組，《巴里坤哈薩克自治縣概況》(烏魯木齊：新疆人民出版社，1984)，頁51。

97　新疆維吾兒自治區叢刊編輯組，《哈薩克族社會歷史調查》(烏魯木齊：新疆人民出版社，1987)，頁8-12，67-71。

多差異，同一社會中也因人而異。如在伊朗南部的巴涉利牧民，其牧團較大、較具經常性，其成員家庭間的緊密關係也較持久。沙烏地阿拉伯的阿穆拉部族貝都因人，牧團規模較小、聚散變化大，因而其成員家庭間的關係也不如前者固定。青海南部的藏族各游牧部族，牧團(帳房圈)這樣的人群團體則是有大有小，甚至可以沒有(各戶獨自放牧)，其構成也是常有變化。哈薩克之「阿烏爾」變化大；富人、貴族的阿烏爾較大。哈薩克的「阿烏爾」有時也是貧富親人、族人間的經濟互助體。以上四種游牧社會之牧團差異，應是它們整體游牧經濟差異的一種反映。此四種游牧經濟最明顯的差異是，伊朗南部巴涉利牧民與哈薩克牧民的牧區及游牧路線接近定居農業村落、城鎮，甚至他們自己也直接或間接從事農業生產，因此他們與定居人群及政權的關係較密切。與此相關的，他們的部落組織較嚴密、穩定，部落領袖的威權也較大。相對於此，沙烏地阿拉伯沙漠之貝都因牧人與青海東南部藏族牧民為「純游牧人群」，部落組織變化大，部落領袖的威權大小不一，但一般來說其威權皆不如巴涉利與哈薩克的部族領袖。

無論如何，人們的現實需求與抉擇是牧團構成、凝聚以及牧團變化的重要因素。由於環境變數太大，人們隨時需面對現實。在此「現實」常常比一切「結構」更為重要。如人類學家所稱的「親屬關係」，一種社會結構，它引導人們的情感與行為。但在許多游牧人群中，雖然牧團基本上是由父系近親共組，但不盡如此，而且在愈艱苦的游牧情境中「現實」愈易突破各種「結構」。

游牧社會組織：家族、氏族與部落

在家庭、牧團或牧圈等人們日常接觸的群體外，一個人又是一層層更大社會群體的成員。這些一層層由小而大的社會群體，經常也是人們所相信或宣稱與自己有親疏血緣關係的群體——家族、氏族、部落。

「家族」(lineage)一般是指其成員血緣關係較近且可追溯的親屬群體；每個家族成員在此群體中的世代譜系位置關係都很清楚。「氏族」(clan)是指宣稱有共同祖先但血源系譜不清楚的親屬群體，因此同一氏族的人只以氏族稱號或始祖之名來彼此凝聚。「部落」通常指，相對於「國家」而言，社會階序化、權力集中化程度較低的政治組織。然而在許多游牧社會中，各層次的親屬群體(家族或氏族)常有某種政治組織，或其與部落組織部分重疊。反過來說，同一「部落」的人也常認爲或想像他們有共同祖先。

根據一項對20世紀中葉青海南部果洛藏族的調查，當地「部落」大致分爲三級。第一級大部落約有百戶與一、兩千戶，這樣的獨立大部落其頭人稱「紅保」。「紅保」是最高行政、司法、軍事首長，部落寺院之活佛大多是紅保的近親。在大部落下有第二級部落，其頭人稱「隆保」(輔佐之意)。這兩級部落的構成是地緣性結合，其組成群體可能屬於不同家族，甚至不同氏族。第三級小部落稱「措哇」或較小的「德哇」，這是血緣性的家族或氏族部落；一般只有幾戶到十幾戶，最大的可至百戶。其頭人稱「措紅」，不能世襲，由紅保或隆保指定。「措哇」之下便是前述的「日科」(牧圈)，或有時最小的牧團單位就是「措哇」或「德哇」。各部落皆有其牧場範圍。有的是各措哇、各戶皆分得固定的草場；另一方式則爲各措哇、牧戶無固定草場，由「紅保」在轉場前召集頭人分配草山[98]。

另外，根據《中國藏族部落》一書更詳細的記載，果洛藏族主要分爲「三果洛」——昂欠本部落、阿什姜本部落、班瑪本部落；這些可視爲上述的第一級部落。班瑪本部落中又分爲八大部落：上卡昂部落、下卡昂部落、吉隆部落……等等，此可視爲上述第二級部落。其中的上卡昂部落在1957年約有173戶，其下屬部落有東紅、茸來、果洛、加倉、

98　青海省編輯組，《青海省藏族蒙古族社會歷史調查》，頁98-101。

阿外、紅科等，這些應指的是第三級部落，也就是「措哇」[99]。然而部落大小層次不一定爲三級。如青海省興海縣的阿曲乎千戶部落(第一級)內有上阿曲乎部落、下阿曲乎部落、拉日德部落、朵馬羊曲等四個「百戶」部落(第二級)。其中的拉日德部落又包括雪什藏、孟哇、香、居日格等四個小部落(措哇，第三級)，每個小部落內又分爲數個「日科爾」(前述的日科，牧圈)。然而同爲「百戶」級的上阿曲乎部落內分爲10個「日科爾」，下阿曲乎部落有7個「日科爾」牧圈[100]。以上二者之部落與牧圈之間似缺乏「措哇」(小部落)此一層級。又如青海澤庫縣的官秀部落爲一千戶級大部落，其下有9個「措哇」，有些「措哇」下還包括幾個小「措哇」[101]。「措哇」及「日科爾」內多半是同一家族的親人；百戶與千戶級部落間的血緣關係，則表現在其領袖家族的祖先系譜與婚姻記憶上。

由青海南部到四川西北，藏族各部落首領的統治威權有很大的差別。據記載，過去果洛藏族地區，未經「紅保」許可牧民不能隨便離開部落；另一方面，被趕出部落者也無法生存。而且，部落首領對牧民的刑罰極殘酷。部落首長有此權威，可能與資源競爭(爭草山)激烈因而部落間械鬥多有關。在四川阿壩藏族地區，部落首領(紅布，也就是前述的紅保)職位世襲。其下有老民，爲其助手；所屬各寨又有寨首，稱「錯米」，也是世襲的職位。一般事務，土官會與老民、寨首商量。在有關戰爭的事務上，部落首領更需招集老民與各寨寨首會議。在川西北的若爾蓋牧區，每家都要派人參加有關戰爭的會議。也就是說，原則上需所有家庭都同意是否作戰。因而寨首(稱作「洪布」)的權力相當有限，他們大致只是調解寨內糾紛，以及傳達部落首領的決策。而「洪布」(紅保)也非掌握絕對權力的獨裁者；據報導，「洪布」(紅保)與百

99 青海省社會科學院藏學研究所編，《中國藏族部落》，頁80-90。

100 同上，頁143。

101 同上，頁233-235。

姓間的界線並不嚴。土官要公正、有能力，才會得到民眾擁護，否則百姓離散，甚至也有土官為百姓所驅、所殺的例子[102]。

在四川德格之北的阿曲(或譯作阿樹、阿盧)與果洛、色達地區各部落，部分是德格土司與林葱土司所轄，還有部分是各種勢力所未及而在清代文獻中被稱作「野番」者。在清代中國官方文獻記載中，德格土司與林葱土司勢力強大。然而根據一個20世紀中期的親歷報導，阿曲牧民雖對土司繳「王爺年差」，但他們不認為這是官方賦稅，而是讓土司可以辦佛事的奉獻品。另外，與外界更隔絕的色達，無土司，小部落各自為政。色達18部落有總頭人，他雖在地方很受尊重，但卻無發號施令、攤派賦稅、刑罰犯罪之權。「色達人根本不知何為賦稅制度，每個牧民長期習慣於過一種純真的自在生活」[103]。據記載，清代前期曾在這兒設了「瓦述色他」(阿盧色達)土司，但本地人完全不記得有此土司存在過。故調查者稱，「阿盧色達是頭人政治，不曾設過土司，也沒有建立縣政府，從未支過烏拉(差役)，也從沒有交過牧稅，是一個閉塞的區域」[104]。

新疆巴里坤哈薩克族有衣曼、克烈、瓦克等3大部落。每一部落中都有幾個氏族群體：衣曼部落有9個大氏族，克烈部落有12個大氏族，瓦克部落有17個大氏族。每一大氏族內又分為幾個可溯及親屬關係的家族「耶利」。每一「耶利」中又包含幾個牧團(阿吾勒)[105]。阿勒泰地區哈薩克族的柯勒依部落有12個氏族，其中塔斯貝肯氏族有210家戶，其內又分為幾個「耶利」[106]。同一地區的加爾克巴斯的阿吾勒，其部族歸屬由上而下為：克烈部——建太開大部落——哈孜別克小部落——

102 四川省編輯組，《四川省阿壩藏族社會歷史調查》，頁10-15。
103 南卡諾布著，索朗希譯，《川康牧區行》，頁14。
104 青海省社會科學院藏學研究所編，《中國藏族部落》，頁498。
105 編寫組，《巴里坤哈薩克自治縣概況》，頁51。
106 新疆維吾兒自治區叢刊編輯組，《哈薩克族社會歷史調查》，頁1-5。

特委克氏族——阿薩奧小氏族(耶利)[107]。

伊朗法爾斯省的巴涉利族人，自視爲一個包含12族系(*tira*)的部落(*il*)。每一族系中包含幾個家族(父系親屬)，本地稱之爲*oulad*。在家族之下便是由數十到一兩百的家戶。上一節曾提及，這些家戶冬季結成2-5個帳房的小牧圈，夏季集結爲10至40個帳房的牧團。部落首長所承認的下屬群體只到家族(*oulad*)這一層，在此之下便是一個個的牧戶(帳或家戶)。所以部落由上到下的層級便是，部落——族系——家族——牧戶。巴涉利部落由酋長統領，部落擁有牧地與游牧路線。在本地人的觀念中「部落」是一政治群體，同一部落的族系可能有不同的族群淵源。同一族系者牧地相鄰，游牧路線及時間也相同或相近，但族系沒有首長。每一家族有共同草場，共同游牧路線及時間，並有其領袖頭人。由於族系並無頭人，所以部落酋長直接與家族頭人聯繫。家族的重要性尚不止如此。在伊朗南部沒有無主的牧地，牧地都是各個家族所有，因此離開家族的牧人根本無法生存[108]。另外，巴涉利部落也是一部族聯盟的下屬部落；此稱爲Khamseh的部族聯盟，除了說波斯語的巴涉利人之外，還包括阿拉伯系的法爾人(the Fars)，以及土耳其族系的Ainalu、Baharlu、Nafar等部落[109]。

沙烏地阿拉伯的阿穆拉貝都因人，此一部落包括7個氏族，每一氏族下有4-6個家族(*fakhd*)，每一家族約有50個牧戶。同一家族的人在家族領袖的領導下，共同償血債，共同復仇，共同戰鬥。家族可說是一個共同防禦、保護親族之生命、牧產與牧地的團體。在此極端乾旱地區，最主要的資源便是夏季水源。因此「夏季水井」是凝聚家族最重要的資源；也因此，「家族」通常就是夏季共同駐牧於家族水井附近的各牧團。即使其他季節家族各牧團沒有在一起，他們也大致在彼此相近的地

107 同上，頁67。

108 Fredrik Barth, *Nomads of South Persia*, 49-59.

109 同上，頁86。

區游牧，或知道某牧團約在某處。雖然家族是除家戶之外最重要的親族群體，但調查研究者寇爾強調，每一牧戶仍是獨立自主單位，在家族之下各牧戶也完全平等。這也表現在家族領袖的存在及其權威上——有戰事，才有家族領袖(*agid*)，戰事結束，領袖也不存在了。而且，家族之大事由各家戶共同決定[110]。

幾個家族又同屬於一氏族(當地稱*gabila*)。氏族是較鬆散的結合，其成員沒有共同資源也無經常的聚合，但在政治上有其意義——在對外衝突中，個人與家族都賴氏族之各家族力量來面對外來勢力。更值得注意的是，這所謂外來勢力常是另一氏族。這樣有團結又有區分、對抗的關係，也表現在他們所宣稱的各氏族祖先譜系關係上。本地人說，始祖Murrah有兩個兒子'Ali與Shebib；'Ali有兩個兒子，Jarabah與Ghayathin，Shebib也有兩個兒子，Sa'id與Ghurfran；Sa'id有兩個兒子，Bishr與Jaber；Bishr有兩個兒子，Fahdil與Buhen；Fahdil也有兩個兒子，'Athbah與Fuhaidah。下圖顯示這樣的各氏族祖源關係。

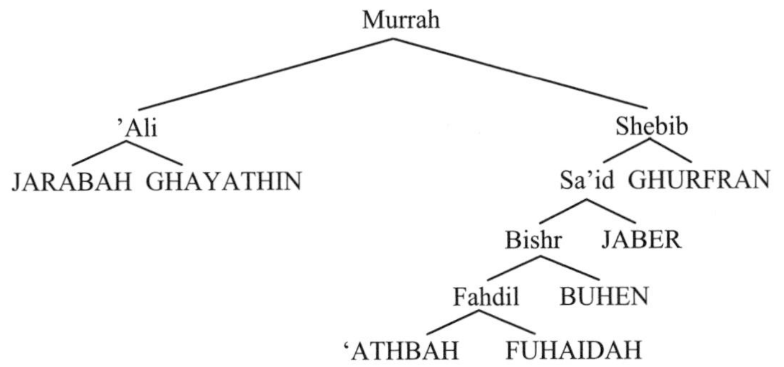

表1　阿穆拉貝都因人各氏族所宣稱的祖源關係

(採自D. P. Cole著作；上表中字母大寫者即為Āl Murrah之七大氏族之祖先)

110 Donald P. Cole, *Nomads of the Nomads*, 85-90.

這是一種「分枝性結構」體系，在此體系中各氏族都可找到「共同祖先」來結合其他氏族，凝聚爲或大或小的群體，以與本部落另一些氏族或他部落人群對抗。事實上，以上的「祖先譜系」並非是絕對的；據研究者稱，若Jaber與Fuhaidah氏族要結合在一起，他們便宣稱兩氏族同爲Sa'id的子孫，不需提及其他祖先及其後裔氏族。

至於整個阿穆拉部落，所有該部落的人都自稱是穆拉(Murrah)的子孫。部落有其傳統領域，但並非擁有土地產權而排除他者使用，其他部落也可以得許可而暫時使用阿穆拉部落的領域資源。部落主要是一個爲戰爭而集結的團體；部落首領的主要功能與戰事有關，或與外界政治有關。因此牧民皆以部落成員身分，而非公民身分，參與國家事務。雖然部落有經常性領袖，但領袖並沒有可脅迫牧民的威權(coercive power)；他與其他牧民一樣，屬於一個家族、一個氏族。部落及其領袖角色，在過去可能與部落間的相互掠奪有關。如前引學者所稱，掠奪與一般戰爭不同，它的主要對象是他部落的駱駝，很少造成人員傷亡，而被掠奪的必須是與掠奪者對等的部落[111]。

類似的分枝性部落親屬結構，也見於布里亞特蒙古族人之中。據《蒙古—突厥系游牧人群的社會組織》作者克瑞德的描述，布里亞特蒙古族人分兩大支系，Cis-Baikal與Trans-Baikal；Cis-Baikal之內又分兩部，分別出於兩位神話性祖先Ekhirit與Bulgat；Ekhirit的子孫又分爲左、右兩部[112]。這樣的層層「成對」分枝性部族結構如下圖。

111 同上，頁92-95。

112 Laurence Krader, *Social Organization of the Mongol-Turkic Pastoral Nomads*, 63. 右部之下，並非分為兩支系而是分為三支系，打破了前面的規律。Krader認為可能Ungi、Kitoi為出於Alar的兩支系。

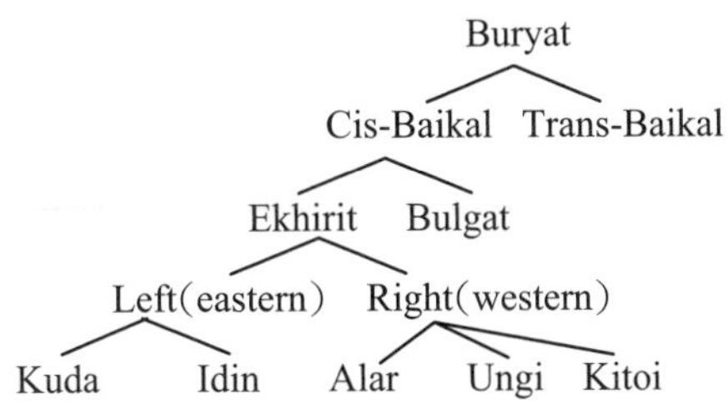

表2　布里雅特蒙古各氏族部落祖源關係

（據L. Krader著作製）

分枝性部落(與親屬)結構，不一定皆如上述阿穆拉貝都因人以及布里雅特蒙古族社會內那樣一層層「成對」的分枝結構。無論如何，以上所舉的游牧社會中之家族、氏族與各層級「部落」之構成，一方面顯示在這些社會中政治聚合(political consolidation)經常藉著親屬關係來強化；另一方面，任何一種人群聚合都是現實導向的——爲了「現實」牧團或部落中可以容納「外人」，決定親屬關係的祖源記憶經常被遺忘或改變[113]，甚至有時可以聯合外人對付近親。

分枝性社會結構、領袖威權與外在世界

以上本章對游牧經濟及游牧社會的描述，顯示人類經濟生態、資源領域、社會組織、領袖威權等重要問題在此相互糾結；以下藉著這些資料對相關問題作進一步的探討與釐清。

首先，由許多游牧社會中常見的「分枝性社會結構」談起。如前所言，「游牧」流行於農業資源不足且風險、變易多的環境中。在此游牧

113 有關游牧或半游牧社會中祖源記憶的遺忘或選擇性記憶與家族發展的關係，E. E. Evans-Pritchard與P. H. Gulliver均論之甚詳；請參考E. E. Evans-Pritchard, *The Nuer*, 198-199; P. H. Gulliver, *The Family Herds*, 100-117.

人群盡可能以最小的人群單位——家庭與牧團——來從事游牧生計活動，如此能最有效的利用分散且經常變化的水、草資源，並及時逃避各種風險。何時出發，趕著牲畜到何處放牧，或往何處避難，每一家庭或牧團都可以隨時自作決定。然而在生存資源競爭中，這樣的游牧基本生產單位人群又不得不與他者結爲更大的團體來爭奪與保護資源。在如此矛盾下，常見的解決辦法便是「分枝性社會結構」——層層由小而大的社會結群，一種非經常性「社會結構」，因應外來敵對力量的大小而臨時凝聚爲或小或大的群體。如在日常游牧生活中面對其他牧團的威脅與競爭，那麼四、五戶到十來戶的家庭便經常結爲牧團來互保。若在某一時期，附近幾個牧團與另一小部落的牧團有衝突，那麼牧團便會集結在小部落之下與敵對小部落對抗。一但戰爭結束，威脅消失，小部落便成爲空殼，各牧團與牧戶回到原先的凝聚與對抗關係中，各小群體(牧戶與牧團)也恢復其獨立自主的游牧生活。

因此許多游牧民族誌資料與研究都提及，各層級的「部落」其功能主要都在於保障游牧人群的生計，及應付爲維持生計而進行的戰爭[114]，或指出分裂性世系(及與之對應的部落組織)爲一種讓許多自主之游牧群體得凝聚以對外擴張的工具[115]。人類學者艾曼紐・馬克斯(Emanuel Marx)的觀點值得注意，以貝都因游牧部落爲例，他指出，哪一層級的部落最重要，以及部落領域的大小，取決於此層級之部落及其領域可確保牧民在四季都能得到穩定的水源與牧草。因部落功能便是如此，所以在日常游牧生活中領袖威權幾乎不存在，沒有常設的、可代代相傳的部落最高首長[116]。他也指出，對水、草的需求並不會造成一個強勢的部

114 Emanuel Marx, "The Tribe as a Unit of Subsistence: Nomadic Pastoralism in the Middle East," *American Anthropologist* 79(1977): 343-363.

115 Marshall D. Sahlins, "The Segmentary Lineage: An Organization of Predatory Expansion," 322-345.

116 Emanuel Marx, "The Tribe as a Unit of Subsistence: Nomadic Pastoralism in the Middle East," 348-349.

落首領；強勢的部落首領必須掌握、獲取牧民日常生產以外的資源，如掌握貿易路線、商隊及城鎮並從中獲得資源[117]。他的以上論述涉及游牧社會人類學中一個經常引起爭辯的問題——是否游牧社會都是平等自主，不容許脅迫性政治權威的發展？若如此，那麼為何在有些游牧社會中首領卻有相當威權[118]？

我認為艾曼紐・馬克斯的前述觀點似乎已說明了問題關鍵：一游牧社會人群是否能維持其內部之平等自主(egalitarian)，與其生態領域之大小、性質以及此生態領域周邊所涉及的「外在人群」性質有很密切的關係。也就是說，各層級部落領袖是否存在與其威權大小，一方面因本地游牧經濟型態而定，另一方面也視牧民在此經濟型態下與外在世界(部落、部落聯盟、國家及其下屬之地方威權等等)之互動關係而有不同。譬如，本章所述的伊朗巴涉利部落，他們的游牧路線常經過或接近定居農業聚落與城鎮，他們或因從事農業、貿易或因打工而與定居人群有密切關係，因此「部落」成為經常性組織，而其領袖也有較大的政治權威。相對而言，沙烏地阿拉伯的阿穆拉貝都因部落之牧民與定居人群的關係較淺，因而各牧戶、牧團較能獨立自主，上級部落領袖也很難有政治威權來脅迫或干涉他們。

在過去，一般來說，北方草原的蒙古族、西北之哈薩克族牧民與「大朝」[119]之軍、政體系及城鎮人群關係較密切。相對於此的，青藏高原上的牧民則與國家體系及其市鎮關係較遠。在青海東南部到川西北的朵康地區，各級部落的重要性及其領袖威權也因當地資源競爭關係而有不同。民族誌資料顯示，各地洪布(部落首領)的威權或大或小；我認為

117 同上。

118 相關學術辯駁見於一本論文集，其一半以上的論文都涉及此主題；見L'Equipe écologie et anthropologie des sociétés pastorals ed., *Pastoral Production and Society* (Cambridge: Cambridge University Press, 1979), 171-429.

119 「大朝」為川西北藏、羌族本地概念中稱清政府或國民政府的漢語詞彙。

此與牧民「爭草山」的情況是否嚴重，以及當時國民政府西北軍閥之涉入程度有關。20世紀上半葉中阿盧墨額土官勢力的崛起便是很好的例子。據資料稱，一方面因這兒「口嘴多」、偷牛盜馬頻繁，所以墨額土官的威信也提高了；另一方面，許多部落來投靠他是爲了逃避西北軍閥的迫害[120]。只要爭草山的情況嚴重，部落需要團結對外，部落領袖就有相當威權來徵調牧民及其畜產用於作戰，以及有權威來調解糾紛，以及分配草場及游牧路線。西北軍閥馬步芳、川西劉文輝的軍隊介入本地部落糾紛，以及他們對付牧民的殘酷，都使得此時許多牧區部落領袖得以擴張其勢力。然而同一資料所見，紅原之麥洼部落的崛起與擴張，是因爲該部落吸收許多由其他部落逃來的牧戶——多爲不堪土官的剝削迫害——拼湊發展而成[121]。由此亦可見，游牧者可以選擇「離去」，使得在此政治組織及其領袖威權難以穩固。

無論如何，在朵康地區由於經常性的資源競爭存在於各級部落之間，而非他們與清廷或國民政府之間，因此一旦與「大朝」發生衝突，各部落很難有效、持久的團結在一起來抵擋這些外來勢力。這可以解釋，爲何在漢代時本地「羌人」難以對抗漢帝國軍隊，以及，爲何在20世紀上半葉本地各游牧部落也難以對付國民政府之西北軍閥。至於此時(清代與民國時期)朵康地區游牧藏族的部落首領威權，一個大致的趨勢便是：愈和朝廷以及各級政府關係密切的區域部落，其首領的政治威權愈大，離此愈遠的所謂「野番」則其部落首領愈無政治威權。

接著，我們可以進一步探討各種游牧經濟及其社會組織、領袖威權間的關係。如上所述，與外界關係愈密切，特別是與國家政權下的定居群體關係愈密切，「部落」組織愈重要、愈具體，其領袖也較具有政治威權，結合爲哪一級「部落」也因外界敵對勢力大小而調整。因此，首

120 四川省編輯組，《四川省阿壩藏族社會歷史調查》，頁150-153。
121 同上，頁170-171。

先，愈在極端匱乏或極端變易的游牧環境中，牧民「游牧」生計活動愈遠離定居人群及其政治組織與威權，最基層的游牧家庭與牧團愈能夠獨立自主——這就是有些人類學者所說的「純正的游牧人群便是窮苦的游牧人群」(the pure nomads are the poor nomads)。所謂「純正的游牧人群」就是指，其每一游牧基本生產單位均能獨立自主的游牧人群。極端乾旱環境中的沙烏地阿拉伯阿穆拉貝都因牧民，極端高寒環境中的青海東南與川西北藏族牧民，都是類似的例子。

其次，阿穆拉貝都因牧民與青海東南、川西北藏族牧民，過去都盛行部落間的相互掠奪。前面曾提及，「游牧」本身是一種難以自足的經濟活動，需賴其他生計活動來補充資源。在某種程度上，可以說便是這些輔助性生計活動決定一游牧社會人群與「外界」人群之關係。譬如一游牧社會在牧業之外依賴農業、採集、狩獵以及對鄰近部落的掠奪，由於這些資源主要得於「本地」一個相當範定的領域中，資源競爭關係主要存在於各游牧群體之間，他們與外在世界接觸與互動少，因此最小的游牧生產群體「牧戶」或「牧團」得以平等自主。相反的，若一游牧社會在牧業之外依賴的是貿易或控制貿易路線，或以武力掠奪威嚇定居聚落城鎮或其他社群，以此獲得貢賦及戰利品來補資源之不足，那麼由於這些資源主要得於「部落」之外的廣大資源領域邊緣，資源競爭與分配自然也不免涉及其他部落及定居社會。他們與外在世界接觸與互動多且複雜，此時較高層次的「部落聯盟」或「國家」便非常重要，相關的領袖威權也因此而得以擴張。這也能解釋，爲何歷史上輔助性資源得自於中原王朝或西域各城邦國的游牧人群(如匈奴、柔然、突厥、蒙古)，較有能力組成中央化、階序化的政治體，其領袖之政治威權也遠非高原山谷游牧人群(如西羌、党項)部落首領所能比。

在這一章中，我引述人類學之游牧民族誌資料，介紹近代游牧經濟人群的一般狀況及其各種類型變化，以及其社會層面的社群組織與領袖威權等等。「游牧」是人類對於農業資源極端缺乏及不穩定環境的一種生態適應；人利用草食動物之動物性，將人類不能直接利用的資源轉化爲日常食、衣、住、行所需，並在社會組織與文化上作種種安排、調節以適應此種生活，及更有效的利用、分配、爭奪相關資源。因著環境差異，人們所飼養之草食動物種類、數量、比例不同，也有不同的游牧韻律與策略。與定居農業人群一樣，他們也結爲各個社群以集體力量保護與爭奪資源。不同於農業定居人群的是，無論是以「血緣」或「政治」結合之游牧社會群體都不衡常、穩定。此種社會結群與認同之不穩定與易變化，與環境的不穩定、動物的移動性，以及每一小單位人群(牧戶或牧團)皆傾向於獨立自主、自作抉擇都有密切關聯。

我們常將一些身邊常見的現象視爲理所當然，我們也因此想像或建構造成此現實的「歷史」。譬如生活在「統於一君」的古代社會之中，人們視統治者與被統治者的階序區分爲理所當然，因此建構一個君王萬世一系及其征服統治過程的歷史。譬如生活在國家此一「複雜社會」中，並將「部落」視爲「初民社會」之政治形式，人們因此認爲「由部落到國家」是人類必經的文明進化歷程。又譬如，生存於土地及其空間利益被個人及群體壟斷的社會中，人們視追求、擴大個人與群體利益爲一種無止盡的追求，將之視爲歷史演進的動力，或將其視爲「由原始共產到資本主義社會」之歷史發展結果。然而，如果人們的主要財產都長了四條能走路的腿，如果人們所依藉的不是固定空間資源，如果勞動與收成是每日之事而無需長期在一地留駐、投資、等待收成，如果資本(牲畜)無法大量擴張、累積、儲存並可能消失於一夕之中，如果環境變數極大因而人們無法按政治威權之「制曆授時」來行生產之事，那麼，土地資本是否值得壟斷？財產如何累積並造成社會階序？政治威權如何將人與土地綁在一起以建立階級化、分工化的生產與分配體系？人們如何依循「行政體系」之層層授權來決定攸關性命的日常行止？

的確，「游牧社會」與我們所熟悉的世界有相當不同之處。然而我們必須強調，首先，並沒有一個「典範的」游牧社會；游牧社會有許多不同型態，也不同程度的受定居社會影響。造成各地游牧社會差異的關鍵因素是游牧經濟，如前所述的環境因素、畜產構成與游牧韻律等等，特別是其中的輔助性經濟活動如貿易、農業、狩獵、採集、掠奪等。其次，全球這樣的游牧社會大多在18-19世紀經歷極大的經濟社會變遷，而在20世紀中期以前消失殆盡——在本章中我所描述、分析的大都是19-20世紀上半葉的情形。無論如何，有些自然環境、人類生態因素以及其對人類社會組織的影響，在近代以前改變有限，因此這些民族誌知識有助於我們解讀中國漢晉文獻中有關匈奴、鮮卑與西羌的記載。這些漢晉時期中國文獻記載，也可以幫助我們了解早期游牧人群的經濟活動、社會組織，以及他們與華夏帝國的互動。

第二章
中國北方游牧社會的形成

第一章已說明，「游牧」是人類爲適應特定環境而產生的一種精緻的經濟社會體系。在人類文明史上，它不是介於原始採集、狩獵經濟與農業之間的一種生計手段；它出現在人類文明史上的時間遠晚於原始農業。然而，究竟從何時起出現游牧人群，在何種背景與過程下人們開始游牧，這仍是不易回答的問題。首先，這涉及我們如何定義「游牧」。討論游牧起源時，學者所稱的「游牧」一般指的是「專化游牧業」(specialized nomadic pastoralism)，這是一種在特定環境中以特定動物(或多種動物組合)來利用環境資源的生計方式。蒙古草原以「五畜」(馬、牛、山羊、綿羊、駱駝)爲主的游牧，青藏高原人群的旄牛游牧，東非以牧牛結合鋤耕農業的游牧，都是所謂專化游牧業。這樣的游牧經濟——包含特定的動物構成及游牧模式等等——因最宜於人類利用當地環境生態，而成爲一種穩定且有一定歷史延續性的經濟生業。在本章以及本書中，我所提及的「游牧」多指的是專化游牧業。

在人類歷史上最早由何時起部分人群開始其游牧生活？他們爲何，以及如何，發展出這樣的經濟生產模式？這便是許多學者關懷的「游牧起源」問題。在1970年代之前，考古學者對此的認識還很有限[1]。後來由於社會人類學的游牧社會研究累積了相當成績，考古學上微骨質

---

1 Allan S. Gilbert, "On the Origins of Specialized Nomadic Pastoralism in Western Iran," *World Archaeology* 15.1(1983): 106.

(fauna)、植物(floral)標本的採集分析受到重視並在技術上有長足進步，並運用民族考古學(ethnoarchaeology)的遺址、遺物空間分析，1970年代以來學界對游牧經濟萌芽逐漸有了很好的研究成果。在中國之外，這些研究的對象地區主要是近東，後來又及於東非、中亞、北非及阿拉伯世界[2]。

有關歐亞大陸游牧起源的一些問題

早期學者們對游牧起源的解釋，大多基於農業社會人群的優越感，將游牧當作是人類由狩獵進化到農耕的一個中間階段。根據這樣的觀點，最普遍的一種解釋便是，游獵人群隨著獸群移動，收容並畜養受傷的及弱小的動物，如此在移動聚落中飼養及繁衍牲畜，人們漸漸加重對馴養牲畜的依賴而終發展爲游牧。學者認爲，某些獵鹿的游獵人群後來

2 Susan H. Lees & Daniel G. Bates, "The Origins of Specialized Nomadic Pastoralism: A Systemic Model," *American Antiquity* 39(1974): 187-193; Brian Hesse, "Slaughter Patterns and Domestication: the Beginnings of Pastoralism in Western Iran," *Man* (N.S.) 17(1982): 403-417; Thomas F. Lynch, "Camelid Pastoralism and the Emergence of Tiwanaku Civilization in the South-Central Andes," *World Archaeology* 15.1(1983): 1-14；P. T. Robertshaw & D. P., Collett, "The Identification of Pastoral Peoples in the Archaeological Record: an Example from East Africa," *World Archaeology* 15.1(1983): 67-78; A. Sherratt, "Plough and Pastoralism: Aspects of the Secondary Products Revolution," in *Patterns of the Past: Studies in Honour of David Clarke,* ed. by Isaac Hodder and N. Hammond (Cambridge: Cambridge University Press, 1981), 261-305; Allan S. Gilbert, "On the Origins of Specialized Nomadic Pastoralism in Western Iran," *World Archaeology* 15.1 (1983): 105-119; Thomas Evan Levy, "The Emergence of Specialized Pastoralism in the Southern Levant," *World Archaeology* 15.1(1983): 15-36; Haskel J. Greenfield, "The Origins of Milk and Wool Production in the Old World," *Current Anthropology* 29(1988): 573-593; Fiona Marshall, "Origins of Specialized Pastoral Production in East Africa," *American Anthropologist* 92 (1990): 873-894. 除此之外，一本專門討論游牧社會考古學的書是Roger Cribb, *Nomads in Archaeolology* (Cambridge: Cambridge University Press, 1991).

成爲馴鹿游牧者，便是一個例子[3]。另有一種看法亦認爲游牧出於狩獵人群；這說法是，游獵人群由農業聚落中獲得牲畜，他們擁有大量馴養牲畜後，須照料及供應牠們草食，因而漸形成游牧[4]。這些看法並非建立在考古學證據上，而主要是學者觀察到當代某些游獵人群畜養動物之行爲，而作出如此推論。

近代學者們大多接受游牧出於混合經濟人群[5]，或認爲各地不同類型游牧有不同的起源背景[6]。因此關於游牧起源，學者探討的重點已不是它出於農業或是狩獵人群，或在何處、何時萌芽，而是爲什麼會有這樣的人類生態變化，以及其變遷過程爲何。更重要的是，對於「游牧起源」學者有更細膩、明確的定義；此也便是前面我所提及的「專化游牧業」的起源問題。

早期人類開始進入游牧經濟的背景因素，經常被學者們提起的便是氣候的轉變。如俄國學者卡札諾夫認爲，乾旱的氣候使部分兼營牧業的農民放棄農業，專注於畜牧而變成游牧人群[7]。對於東非專化游牧業的起源，學者也將部分原因歸於距今約3000年前的雨型轉變[8]。人口壓力是另一個常被學者們提及的原因。史密斯與楊格(P. E. Smith & T. C. Young)曾提出一種看法：專化牧業產生於原始短期休耕農業中，在此

3　A. M. Khazanov, *Nomads and the Outside World,* 85-86.

4　Elizabeth Bacon, "Types of Pastoral Nomadism in Central and Southwest Asia," *Southwestern Journal of Anthropology* 10.1(1954): 49-51.

5　Sevyan Vainshtein, *Nomads of South Siberia*, 163; Susan H. Lees & Daniel G. Bates, "The Origins of Specialized Nomadic Pastoralism: A Systemic Model," 187-93; R. Adams, "The Mesopotamian Social Landscape: a View from the Frontier," in *Reconstructing Complex Societies*, ed. by C. B. Moore, Supplement to the *Bulletin of the American Schools of Oriental Research* No. 20(1974): 1-13.

6　Fiona Marshall, "Origins of Specialized Pastoral Production in East Africa," 889; Steven A. Rosen, "Notes on the Origins of Pastoral Nomadism: A Case Study from the Negev and Sinai," *Current Anthropology* 29(1988): 504.

7　A. M. Khazanov, *Nomads and the Outside World*, 95.

8　Fiona Marshall, "Origins of Specialized Pastoral Production in East Africa," 885-888.

社會中畜牧原來便是補貼農業生產的重要經濟來源，在休耕地放牧也可以增加地肥。後來因受人口壓力影響，需生產更多農產品與養更多牲畜，部分人口因此放棄農業、定居，而成為專業的牧人[9]。里斯與貝提斯(S. H. Lees & D. G. Bates)提出另一種類似的解釋，他們認為在依賴旱作農業與畜牧的混合經濟中，人們朝向較精化的渠道灌溉農業發展；灌溉農業造成人口增加，人口增加使得農業聚落擴展到農業資源的邊緣地區。在此發展下，原有的牧業便愈來愈推移到更遠處，以取得水與牧草資源。動物的移牧及保護都需要許多人力，灌溉農業也需要許多人力；兩者不能相容，於是兩種生產方式人群分途朝專化發展[10]。

著名的中國研究者歐文・拉鐵摩爾(Owen Latimore)，對中國北方游牧起源的看法也頗與此契合。他認為，草原帶上的綠洲是游牧產生的關鍵地區。由於草原上的野生動物喜歡接近綠洲覓食，因此綠洲農業聚落居民對於馴養、利用草食動物累積了許多經驗與技術，包括利用動物的乳、毛等而盡量避免殺牲畜吃牠們的肉。只有如此相關知識與技術成熟後，他們才可能離開綠洲，以馴養動物深入利用周邊草原帶上的水、草資源[11]。至於人們為何要離開綠洲開始其游牧生活，拉鐵摩爾認為這是由於人口增長、自然資源匱乏，迫使部分生存競爭失敗者由綠洲中出走。後來，類似的解釋游牧起源的理論被稱作「逐離理論」(theory of displacement)；前述強調農業邊緣地區人口增長帶來生存壓力之說，也與此「逐離理論」有關。後面將深入討論此主題。

由於專化游牧人群的部分生活所需，如穀類及器皿、工具等，需由

---

9 P. E. Smith & T. C. Young, "The Evolution of Early Agriculture and Culture in Greater Mesopotamia: a Trial Model," in *Population Growth: Anthropological Implications* ed. by B. Spooner(Cambridge, Mass.: MIT Press, 1972), 1-59.

10 Susan H. Lees & Daniel G. Bates, "The Origins of Specialized Nomadic Pastoralism: A Systemic Model," 187-93.

11 Owen Lattimore, *Inner Asian Frontiers of China*(1940; Oxford: Oxford University Press, 1988), 160-63.

外界獲得，因此許多學者都強調早期都市的出現(ubanization)對於游牧專業化的影響。譬如，吉爾伯特(A. S. Gilbert)認爲伊朗西部專化游牧業源出於混合農業經濟(mixed farming)地帶。在這地帶，由於人口壓力、城鎮成長帶來的人口擴張，以及人們對畜牧產品的需求，使得畜養牲畜成爲專業。專化的畜牧業需長距離移動(以得到充分的水與草料)，因此部分人群脫離農業，並脫離定居農業社會的政治控制，如此造成游牧與農業人群分離[12]。研究地中海東岸黎巴嫩、埃及等地游牧起源的李維(Thomas Evan Levy)提出類似而更深入的解釋。他指出，原始混合農業社群的人口增長，使得人們對土地資源的利用更徹底，定居聚落與農地的擴張也使得畜牧必須移至遠離定居聚落外的地區，以避免牲畜傷害莊稼。同時農業人口擴張帶來的工藝專業化發展與城鎮貿易網，有助於專化牧業的出現——城鎮不但作爲游牧人群貨物交換的中心，都市的專業化工藝更提供他們無法製造的物品[13]。

早期匈奴、鮮卑等游牧人群的活動地區，主要是歐亞草原地帶的東部及東緣。歐亞草原地帶以馬、牛、羊爲主要牧畜的游牧，一般認爲最早出現在西元前1000年左右；在此之前，歐亞草原經歷了全新世的漁獵採集經濟、畜牧農耕經濟、青銅時代較進步的農牧經濟，最後才走上鐵器時代的游牧經濟[14]。在此方面，俄國及西方學者有很好的研究。考古學者卡札諾夫指出，雖然在西元前2000-1000年間已出現了「草原青銅

12 Allan S. Gilbert, “On the Origins of Specialized Nomadic Pastoralism in Western Iran,” 105-119.

13 Thomas Evan Levy, “The Emergence of Specialized Pastoralism in the Southern Levant,” *World Archaeology*, 15-36; Steven A. Rosen, “Notes on the Origins of Pastoral Nomadism: A Case Study from the Negev and Sinai,” *Current Anthropology* 29(1988): 504.

14 Katie Boyle, Colin Renfrew and Marsha Levine eds, *Ancient Interactions: East and West in Eurasia*(Cambridge, UK: McDonald Institute for Archaeological Research, 2002)；楊建華，〈歐亞草原經濟類型的發展階段及其與中國長城地帶的比較〉，《考古》2004年第11期，頁84-90.

文化」，但所有與此文化相關的人群，其生計都是畜牧農業(pastoral-agricultural)或農作牧業(agricultural-pastoral)類型(其實這兩個詞指的都是混合經濟，只是農、牧有不同偏重而已)，並非真正的游牧。況且，歐亞草原游牧脫離不了馬，牧人騎著馬才可能控制大量羊群，以及利用遠處的草場；西元前2000年以前，馬作爲座騎之文化尙未形成，或未成熟，自然不會有與騎馬密切相關的游牧產生[15]。然而當這些與游牧相關的必要知識與技術都在西元前1500年左右成熟後，游牧並未在歐亞草原地帶立即產生，而是，至少要再晚個500年，約在西元前1000年或更晚一點才出現。因此利用馬爲座騎，此技術因素並非造成北亞草原游牧的主因；真正造成本地游牧的因素，卡札諾夫認爲是西元前2000年至前1000年間的氣候乾冷化變遷[16]。

歐亞草原東部的中國北方草原地帶，專化游牧經濟在何時產生？是否中國歷史記載中的「戎狄」便爲游牧人群？對此，1940年代拉鐵摩爾即指出，西周至春秋時期的戎、狄也從事農業，並且他們並非騎馬的部族。他認爲真正的游牧部族要到西元前4至前3世紀(約爲戰國時期)才出現在中國北方草原[17]。卡札諾夫反對拉鐵摩爾之說；他認爲在游牧起源上，即使歐亞草原東部晚於草原西部，也不會晚太多。他指出，斯基泰(Scythian)[18]風格的銅器早在此之前已流行在鄂爾多斯及中國北方，游

---

15 關於此主題最新的一本著作是Marsha Levine, Colin Renfrew and Katie Boyle eds., *Prehistoric Steppe Adaptation and the Horse*(Cambridge, UK: McDonald Institute for Archaeological Research, 2003). 該書作者們所得之結論與此類似。較多的討論在該書第14章，Elena E. Kuzmina, “Origins of Pastoralism in the Eurasian Steppes,” 203-232.

16 A. M. Khazanov, *Nomads and the Outside World*, 90-95.

17 Owen Lattimore, *Inner Asian Frontiers of China*, 347-49.

18 斯基泰(Scythian)是一種早期歐亞草原游牧人群的稱號，他們的一些文化因素(如馬器、有動物紋的牌飾等等)，被學者認為是歐亞草原游牧人群的指標性文化遺存。

牧也應在此時由南俄哈薩克草原或阿爾泰地區滲入蒙古草原[19]。另一位學者凡盧坦因認爲，西元前第一個千年的中期(約指西元前7至前3世紀)是游牧人群在歐亞草原普遍出現、擴展的時期，他們也約在此時出現在蒙古草原北鄰的薩彥—阿爾泰地區[20]。

歐洲漢學家雅羅斯拉夫・普實克(Jaroslav Průšek)也有類似的見解；他認爲歐亞草原東部「蠻族」移徙及入侵中國，與草原西部Cimmerians與Scythians(塞人)的大遷徙有關，而兩者都肇因於約西元前1000年歐亞草原上一個新經濟社會型態的產生；這新經濟社會型態便是立基於畜養大量馴養動物——特別是馬——的游牧。這種新經濟浪潮造成新的資源領域瓜分，產生一些向鄰近地區擴土的游牧武士，也因此讓整個歐亞草原風起雲湧，一端發生變動很快的波及另一端[21]。

考古學有關中國北方游牧文化起源的研究討論

以上討論都未提及中國方面的相關考古資料。事實上，相較於西方來說，中國在早期游牧方面的研究雖起步甚晚，但近20年來大量考古發掘資料與研究累積了相當可觀的成果。有關中國北方游牧起源及其演變過程，其面貌也愈來愈清晰。中國學者烏恩、林澐等對北方青銅器文化的起源、發展與傳播，以及相關的環境與人類社會變遷有深入且全面的研究。吉林大學的考古學者們對於北方長城地帶，特別是西遼河流域及燕山地區，長期以來作了許多考古發掘與研究；在環境與動物考古方面貢獻尤多，這是探討「游牧起源」問題不可缺的方向。西方考古學者林嘉琳(Katheryn Lindoff)、吉迪(Gideon Shelach)等，在內蒙古東南的赤

19　A. M. Khazanov, *Nomads and the Outside World,* 96.

20　Sevyan Vainshtein, *Nomads of South Siberia*, 51.

21　Jaroslav Průšek, *Chinese Staatelets and the Northern Barbarians in the Period 1400-300 B. C.* (Dordrecht, Holland: D. Reidel Publishing Company, 1971).

峰附近作了考古調查與發掘，對了解此一區域人類生態與聚落變遷有許多重要成果[22]。歷史學者迪柯斯摩(Nicola Di Cosmo)藉著西方及中國之考古與歷史研究，對中國北方游牧文化及游牧國家之興起也有其獨到見解。許多日本學者更承其長久以來對新疆、蒙古草原與綠洲研究之傳統，在此方面有許多研究出版。

我無法也無力深入討論這許多基於考古學的環境與古氣象、冶金史、馴養動物史，以及相關的體質形態與古語言漂移分化等等之研究。在這一章中，我只是略涉及這些有關游牧起源或形成過程的研究討論，以作爲往後幾章探討漢代中原北方游牧社會及其與中原帝國之關係的基礎。由於我的研究對象是匈奴、西羌，以及鮮卑與烏桓，因此以下的探討也將集中於蒙古草原、青海東部(河湟)之高原河谷，以及西遼河流域與燕山地區的森林草原等三地區之游牧經濟起源，及其社會變遷等問題。如前所言，近年來中西學者都曾對中國北方游牧文化起源，或早期游牧社會之形成與變遷過程，提出較全面的看法。因此我們可以從檢視、討論這些學者的研究成果入手。

首先，迪柯斯摩在其著作《古代中國及其外敵：東亞游牧強權的崛起》裡，對中國北方游牧經濟、文化與社會之變遷過程有詳細的介紹，並以此說明中國北方「邊疆」(frontier)——青銅器時代相對於「中原」的異質化文化——及後來中國北方之游牧「敵國」的形成過程。他認爲這樣的「邊疆」首先表現在幾個北方銅器時代文化(齊家文化、朱開溝文化與夏家店下層文化)中，後來出現更齊一的北方青銅時代文化群(bronze age cultural complex)；它們與同時代商文化間的差異明顯，表現在特定造形的青銅器，以及與「非中國之北方民族」有關的動物紋飾

22 吉迪，〈西元前1000年以來中國東北地區牧業生活方式的興起——區域文化的發展及其與周鄰地區的互動〉，《邊疆考古研究》第三輯(北京：科學出版社，2005)。

方面[23]。

在此基礎上，他進一步提出中國北方游牧社會三階段演化之說。第一階段，西元前9至前7世紀，此時以東北方的夏家店上層文化最爲進步；他認爲西元前8世紀中國最早將馬作爲座騎的地區是在東北(西遼河流域)。墓葬中的斯基泰風格器物，以及大量的馬、牛、羊骨，顯示此時在此地區游牧漸趨重要，墓葬中常有的青銅武器，又顯示當地軍事豪長成爲統治階層。他進一步推論，這些游牧的武士豪貴階級先是掌控本地游牧部族，後來逐漸擴張其政治勢力。他也注意到此時期西北方的甘肅、青海地區，由西元前1500年至漢代的卡約文化時期人類生態變化——早期之上孫家寨遺存中，人們有以豬殉葬的習俗，到了此文化中期的阿哈特拉類型遺存中，牛、馬已取代豬作爲殉牲，此也見證由較定居的混合農業往游牧的演變[24]。

第二階段爲西元前6至前4世紀，此時相關人群的器物遺存中出現典型的「斯基泰三要素」——武器、馬具與動物紋飾。他指出騎馬以及鑄鐵文化此時期在遼寧、內蒙古、寧夏、新疆等北方地區發展，並認爲在西元前6世紀末騎馬游牧人群及其游牧文化已在幾個地區出現，如毛慶溝考古遺存所在的內蒙古中南部。他認爲，這些墓葬遺存反映有政治、軍事卓越地位的游牧豪貴階級(nomadic aristocracy)興起，他們統治、剝削鄰近的定居聚落人群。第三階段，西元前4世紀中期至前3世紀，以鄂爾多斯的早期匈奴墓葬爲代表，隨葬品由與戰爭有關之器物轉變爲奢侈品，也出現常見於歐亞草原西部游牧文化中的金銀器；這些奢侈品主要得自於貿易、交換，而非來自於掠奪與剝削[25]。總之，迪柯斯摩強調青銅與鐵器冶煉之進步，馬作爲乘騎並廣泛被利用，剝削、統治鄰近定居聚落人群的游牧武士豪長階級之興起，以及較晚他們與中國及其他地

23 Nicola Di Cosmo, *Ancient China and its Enemies*, 45-56.

24 同上，頁64-68。

25 同上，頁70-79。

區的貿易交換，一步步的推動中國北方游牧文化與游牧政治體之形成。

迪柯斯摩的這部著作，將中國北方游牧的起源置於整個歐亞草原游牧文化起源與傳播的大框架下，並由考古遺存說明其演化過程；在這些方面，的確有其鉅大貢獻。然而其中一些觀點，卻是値得再商榷。首先，他指出中國最早的青銅器與鐵器文化都在北方地區萌芽或許是正確的，但我懷疑此是否為造成「游牧」的關鍵因素——畢竟游牧生業所需的工具甚少，缺少這些金屬器物並不妨礙游牧活動。相對於定居農業聚落人群而言，游牧生產不僅所需工具甚少，為了經常移動，游牧人群所擁有的物質財產也比較少而小；由於不經常定居，他們在地表留下的生活遺存也相對淺少。青銅器、鐵器與金銀器等是在考古遺存中較易保存下來的物質；以考古所見這些物質之存在、增長，來探索其物質遺存可能逐漸消失的「游牧」形成過程，顯然是有問題的。

其次，製作、保有大量金屬器或貴重金屬器物，都涉及政治權力集中化(centralization)、社會階序化(stratification)與脅迫性威權(coesive power)。而我們所知的游牧社會，由於人們的主要財產(牲畜)都長了腳，且各個基本人群單位(家庭或牧團)都需自行決定其行止，以應付各種風險，因此多有社會分枝化(segmentary)、平等自主化(egaliterian)傾向，也較易脫離脅迫性政治威權的迫害與剝削。這情況也與上述考古上青銅器、金器遺存所表現的社會性質不相吻合。

第三，強調這些文化遺存中的「金屬」而忽略其他遺存，可能造成很多認知誤差。如「齊家文化」曾被認為是新石器晚期文化；即使在齊家文化中發現銅製工具，但其數量不多，其整體社會生產力及社會形式與同時期東方各「新石器晚期文化」相較也未有太大差距。學者曾注意到齊家文化與夏家店下層文化的製陶工藝如罐、豆、盆、鬲、鼎等，與鄰近陝西、河南、河北等地之客省庄二期文化、二里頭文化、二里崗文化有許多相似的地方[26]。因此，以文化遺存中少數的金屬來主張齊家文化爲「銅器文化」，並以此強調其在文明演化上、在文化性質上與周邊考古文化的差別，這是不合宜的推論。無論如何，這些北方考古文化中「金屬」常被用在製作代表社會身分的裝飾品、奢侈品或戰爭工具，而較少用來做生產工具；探討人類經濟、生計及其變遷時，我們可能需多考量當時人日常生活中普遍的用品與工具遺存，以及它們的增長與「消失」。

第四，甘肅西南與青海東部(河湟地區)的齊家與卡約文化，不宜置於寧夏、內蒙中南部、晉陝北部、遼西地區、燕山地區之各階段「北方青銅器文化」範疇之中。在地理空間、環境與考古文化表徵上，這兒都自有其特色與延續發展過程[27]。如在齊家文化與本地較晚的辛店、寺洼與卡約文化中，與「北方青銅器」有關的車馬器、牌飾、獸首刀、帶銎斧等器物都不常見，甚至墓葬中也未有如後者那樣表現強烈武裝傾向的隨葬武器習俗。後面我會說明，河湟地區青銅器文化人群與草原帶上的北方青銅器文化人群，二者在「游牧化」上曾經歷不同的過程。

最後，迪柯斯摩在其論述中常提及各階段北方青銅文化從商代或更早以前便與中原文化有相當差別，強調其爲「非中國的」或認爲其發展與中國關係不大，並強調其來自歐亞草原西部與北部的文化因素[28]。其用意可能是在駁斥拉鐵摩爾的「逐離理論」——被中國逐離的「戎狄」成爲中國各北方游牧部族。然而與此相反的，學者也可以「選擇」另一些北方青銅文化器物，或部分的器物特徵，來強調此文化與中原或「中國」的密切關係。我認爲這些選擇性建構都是不必要的——在春秋戰國

26　劉觀民、徐光冀，〈內蒙古東部地區青銅時代的兩種文化〉，《內蒙古文物考古》1981年創刊號，頁6。

27　俞偉超，〈關於卡約文化的新認識〉，《青海考古學會會刊》1981年3期，頁11-23。

28　Nicola Di Cosmo, *Ancient China and its Enemies*, 74.

華夏或諸夏認同建立之前，「中國」的內涵與邊緣都尚未形成，自然很難說哪些是「中國的」或「非中國的」文化因素。

北方青銅器文化之起源、傳播，以及游牧經濟起源與相關社會變遷等主題，長期以來在中國學界也有相當豐富且深入的研究。早先偏重於相關物質文化因素的探討，近年來更及於環境、氣候及人類經濟生態變遷等方向，這是很有意義的轉向。以下略舉幾位長期在此領域耕耘之學者的意見。研究鄂爾多斯青銅器著稱的田廣金與郭素新，在一篇綜論性文章中曾描繪中國北方地區的長期人類生態變遷。他們指出，在西元前1500年左右，由於氣候逐漸乾冷化，畜牧業在原宜於農業的鄂爾多斯地區發展起來，因而本地向半農半牧的經濟形態轉變。後來由於乾冷氣候持續發展，半農半牧文化的中心開始向晉、陝北部南移，於是在此出現李家崖文化人群。稍晚，騎馬術出現(西周晚到春秋早期)，北方才進入以騎馬爲標誌的「半游牧—游牧」經濟階段，出現以騎射見長的武士，這些游牧或半游牧人群也南下與中原列國相爭。他們認爲，鄂爾多斯青銅器文化的「西園類型」爲羌系西戎人的遺存，「毛慶溝類型」爲赤狄樓煩的遺存，「桃紅巴拉類型」爲白狄遺存，而白狄後來發展爲匈奴。西元前3世紀中原出現秦、漢統一帝國，此也促使匈奴內部凝聚力加強，建立起聯盟式的匈奴帝國[29]。

另一學者烏恩，則較著力於歐亞草原帶青銅器文化的出現與傳播；由這些文化中相關器物、紋樣的時空關係，他探索北亞游牧文化的起源及傳播方向等等[30]。他認爲，夏家店上層文化是歐亞早期游牧人文化產生的關鍵；西元前7世紀之前，除圖瓦(薩彥嶺地區)之阿爾然王陵

29 田廣金、郭素新，〈北方文化與草原文明〉，《內蒙古文物考古文集》第二輯(北京：中國大百科全書出版社，1997)，頁11-12。

30 烏恩，〈殷至周初的北方青銅器〉，《考古學報》1985年2期，頁135-156；〈論夏家店上層文化在歐亞草原古代文化中的重要地位〉，《邊疆考古研究》第一輯(北京：科學出版社，2002)，頁139-155。

外，各地草原文化都在不成熟的早期階段，而夏家店上層文化則在此時已十分繁榮、成熟。因此他反對「斯基泰風格東傳」而形成夏家店上層文化之說。他的研究至少顯示，我們很難斷定何處是某一歐亞草原文化因素的起源地；或更能肯定的是，在西元前9至前8世紀，歐亞草原文化之傳播非常快速。此一現象在了解整個歐亞草原地帶之游牧起源上非常重要。

林澐曾探討由夏代至戰國時期北方長城地帶游牧文化之形成。他除了注意北方青銅器的出現外，也強調氣候變遷如何造成人口遷移，以及此地帶人類經濟生態的轉變[31]。他指出距今4200-4000年前(西元前2200-2000)的氣溫與雨量急遽下降，曾在西北之甘青地區造成齊家文化衰退。在正北方，此一波降溫也造成河套以北及其東北的一些新石器時代晚期農業文化衰落。然而此始於西元前2000年前後的氣候乾冷化，並沒有立刻導致北方長城地帶農業文化的全面衰退；在某些地區，如朱開溝，仍存在著農牧相結合的經濟形態。北方地帶東段的西遼河流域，也經歷了此一氣候乾冷變化，然而由於環境仍宜農業，本地在西元前2000年至前1400年之間出現夏家店下層之農業定居文化。

林澐接著提及，夏家店下層文化、朱開溝文化、齊家文化結束後，各地區在考古上都存在很多空白時段，而後才在各地出現相當於商、周至春秋時的青銅器文化。在北方的西段，甘青地區在商周至春秋時出現卡約、辛店、寺洼等文化。他描述的此一時期文化變化趨勢，有兩點特別值得注意：一是由齊家文化的統一漸趨於地方分化，二是養羊在這些文化中有長足發展。他認爲這些文化是中國歷史記載中羌人的遺存，並認爲羌人到了春秋時還未進入專業化的游牧。北方草原中段的內蒙古南部，此時期之文化趨勢爲商文化南撤，「北方系青銅器」在長城地帶

31　林澐，〈中國北方長城地帶游牧文化帶的形成過程〉，《燕京學報》2003年14期，頁95-145。

中、東段傳播，與之相關的人群是文獻中所謂的「戎狄」，他們不是專業化的游牧人群。至於東段的夏家店上層文化，他認爲是山戎遺存；山戎是半農半牧的定居人群。而桑乾河流域的軍都山類型則是東遷的白狄遺存。他指出戎狄均屬東亞蒙古人種，而戰國時文獻中出現的「胡」則是從蒙古高原南下的北亞蒙古人種游牧人。戰國中期他們大批來到長城地帶，在戰國中晚期的大動盪之後，這一地帶才由發達的牧業走向全面的游牧化。林澐深入的研究，揭露中國北方游牧化過程中的一些關鍵因素，如氣候變遷、人群遷徙、人類對草食動物的利用等等。同時，他也致力於識別考古遺存與中國文獻記載中北方各族的對應關係。

前述幾位中西學者的論著，對於幫助我們了解中國北方游牧文化的形成都有其貢獻。然而在探討「游牧起源」或其形成過程時，有三個關鍵問題以上研究多未觸及。其一爲，某一考古文化之衰亡所代表的意義；其二，什麼是「游牧文化」中的必要因素；其三，青銅時代早期人們由「半農半牧」轉爲何種形式之「游牧」。

關於第一個問題，考古學依賴考古遺存作爲重建「過去」的證據，因此學者們關注一考古文化之「存在」，相對的忽略其「不復存在」，這是可以理解的。然而在與游牧有關的考古研究中，一考古文化之消亡可能有更重要的意義。學者們常論及「斯基泰」或「鄂爾多斯」風格之青銅器的時空分布，以此追溯游牧文化的起源與傳播，事實上所有這些商周以來至於戰國的北方青銅器文化都或多或少的伴隨些農業痕跡。相對於此，當秦漢時期中國文獻明確記載匈奴、西羌等游牧人群活動時，反而相關的考古遺存甚少。卡約文化遺址大多結束於春秋時期，此後至漢代只發現很少量的此文化遺存，然而「羌人」在西漢中到東漢時才與漢帝國有密切互動而被載之於史。在考古上並未發現漢代之河湟「羌人文化」。漢代匈奴墓葬也只有零星發現。至少可以說，當這些游牧部族活躍在北方草原並爲中原帝國帶來許多困擾時，所謂「北方青銅器文化」已在消失之中。

第二，關於「游牧文化」中的必要或重要因素。若「游牧文化」指行游牧或半游牧生計人群的一些日常習尚、偏好、創作與表現，那麼，我認爲學者們過於偏重那些「青銅器文化」而忽略了一些與經濟生態有關的文化表現。譬如，在以馴養動物爲主要食物來源的生計中，若人們不知賴動物的乳來維生而需以牠們的肉爲食，那麼就只能在所謂的「混合經濟」中求生了。這也就是我在上一章所稱吃「利息」與吃「本金」的差別——只有學會吃利息(動物的乳、血與乳製品)，才有專化游牧業的產生。又譬如，游牧利用草食動物及其移動性，以逃避風險，以追尋廣大空間中的水、草資源；「草食動物」及其「移動性」是游牧生計的兩大要素。因此墓葬中隨葬的動物(如馬、牛、羊)、身體部位(頭、腿、蹄等)、其在墓中的安放位置等等，應是我們藉以了解游牧社會的重要「游牧文化」。又譬如，爲了便於移動，人們的物質財產要盡量精簡，因而「物質」漸少也應是其文化形成過程的一部分。最後更重要的，專化游牧經濟在一地區中能涵養的人口遠比農業爲少，而且平等自主(egalitarian)爲人與人之間或人群與人群間的互動基本原則；如此，人口稀疏且群體間往來少，也使得人們在日常生活中展現、誇耀「物質文化」的機會相對減少。

第三，關於北方長城地帶人群由「半農半牧」轉變爲「游牧」之問題。無疑，我們從卡約文化、北方青銅器文化、夏家店上層文化中所見，大多是半農半牧或混合經濟人群之活動遺存。然而，我們也不能忽略，漢代匈奴、西羌、鮮卑等部族也並非都是「純游牧」人群。鮮卑與西羌都兼營農作，此外，這三個行游牧的群體都有其他輔助性經濟生產活動，如狩獵、採集、貿易、掠奪等等。因此我認爲，由春秋戰國至於漢代，中國北方混合經濟人群之社會經濟變遷並非走向「純游牧」，而是走向「專化游牧業」——此種「專化」至少包括：一、因應各地環境而選擇特定游牧方式；二、從事能配合游牧的輔助性生計活動，並因此與內外人群產生互動；三、產生能與游牧及輔助性生計活動相配合的社會組織。

總之，中國北方游牧世界的形成有一個過程，而春秋戰國至漢代是此過程中的轉變關鍵時期。這變遷不僅在於生計上北方人群的游牧化，或說，走向專化游牧，也在於他們與華夏帝國間的互動。以下將說明，西元前1500年左右到西元前3世紀(秦末漢初)，黃土高原北方周邊各地的人類生態與社會變遷，以及這些變化如何與華夏認同、華夏帝國相生相成。

西元前15至前3世紀中國北方的人類生態與社會變遷

我在1992-1997年之間曾發表數篇著作，以河湟(黃河上游及湟水流域)、鄂爾多斯及其鄰近地區(內蒙中南部及陝、晉北部)、西遼河流域等三地區爲例，探討中國北方「專化游牧業」的起源問題。後來我結集整理這些看法，精簡而較有體系的發表在拙著《華夏邊緣》一書中。至今十多年來，此方面又有許多考古新發現，以及前面提及的學者之研究成果。當初我未觸及的或無法解決的一些問題，或我的錯誤，如今可以有較好的解答與修正。以下便以我從前的見解爲基礎，繼續探討中國北方各類型游牧社會之形成與變遷。

首先，新石器時代晚期華北各地原始農業聚落之增長，使得其分布擴及於農業條件較差的黃土高原邊緣地帶，如青海河湟地區、內蒙古中南部(鄂爾多斯及其鄰近地區)與西遼河流域。西元前2000至前1000年前後的氣候乾冷化，對這些邊緣農業聚落人群造成很大衝擊。西元前2000年左右，鄂爾多斯及其鄰近地區大多數農業聚落都已凋敝，只有少數地區聚落(如朱開溝)延續到西元前1500年左右。在西北的河湟地區，西元前1700年左右農業定居人群的齊家文化衰落、消失。東部的西遼河流域，西元前1500年之後，各地夏家店下層文化農業聚落也漸被放棄。以上地區各農業定居文化衰落後，都有一段時間在考古文化上人類活動遺跡少或混沌不明。此氣候乾冷化造成農業邊緣地帶之人類生態變遷，也是前述許多研究者的共同見解。

事實上，此一波長期氣候乾冷化，不只影響上述北方、西北、東北的農業邊緣地區，也影響農業根基深厚的黃河流域——商、周王朝統治體系之形成，可說是以集權化的群體力量來保護及開發資源，並以階序化社會作資源重分配架構來因應此資源環境變化的一種新格局。無論如何，西元前1500年前後黃土高原北方邊緣的農業聚落凋敝後，內蒙古中南部、西遼河流域及河湟地區各人群都需在生計上另謀出路，並且，他們也需面對南方(或東方)商、周王朝之建立所帶來的新情勢。

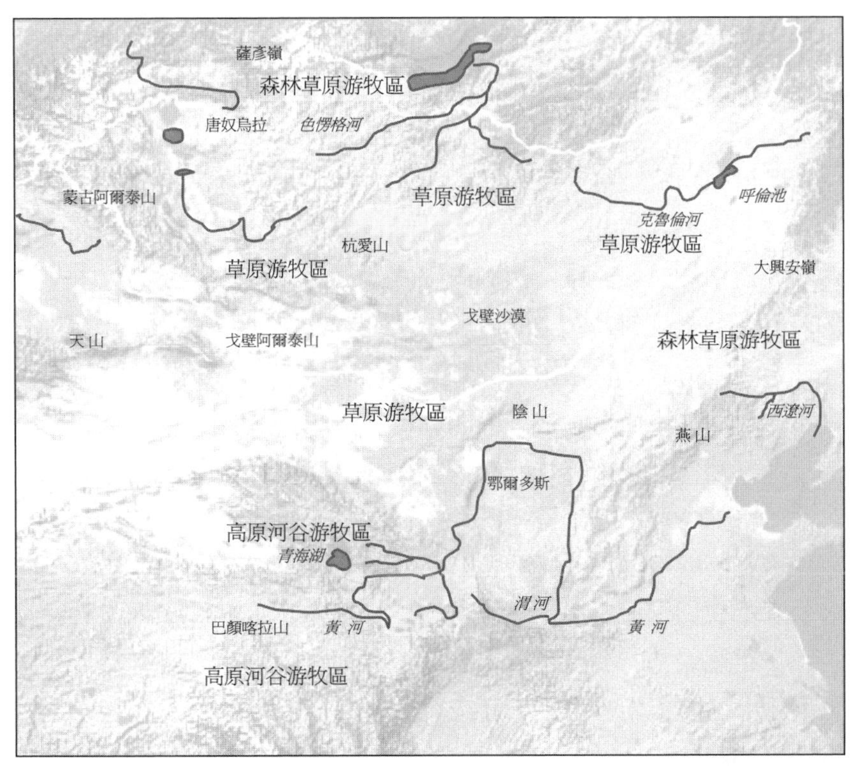

圖2　中原北方、西方三種傳統游牧類型分布

內蒙古中南部與晉陝之北

西元前1500至前600年，內蒙古中南部大部分地區皆少有人居，人類活動遺存極少。宜於農牧之地似乎南移至本地的南方邊緣，也就是陝、晉之北。約從西元前1300至前900年，陝北、晉北出現農牧兼營、定居程度低並有武裝傾向的人群，他們留下的文化遺存主要是李家崖文化；大約是烏恩所稱「北方青銅器」與田廣金、郭素新所稱「鄂爾多斯青銅器」早期階段(殷至周初)的一部分。西元前12至前11世紀，周人政治集團興起於渭水流域。他們結合西方各部族力量克商，建立起西周王朝。此政治集團中至少有一些部族爲來自於晉、陝之北的混合經濟人群，甚至可能周人的主要部族便來自於此。先秦文獻中提及，周人在進入周原之前曾輾轉遷徙於「戎狄」之間，且稱在這長期遷徙的時期他們是不從事農事的。

李家崖文化結束後有一段時期，就是在西元前9至前7世紀的西周中至春秋早期，陝、晉北部一帶人類活動遺跡也少了。同時，中國文獻記載，在此之南的渭水流域，西周王庭開始受到來自西方與北方之戎狄部族的威脅。周孝王封戎人中的「非子」之族(後來秦人的主體)於寶雞一帶，或爲「以戎制戎」之策。周宣王伐玁狁、姜戎，使得國力大傷，亦應是不得已而非只是黷武。最後西周末申侯與犬戎發動的一場變亂，逼得周王及其諸侯逃往東方且無力恢復故土，此亦可見渭水流域受戎人入侵之深。春秋時期，原出於戎的秦國在渭水流域擴張其勢力，本地諸戎部族或被吞併或被驅逐，此時晉國還收容安置了一些受逐的戎人部族。許多學者都曾指出，西周至春秋時的「戎狄」並非純游牧人群。他們是農、牧、狩獵兼營的混合經濟人群，在應對生存競爭之遷徙中，他們視當地環境而從事不同的生業；《史記》所描述周人遷於周原之前的早期情況便是如此。

北方混合經濟人群南下爭奪農牧資源，強化了南方周王朝諸侯國上層貴族之間的一體感——這是華夏認同的萌芽。「華」有眾多或繁盛之意；「華夏」原與「諸夏」意義相同，都指的是一個多元聯合體。秦人在周室東遷後「驅戎」，黃河中、下游諸國的華夏認同意識逐漸增強，並相互奧援以對抗戎狄——所謂「內諸夏而外夷狄」。在驅戎之後，強大的華夏北方諸國更往北擴土，並建長城以維護之。此種種發展都意味著，華夏為一保護及壟斷南方農業資源的認同群體；無論是實質的長城，或是作為華夏族群邊界的「非我族類」概念，皆將「戎狄」排除於華夏之外。

就在此時，西元前6至前3世紀的春秋末期至漢初，晉陝之北、鄂爾多斯及套北地區普遍出現一些人群。在考古遺存上，這些人群留下的幾乎都是墓葬，沒有住屋遺址；墓葬中，死者主要以馬、牛、羊及青銅武器、馬具、隨身飾品等隨葬。草原游牧的必要畜類，馬、牛、羊，此時已成為他們生計所需的主要牲畜。使用馬具說明他們已能利用馬的卓越移動力來控制羊群，並在廣大空間中逐水、草資源；這也是草原游牧不可或缺的。另一個游牧經濟的關鍵因素，製作乳酪並以之為主食，在此時期考古上尚未發現痕跡。無論如何，除了墓葬中隨葬馬、牛、羊等草食動物外，房屋那樣的固定居址與定居者所飼養的豬，都很少見於這一類的考古遺存之中，此時人們又喜好精緻的小件飾品，可繫繩的礪石成為生活必備之物——種種現象均顯示，「移動」與「畜牧」為此種生計的主要特色。但在不同地區，游牧移動的方式及畜產結構應有不同。考古學者楊建華曾比較本地區東周時期墓葬殉牲的情形。她指出，河套與陰山南北地區之殉牲數量大，以馬為主。稍往東，岱海地區涼城一帶，殉牲以羊為多，後來牛的數量漸增[32]。

其他考古遺存現象也顯示，在經濟生態上，當時岱海涼城地區人群

32　楊建華，〈東周時期北方系青銅文化墓葬習俗比較〉，《邊疆考古研究》第一輯，頁156-69。

與陰山南北及河套地區人群之間有些差別。涼城地區的飲牛溝與崞縣窰子戰國墓葬中均發現有豬作爲殉牲的例子。同地毛慶溝墓地之殉牲雖以馬、牛、羊爲主，但數量比河套及陰山南北要少，銅刀與馬具也少。涼城附近人群在製陶技術上卻較河套及陰山南北人群發達。此外，飲牛溝、崞縣窰子與毛慶溝墓地均曾被當地住民長期使用[33]，墓葬附近還有居址、窰址遺存。以上現象均顯示，涼城附近戰國時畜養大量草食牲畜的人群似乎有較固定的牧區，因而每年至少能在固定冬場居住。游牧範圍不大，宜於牛的大量飼養；有固定牧區，人群間的衝突也較少(在墓葬中男性的戰士形象不甚突出)。與此相對的是其西鄰河套及陰山南北之人群，在此，人們的游牧地域廣(水、草資源較分散)、牧區不固定、人群衝突多，所以用於作戰與長程移動的馬在此受重視，墓葬中男性隨葬武器之風也較強烈。

西元前6至前3世紀內蒙古中南部出現的人類活動之跡，顯然和秦與東方諸夏之驅戎政策有關。但北遷的諸戎可能並非進入一些無人居住的地區；西元前9至前7世紀(西周中至春秋早期)，雖然內蒙古地區之人類活動遺存很少，但我們無法排除此時本地已有稀落的游牧人群存在。由種種考古遺存看來，在此3個世紀間，內蒙中南部及晉陝之北正進行著人類如何利用此一不利農業之環境的種種實驗。利用草食動物之食性及其移動力來獲得主要資源只是基本原則。這樣的經濟模式所能供養的人口，遠少於農業或混合經濟下的人口數量，因此墓葬中男人之尙武傾向不只是農、牧人群衝突的表徵，更爲消除多餘人口之劇烈內部鬥爭跡象。

人們也嘗試如何在游牧中結合不同的輔助性經濟活動；狩獵、粗放式農業、貿易(珍貴金屬工藝品是重要媒介)，以及掠奪，都是可能的選擇。游牧與輔助經濟活動，須有與之相配合的社會組織與社會價值風

33 內蒙古文化工作隊，〈毛慶溝墓地〉，《鄂爾多斯式青銅器》，頁227-315。

徜。由家庭到各層級親屬群體之人際關係，牲畜種類與比例，牧業資源之分配、分享與競爭規範，各層級部落組織與領袖威權等等，都在各種人群的衝突與妥協中逐漸得到調整。在此方面我們得承認，考古資料所見極爲有限；我們只見著一些多屬「上層社會」的墓葬遺存。即使如此，在這些考古遺存中一個社會徵兆卻是十分明顯。那便是，讓個別牧戶、牧團能行其游牧及逃避風險的「平等自主」，與維持部落整體競爭力的「集中與階序化」，在各類型游牧社會中都是常見的兩種相互矛盾的社會構成因素。在春秋戰國時期內蒙古中南部的游牧社會中，權力集中化與社會階序化的趨向十分明顯，表現在少數墓葬中有大量貴重金屬工藝品隨葬的風氣上。這也是迪柯斯摩提及的游牧豪貴階級之興起。此現象另一方面的意義是，游牧社會中的「平等自主」特色——也就是游牧社會基層人群的行動抉擇能力——可能相對的受到減損。

西遼河流域與燕山地區

黃土高原東北方的西遼河流域與燕山地帶，西元前1500年左右或稍晚，原廣泛分布於此的夏家店下層文化農業聚落文明逐漸凋敝。西元前13至前8世紀(約當殷商中晚期至春秋初)，在夏家店下層文化分布地區的南緣，也就是燕山地帶與大小凌河地區，出現了一些人群。他們所留下的考古遺存(多被歸於魏營子文化)，顯示他們的物質生活還不如本地過去夏家店下層文化人群豐盛，定居程度也不如後者。他們有爲死者殉葬豬、牛的風氣，使用半月形雙孔石刀、網墜等等，顯示他們可能以農、牧、漁獵兼營的混合經濟爲生業。他們中的一些貴族常擁有許多銅器；有商末周初時的中原青銅禮器，也有具北方草原特色的青銅武器[34]。中原式與北方式兩種銅器並存，也見於前述晉陝之北的李家崖文化

34　董新林，〈魏營子文化初步研究〉，《考古學報》2000年1期，頁1-68。

之中[35]。魏營子文化與李家崖文化人群另一相似之處是，兩地社會中男性隨葬武器的風氣都很盛，此顯示他們經常從事戰鬥。

燕山地帶之北的西遼河與老哈河流域，夏家店下層文化結束後，有數百年人類活動遺跡很少。到了西元前11至前8世紀之間(相當中原西周時期)，本地再度出現較密集的、文化面貌一致的人類遺存。這種文化遺存被稱作「夏家店上層文化」。它的出現，顯示一種新的經濟模式讓人們得以在此生息，並在相互學習中產生文化相似性。當時人留下的，有簡單的糧食生產工具雙孔石刀、臼、杵等，但用於整地鬆土的鏟、鋤等工具卻很少。動物骨骸遺存有豬、狗、牛、羊、馬，以及兔、狐、鹿等。由遺留的生產工具與動物骨骸看來，他們應是兼營農、牧、漁獵的混合經濟人群；其農業與夏家店下層文化人群的農業相比已明顯衰微，畜牧爲其主要生業[36]。此時本地青銅鑄造業非常發達，大型墓葬隨葬各類青銅器多達四、五百件，顯示當時統治貴族有能力動用大量的社會人力、物力，以製造、交換或奪得這些青銅器及其他金屬製品。夏家店上層文化與魏營子文化約在西周時南北並存；兩者皆兼有中原式銅器與北方式銅器。不同的是，夏家店上層文化人群的墓葬中馬銜、馬鑣多且製作精緻，顯然當時的人已嫻於騎馬；遺存中所謂「斯基泰三要件」(兵器、馬具與野獸紋藝術)已完全具備[37]。

總之，西元前13至前8世紀當環境仍不利於農業時，大小凌河、燕山地區及西遼河流域再度出現豐富的人類文化遺跡；這些人群所依恃的並非是更進步的農業技術，而是增加草食動物飼養以及漁獵活動。在這樣的混合生計中，一個基本家庭所需的資源空間，遠大於夏家店下層文

---

35 烏恩，〈殷至周初的北方青銅器〉，《考古學報》1985年2期，頁149。

36 考古學者吉迪(Gideon Shelach)指出，夏家店上層時期人們對畜牧業的投入導致流動性生活方式增強，對永久性住宅投入減少；此文化遺址多在遠離河谷的高地，也說明此時期畜牧業的重要程度有所增強。見吉迪，〈對中國東北赤峰遺址的格局進行考察的初步報告〉，《考古與文物》2002年2期，頁48。

37 烏恩，〈論夏家店上層文化在歐亞大陸草原古代文化中的重要地位〉，頁142。

化以農爲主之家庭所需，因此人群間暴力衝突增多也在所難免。另一個變化是，在西元前9至前8世紀間，馬作爲乘騎——無論用於戰爭、遷徙或放牧——在歐亞草原上迅速擴散。夏家店上層文化人群接受此種有利的技術，因而對其畜牧活動以及社會帶來革命性改變。出現在窖藏與墓葬中的中原商周式青銅器，也顯示「華夏邊緣」尚未出現前南北活躍的文化與經濟往來。少數墓葬中豐厚的隨葬品，主要是武器，也顯示此爲由武士豪長統領的階序化社會。此時人們仍住在定居聚落中，但其聚落經常遷移變換，他們的畜產也多爲宜於長程遷徙的草食性動物(豬除外)；在人類生態上，此意味著人們有能力逃離剝削他們的武士貴族。那麼，這些武士豪長究竟如何維繫其統治？如何掌控資源及行再分配？這是我們不能忽略的問題。

約在西元前8世紀(春秋中期)以後，西遼河流域(努魯兒虎山以西)夏家店上層文化人群的活動遺跡大多消失。此後至戰國時的人類活動考古遺存，多見於南邊的大小凌河及燕山山地一帶，因而有些學者認爲夏家店上層文化人群此時已往南遷移[38]。考古遺存顯示，此時大小凌河及燕山山地之人類生態又有一些變化。他們幾乎只留下墓葬，房屋及居址都十分少；陶器也少，且製作粗糙，農作工具基本不見。墓葬中的殉牲有牛、馬、羊、狗，豬非常少見。男子之隨葬品以武器、青銅禮器及隨身飾物爲主。總之，比起夏家店上層文化及魏營子文化人群，此時大小凌河及燕山山地一帶人群之武裝化傾向更強、更普遍，對草食性動物更倚重，也更不定居。此時仍見殉葬品異常豐富的墓葬[39]，而且墓地經常被長期使用而累積墓葬達數百座。此表示雖不定居但各部族有其固定領

38　靳楓毅，〈夏家店上層文化及其族屬問題〉，《考古學報》1987年2期，頁190；劉觀民、徐光冀，〈內蒙古東部地區青銅時代的兩種文化〉，《內蒙古文物考古》1981年創刊號，頁12-14。

39　如河北懷來北辛堡、甘子堡，北京延慶玉皇廟等地的「山戎墓葬」中，皆有如此的大型墓葬。見靳楓毅、王繼紅，〈山戎文化所含燕與中原文化因素之分析〉，《考古學報》2001年1期，頁43-72。

域，且人們生活在有貴賤階序的政治社會體系之中。這些考古遺存被稱作「山戎文化」。

事實上，努魯兒虎山以西(遼西地區)的夏家店上層文化消失，並不代表這兒已成爲無人之區，敖漢旗鐵匠溝戰國墓地、水泉墓地與林西井溝子西區墓葬的發現，塡補了夏家店上層文化結束後的空白[40]。這些考古墓葬遺存，顯示約當春秋晚及戰國時期，遼西各地人群的經濟生態、社會性質都是多元的；它們共同的特質是，人們較依賴動物性資源，無論來自於畜牧或狩獵。水泉墓地三分之一強的墓葬中有殉牲，主要是豬，還有少量的狗，個別墓中有馬、牛遺骨。墓葬中的隨葬陶器多小型器皿。井溝子西區墓葬殉牲的墓葬比例較高，近九成的墓葬都發現有隨葬動物的遺骸。這些動物有家養的馬、牛、綿羊、騾、驢、狗，以及野生的鹿、獐、狐狸；其中又以馬最多，占總數的42.86%，其次是綿羊，占總數的21.43%。遺存中沒有農具，沒有豬，陶器器型較大[41]。若陶器大小與人類生態性的「移動」成反比，那麼墓葬中以殉豬爲主的水泉人的移動性，似乎還大於其殉牲以草食動物爲主的井溝子人群。此或許顯示他們都是混合經濟人群；畜養豬或馬、牛、羊，並非決定其「移動性」的絕對關鍵因素。

我們再整體回顧西元前13至前3世紀本地的人類生態變遷。自商代後期開始，燕山及大小凌河流域人群便自南方殷商之邦國中獲得青銅器(及青銅器製作技術)與其他物品。此後自南方獲得各種器物的傳統幾乎沒有中斷，一直延續到西元前4至前3世紀之交的戰國時期。此顯示，在

40　郭治中，〈水泉墓地及相關問題之探索〉，《中國考古學跨世紀的回顧與前瞻》(北京：科學出版社，2000)，頁297-309；王立新，〈探尋東胡遺存的一個新線索〉，《邊疆考古研究》，第三輯，頁84-95。

41　吉林大學邊疆考古研究中心等，〈2002年內蒙古林西縣井溝子遺址西區墓葬發掘紀要〉，《考古與文物》2004年第1期，頁6-18；王立新，〈探尋東胡遺存的一個新線索〉，頁84-95；陳全家，〈內蒙古林西縣井溝子遺址西區墓葬出土的動物遺存研究〉，《內蒙古文物考古》2007年第2期，頁107-118。

魏營子文化時期以來，本地人群之政治經濟體相當依賴與南方農業定居邦國人群的互動來維持。西元前8至前3世紀的春秋戰國時期，燕山及大小凌河流域人群南鄰諸夏中的燕國；中國文獻稱燕北各山間部族爲「山戎」。據靳楓毅、王繼紅的研究，山戎對燕與中原文物之吸收包含青銅兵器、貨幣、青銅禮器、漆器、絲織品、銅車馬配件、陶器等等，其方式有直接獲得也有在本地模仿製造[42]。歷史文獻記載，西元前706年山戎曾越過燕國而伐齊，西元前664年山戎伐燕，齊國爲救燕而北伐山戎。雖然自西元前8世紀以來，「畜牧」與「移動」在本地人類生態中都逐漸增強，但本地武士豪長仍能維持其社會優勢及對民眾的控制，其所憑藉的便是從南方獲得資源。

在遼西地區，夏家店上層文化之後本地人群之經濟生態似乎有朝向區域性、多元性混合經濟發展的傾向。也就是，草食動物畜養的技術與觀念普及後，各個小區域人群各自發展其適宜的農、牧、漁獵混合經濟，因而在文化遺存與相關社會面貌上也呈現多元景象。

由以上文獻及考古資料看來，魏營子文化、夏家店上層文化、「山戎」文化之社會經濟基礎固然爲以畜牧爲主的混合經濟，但另一重要基礎則是其透過種種關係自南方邦國得到的資源。由此所得之珍貴物品，經層層賜予而穩固部族內各級武士貴族之地位與階序，表現於愈大型的墓葬其隨葬品中燕國或其他中原器物愈多。或因此，較接近南方的燕山及大小凌河地區此類文化起始較早(魏營子文化)，也延續至較晚的時期(所謂「山戎墓葬」)。相對的，較北的西遼河流域夏家店上層文化則起始晚、結束早。遼西在夏家店上層文化時期以後，以水泉、井溝子等文化人群的遺存來看，其人類生態趨向因地制宜的區域性混合經濟；相對於夏家店上層文化社會而言，其每一區域人群社會間也較平等自主。

由另一角度來看，整個夏家店上層文化及其武士豪長政治勢力的衰

42　靳楓毅、王繼紅，〈山戎文化所含燕與中原文化因素之分析〉，頁43-72。

退，可說是兩個人類生態與政治經濟情勢發展下的結果。其一是，約從西元前11世紀起「畜牧」與「移動」之風在本地人類社會逐漸擴展以來，「自主化、平等化」與「集權化、階序化」兩種相矛盾的社會構成法則便在此角力。由整個考古所見趨勢看來，顯然前者較占優勢，而且其所造成的社會變遷由北往南進逼——愈來愈多的人群脫離其貴族豪長的控制，而加入較平等自主的大小游牧或混合經濟部落之中。燕山及大小凌河地區的「山戎文化」是兩種力量最後的交匯。另一個人類生態情勢發展是，各個「戎狄」軍事豪長集團南下爭奪資源，使得南方的東周諸國貴族間產生彼此一體的華夏認同，並在與「戎狄」的爭戰中逐漸強化。在此群體意識下，華夏各國強力維護及擴張其北方資源邊界。約在西元前3世紀初，燕國北伐「東胡」至於老哈河流域，並在敖漢旗、赤峰一帶建長城以禦之，此舉自然將老哈河上游及大小凌河流域納入燕國勢力範圍內了。

秦統一帝國，以及隨後更穩固的漢帝國，皆可視爲華夏爭奪、維護與分配共同資源的政治體。秦、漢帝國也建長城以維護南方資源。燕長城與秦、漢長城代表華夏集團願極力保護的資源邊界。被排除在此資源界線外，或被納入其中，都使得燕山以北的各個半游牧的貴族統治集團崩解，遼西地區人群在經濟上進一步畜牧化、移動化，在社會上也進一步的自主化、平等化。此變遷在遼西地區並不始於戰國末；春秋中期以後至於戰國時期西遼河流域人類活動遺跡都很少，這並不表示沒有人群在此活動，而是他們多處於較分散自主的部落社會之中。根據中國歷史文獻記載，本地此時有「東胡」；燕國築長城以抵禦東胡，不會是無的放矢。無論這些東胡是由燕山地帶受逐而北遷的人群，或是南遷的蒙古高原部族，或爲土著，考古遺存極少顯示他們已是游牧或半游牧之部落人群了。戰國末華夏稱之爲「東胡」，也表示在當時的華夏看來他們與內蒙中南部之「胡」很相似。

甘青之河湟地區

以上內蒙中南部地區，以及西遼河流域、燕山地區與大小凌河流域，西元前1500年以來之人類生態變化趨勢可歸納爲：一、受氣候變遷及歐亞草原文化傳播之影響，人們在生計上逐漸朝畜牧化、移動化與武裝化變遷；二、繼續吸收西元前9世紀以來逐漸成熟之游牧文化，其中較重要的是製酪與騎馬，各地人群都嘗試適宜其環境的游牧或以牧業爲主的混合經濟活動；三、草原邊緣之畜牧化、移動化、武裝化部族，向南方陝、晉、冀等地農業定居邦國爭奪資源，如此導致華夏認同之形成與強化；華夏凝聚力量，並擴展、鞏固其北方資源界線，迫使此資源界線外之部族進一步游牧化。以下要說明，相對於此，河湟地區之游牧化有不同的發展歷程。

西元前1700年左右，甘青地區的齊家文化衰落後，原齊家文化地域之西部興起卡約文化，其東部則有辛店文化。青海東部的黃河上游與湟水流域大多在卡約文化範圍內。甘肅南部洮河、大夏河入於黃河的地帶(河湟地區東緣)，則主要是辛店文化分布之區。約在西元前1200至前400年之間，青海湟水中游西寧、湟中一帶有卡約文化(屬於卡約類型)人群在此生活，其文化遺存中房屋很少，只發現一些居住過的屋室地面。他們使用的工具，有用於農業生產的，也有與畜牧、狩獵相關的工具。墓葬中的殉牲以羊、牛、馬、狗爲主。另外，更廣泛分布於湟水流域與黃河河曲的一種卡約文化，上孫類型文化；同樣的，該人群的考古遺存中房屋很少，生產工具與卡約類型人群所使用的相似，但墓葬中的殉牲除了羊、牛、馬、狗之外，還有豬[43]。無論如何，由墓葬情況來看，湟水流域卡約文化先民的貧富差別不大，絕大多數墓主的隨葬品都

43　高東陸，〈略論卡約文化〉，《考古學文化論集》(北京：文物出版社，1993)，頁158-159。

不多。

位於黃河上游河曲的循化縣阿哈特拉，考古學者在此發現卡約文化墓葬兩百多座，此卡約文化被稱爲阿哈特拉類型。此文化類型之人群在這兒生活的時間很長，約在西元前1600至前600年之間；換句話說，由考古文化上看來，在這1000年間本地人的物質生活沒有太大變化。他們留下的石器有臼、刀、斧、礪石，銅器則有戈、鑿、鈴、鏃、甲泡、鏡等等。陶器中有粟、麥等糧食作物之殘餘。此外他們的墓葬中還有羊、牛、馬、鹿、狗等獸骨遺存。考古學者認爲畜牧與狩獵是阿哈特拉先民的主要生計活動，牲畜以馬、牛、羊爲主，農業生產只占輔助地位。銅器具濃厚的地方特色，不見中原銅器之影響。死者隨葬品之類別、數量均多寡有別，顯示當時社會中有貧富分化。同一墓地早晚期的變化是，後期未見殉葬、甕棺葬，且隨葬品種類、數量都較少[44]。與上孫類型相比，阿哈特拉類型的卡約文化未見居住房屋遺跡，死者隨葬器物數量減少，殉牲中無豬，而羊較多[45]。

湟源大華中庄出土的百餘座卡約文化墓葬，稱爲大華中庄類型，一般認爲這是最晚的一種卡約文化遺存。類似的遺存分布在湟源峽以西，以及貴德、共和、貴南等地[46]。此類型卡約文化先民墓葬中生產工具很少，生活用具也不多，主要多爲人身裝飾品；死者常以馬、牛、羊、狗殉葬，馬、牛的足骨被整齊的排列在墓主的兩側。隨葬的陶器器形都很小，絕少大型器。隨葬青銅器有矛、鏃、刀，以及銅鏡、銅管、銅棒等。陶器由早期至晚期的變化是，製作愈來愈粗糙草率。在上孫類型與

44 許新國、格桑本，〈卡約文化阿哈特拉類型初探〉，《青海考古學會會刊》1981年3期，頁24-29。

45 高東陸，〈略論卡約文化〉，頁159-60。

46 學者或認為其分布東起湟源峽，西至青海湖沿岸，北起大通峽至祁連山南麓，南至海南藏族自治州同德縣及隆務河流域。見，青海省文物考古隊、海南藏族自治州群眾藝術館，〈青海貴德山坪台卡約文化墓地〉，《考古學報》1987年2期，頁273。

阿哈特拉類型文化中，都有當時人的農業活動遺跡，大華中庄類型中則無[47]。大華中庄類型的居住遺址除河谷台地外，多選在地勢險要之處，對土質厚薄要求不嚴格。住地周圍或有河卵石圍牆，住地面積不大，文化堆積薄，地面灰層中常夾有羊糞及燒過的糞灰。約洛石崖遺址的房屋遺跡爲圓形，中間有河卵石堆的灶，周圍無人工構築痕。此種無屋牆遺痕的房屋也見於湟源莫布拉遺址。另外莫布拉也發現兩座有木樁排列爲牆的房屋建築[48]。此文化類型之存在延續時間很長；有學者認爲其時代下限可能已達漢末[49]。

以上這些考古遺存被視爲一種「考古文化」，卡約文化，這一點便值得注意。首先，根據考古學者之研究，此考古文化延續了至少有1600年之久(西元前1600年至西元之初)。在此長時間中本地「文化」顯然沒有太大改變，且各區域人群能維持某種程度的文化共性，所以他們的文化遺存都被歸於卡約文化之中。其次，幾個此考古遺存較豐富的發掘地點，如大華中庄、阿哈特拉、上孫家寨、卡約等，其考古發掘都爲此文化增添一新「類型」，顯示在此一「考古文化」中各地域人群自有其文化特性。第三，學界一般將卡約文化人群視爲中國文獻記載中的「西羌」；即使此文化人群生存之年代下限可達西漢末年(大華中庄類型)，合於中國文獻中漢代西羌之記載，我們仍須注意西元前600年至西元之初此一時段的該文化遺存被發現的非常少。

無論如何，由以上卡約文化各類型遺存看來，在齊家文化之後，青海東部地區先民已逐漸進入某種形式的游牧生活之中了。農業與狩獵是

47　青海省湟源縣博物館等，〈青海湟源縣大華中庄卡約文化墓地發掘簡報〉，《考古與文物》1985年5期，頁11-34。

48　高東陸，〈略論卡約文化〉，頁160。高東陸、許淑珍，〈青海湟源莫布拉卡約文化遺址發掘簡報〉，《考古》1990年11期，頁1012-16、1011。

49　高東陸，〈略論卡約文化〉，頁162；南玉泉，〈辛店文化序列及其與卡約、寺窪文化的關係〉，《考古類型學的理論與實踐》(北京：文物出版社，1989)，頁104。

此種游牧經濟之輔助性生計手段，部分人群聚落因地宜而可能較倚重農業。各地域人群在四周山巒環繞的盆地或河谷台地上種糧食作物，在附近山區隨季節移牧、狩獵、採集。人群聚落規模小，內部雖有貧富之別，但階級分化不明顯。在相當封閉的高原山谷環境中，幾乎各人群生活所需資源皆得之於本地，如此的人類經濟生態使得他們與外界接觸很少。漢代以前，整體來說，青海東部河湟地區人群與東方的黃河中游或北方的草原地區人群間的文化互動都很少。相較於同時期內蒙中南部、長城地帶及遼西地區之考古文化來說，河湟地區卡約文化遺存中的「北方青銅文化」或「中原青銅文化」因素遠少於前面幾個區域文化。或許便是如此，一方面各小區域文化皆有其特色，一方面也使得其經濟生態與文化表徵在長時間中皆少有大的轉折變化。即使如此，我們仍可在卡約文化遺存中發現一些長期人類生態變化之一般趨勢——農業活動及定居的遺跡愈來愈少，陶器製作愈來愈粗糙，整體物質遺存在逐漸消逝之中。

在河湟地區的東部，由齊家文化到辛店文化，考古遺存顯示同樣的人類生態變化。以農業為主要生計的齊家文化衰落後，辛店文化先民能生存於此所憑藉的並非更進步的農業，而是畜養較多的草食動物。青海民和縣與甘肅永靖等地的辛店文化遺存顯示，當時的人們仍從事農作，仍有定居的屋室，但在他們的生活遺址與墓葬中都有豐富的動物遺骸，主要是牛、羊、馬、豬、狗、鹿，羊的數量明顯大於豬，且有些遺址的獸骨遺存中沒有豬[50]。從這些文化遺存來看，為了能更大範圍的利用植物資源，人們逐漸放棄不易長程移動的豬，而偏愛飼養便於移動且能利用高地植物資源的羊、牛、馬等動物。辛店文化人群雖有固定居址，但

50 青海省文物管理處考古隊，〈青海省文物考古工作三十年〉，《文物考古工作三十年》(北京：文物出版社，1979)，頁163；中國社會科學院考古研究所甘肅工作隊，〈甘肅永靖張家嘴與姬家川的發掘〉，《考古學報》1980年2期，頁187-220。

他們的居址中多窖穴，有藏工具、陶器於其中的跡象；此可能表示他們季節性往返於鄰近農田的村落與草場之間。河湟北部的辛店文化遺址，除了石刀外沒有明顯的農業生產工具，發現大量牛、馬、羊遺骨[51]，可能畜牧業在這兒又比河湟東部來得重要。

我們若由長期的河湟考古文化發展來觀察，更能見著本地「游牧化」的歷程。我在《華夏邊緣》一書中曾說明此一過程。西元前3000年至前2000年間，無論馬家窯文化或半山、馬廠類型的人群基本上都是較定居的農人。考古遺存中有穀類遺痕，有大量農作工具，以及顯然爲長期居住而建的屋子。家養牲畜中以不宜長程遷移的豬爲多。陶器數量多，種類繁複，器形大。約在西元前2200-1700年之間的齊家文化時期，河湟先民還是以農業爲其生計主軸。幾個主要遺址中都出土大量豬骨，並且有以隨葬豬多寡來反映墓主財富地位之墓葬習俗。然而居於河湟西部的齊家文化先民，其遺存中農業工具少，陶器小，小型飾物多，且部分有羊角隨葬習俗，不見豬骨[52]。

西元前2000年至前1000年左右的氣候乾冷化，在河湟地區造成的考古文化變遷跡象，與內蒙古中南部、西遼河流域等地非常相似；原來以農業爲主要生計的聚落消失，接著有一段時期人類活動痕跡少，隨後在西元前1600年左右出現在生計上較依賴畜牧的人群活動遺跡(卡約文化)。我們若以三項考古現象——農業工具(刀、錛、鏟、鑿)多寡、豬與羊之比例，以及陶器與隨身飾品之消長——爲觀察指標，此人類生態長程變化就更清楚了。農業生產工具在卡約文化中大幅度減少；在河湟東部羊取代了豬成爲主要牲畜，在河湟西部則豬幾乎全然爲羊、牛、馬取代；在辛店、卡約文化中(特別是後者)，陶器種類、數量皆減少，器

51　青海省文物管理處考古隊，〈青海省文物考古工作三十年〉，頁163。

52　王明珂，《華夏邊緣》，第四章。青海省文物管理處考古隊，〈青海省文物考古工作三十年〉，頁163；中國社會科學院考古研究所甘肅工作隊，〈甘肅永靖張家嘴與姬家川的發掘〉，頁187-220。

形變小，人們的隨身飾品增加。這些都顯示，利用草食動物並以「移動」來獲得廣大、分散的植物資源，此時人們才得以在這不利農業的環境中生存。這樣的生活不利於養豬、不利製陶與擁有大型陶器，人們的財產除了有腿能走的牲畜外，以隨身飾物最宜。雖然學者認爲卡約文化的下限可延續到西漢末，但以整個河湟地區來說，此文化遺存在西元前400左右(戰國時期)都已逐漸消失。此顯示，約自戰國時期以來本地的「游牧文化」有進一步發展，如此造成的人類生計與社會活動所留下的物質遺跡比從前更爲淺少。

我們還能從另一方面，人類如何利用資源空間，來看河湟地區由西元前2000年至前600年左右的人類生態變化。海拔高度一般在2000-4000公尺的河湟地區，高度是農業發展的限制因素。利用草食動物，人類可以突破高度限制來利用高海拔的植物資源。雖然提及遺址海拔高度的發掘報告不多，但有些資料已顯示，卡約文化與辛店文化遺址一般都比同地馬家窯文化(含半山、馬廠文化)與齊家文化遺址來得高些。青海樂都縣柳灣的馬家窯文化與齊家文化遺存大多分布在1930-1960公尺之間，辛店文化遺址則在2000公尺左右[53]。而且據報導，甘肅省臨洮、永靖等地某些辛店文化遺址、墓地也都位於海拔較高的台地上，此被視爲辛店文化遺址分布的一個規律[54]。青海境內的湟水流域地勢大致是西高東低，時代較早的馬家窯、半山、馬廠等文化主要分布在東部、中部等縣，齊家文化遺址也分布在東部各縣；相對的，卡約文化人群的活動遺存則往西深入黃河及湟水上游。沿湟水往西，湟源縣境內主要是高山與高原河谷，這兒只有卡約文化及更晚期的文化遺存，而不見較早的農業文化聚落遺存[55]。沿黃河上溯，在化隆、循化等縣仍有馬家窯、半山、

---

53 中國社會科學院考古研究所，《青海柳灣》(北京：文物出版社，1984)，頁2、234。

54 同上，頁257。

55 青海省文物考古隊等，〈青海湟源縣境內的卡約文化遺跡〉，《考古》1986年

馬廠等文化遺存，到了貴德便以卡約文化遺存爲主了。一項在青海化隆、循化兩縣進行的考古遺址分布調查，更提供了難得的資料；此兩縣相關古文化遺存的分布情形是，馬家窯、馬廠、半山及齊家文化遺存多分布於溪谷下游，然而到了各支流的上游，就只有卡約文化遺存了。顯然藉著馴養草食動物，卡約文化人群能利用更高海拔的環境資源。

由這樣的過程來看，河湟地區古代居民的游牧化，與前述內蒙古中南部及西遼河流域人群的游牧化過程一樣，都受氣候上的乾冷化影響而啓動。然而不同的是，內蒙古中南部及西遼河流域之游牧化受整個歐亞草原游牧文化影響(如斯基泰器物因素，及騎馬術帶來的經濟與社會變遷等等)，而在河湟地區這樣的影響並不明顯。再者，內蒙古中南部及西遼河流域人群游牧化之最後階段，都受華夏認同形成及華夏國家擴展其北方資源邊界影響，而河湟在戰國時仍遠在華夏資源領域之外[56]，本地之游牧化顯然與華夏認同及華夏帝國之形成無關。第三，由西元前3000年至西元之初，河湟地區馬家窯、半山、馬廠、齊家、卡約等文化，由早至晚，陶器體型變化趨勢是逐步變小，此變化趨勢或顯示人們的「移動性」(因而不宜攜帶較大陶器)在此3000年間逐步增加。這樣在「移動性」上的漸進變化趨勢，不見於內蒙古中南部與西遼河地區。

第四，以墓葬習俗來看，卡約文化人群雖也有貧富之別，但無論在墓葬大小與隨葬品厚薄上，都未見同時期內蒙古中南部、西遼河流域與長城地帶考古文化遺存所見反映「統治貴族」之財富與權力的豐厚隨葬品，更未見後者所有具中原或南俄草原等外來文化特色的精緻器物。這也顯示，雖同樣倚重「畜牧」與「移動」，河湟地區先民與前述其他地方之游牧人群在社會本質與結構上有相當差別。最後需提及的，在長城之北的游牧世界已形成的秦漢時期，考古上內蒙古中南部及西遼河流域

(續)

10期，頁882-886。

56 即使我們將在《秦公簋》銘文中強烈表達對華夏攀附之情的秦人統治階層也視為華夏，戰國時秦的勢力也只及於隴西而未及河湟。

均發現不少匈奴與鮮卑墓葬，然而在河湟地區，漢代游牧羌人的考古遺存極爲罕見；此也顯示在不同的游牧化過程下，漢帝國北方周邊出現不同的游牧社會，也是不同的華夏邊緣。

環境、經濟生態與人類社會

由以上分析與說明看來，約自西元前2000年至於戰國時期，內蒙古中南部、遼西與燕山地區、河湟地區的人類經濟生態變遷是相當鉅大的。促成此變遷的最主要因素，無疑是約在西元前2000年至前1000年間的氣候乾冷化。雖然如此，「游牧」只是人類適應此環境變遷的生計手段之一。而且，如卡扎諾夫所言，「游牧」無法脫離其他人類生計活動，以及與之相輔的社會組織[57]。反對游牧經濟肇因於氣候變遷的拉鐵摩爾則認爲，氣候變化可能正好契合或能增長社會變遷，但更基本的變遷因素在於每一人類社會利用邊緣環境的選擇與創造能力[58]。拉鐵摩爾也許低估了氣候變遷對以上這些「邊緣環境」之影響，但他強調人類社會的選擇與創造力卻符合我們對游牧經濟的了解，以及符合考古所見，約在西元前1500年至前300年之間，中國黃土農業邊緣地帶人群由不同途徑進入各自的游牧經濟此一現象。也就是說，強調游牧肇因於氣候變遷，並不意味著否定人們因應此環境變遷時的選擇與創造力表現。

在環境變遷影響下，黃土農業邊緣人群的選擇與創造力表現在他們逐漸減低對農業生產的依賴，或根本放棄農業，或遷離故土。他們選擇及嘗試不同的生計手段，不只爲適應自然環境變遷，也爲了生存於競爭激烈、暴力充斥的新社會情境之中。在此情形下，「移動性」生計手段(游耕、游獵、游牧、貿易、掠奪)是較適宜的選擇。特別是游牧，它不

57 Khazanov, *Nomads and the Outside World,* 70.

58 Owen Lattimore, *Inner Asian Frontiers of China.*

僅能讓人(及其主要財產)及時脫離危險，並能利用人不能直接消費的廣大植物資源。以游牧爲主要生計手段，他們嘗試選擇不同的牲畜組合，不同的季節遷徙模式，並選擇從事其他可配合游牧季節韻律的輔助性生計，並爲此發展特定的社會組織與社會價值體系——各地「專化游牧業」便如此形成。

前面已多次提及「專化游牧業」。在此，我們可以對它作一個更完整的定義與解說。「專化游牧業」是指在特定環境中，人們賴馴養草食動物之食性及移動性來利用水、草資源，以畜產滿足其主要生活所需，以其他生計手段獲得補充性生活資源，因此產生的特定經濟生產與社會組織模式。爲了能持續以此營生，幾乎所有的專化游牧業人群都需盡量避免食用牲畜的肉，而多利用動物的毛、乳製品、牽引力等等。在上一章中，我曾由環境因素、畜類構成、遷徙方式、輔助性生業以及社會組織等方面，介紹游牧經濟及其社會。由此我們可以了解，「專化游牧業」是人類經濟與社會行爲上的一種精緻選擇、安排與創造。因此探討古代中國北邊游牧社會的起源問題，事實上也就是對各地「專化游牧業」形成過程之探索。在此過程中，「外來因素」(金屬器物、動物紋飾、馬的馴養利用、游牧之概念與技術等等之發明傳播，以及由外地長程遷徙而來的人群)之影響很大，但更重要也是人們付出最多的，乃是在「本地」人們如何選擇、創造及組織各種因素以形成其「專化游牧業」。

人是群棲的社會動物；人們結爲群體以生產、獲取與保衛資源，也在群體內的分群、分工中行資源分配。專化游牧業也不例外。人類經濟生態的調整、變動，隨之而來的幾乎必然是社會認同與社會組織上的變革，或兩者同時發生。黃土高原之北的各地專化游牧業形成，自然也涉及各層次人群認同與區分之社會結構變遷。漢帝國北邊之匈奴、鮮卑、西羌等游牧人群之社會政治結構，是本書以下各章的主題。在此，我要先提及另一個龐大的認同群體及政治經濟體，東周時期的「華夏」，及略晚出現的其具體化身「漢帝國」，及其與北方游牧世界間的關係。後來的匈奴、鮮卑、西羌等游牧人群之政治組織與活動，皆深受他們與漢帝國間的互動影響。

由人類生態看來，「華夏」是一維護與分配共同資源的認同群體，秦漢統一帝國是遂行其目的之具體機構；這樣的認同群體及其組織機構的形成，多少也歸因於發生在西元前2000年至前1000年的氣候變遷。西元前2000年前後，不只是黃土高原北緣的各農業聚落逐漸被放棄，整個黃河及長江流域各地都有考古文化突然衰亡的現象。考古學者俞偉超曾指出，南方江漢地區的大溪、屈家嶺、石家河等一脈相承的文化，以及長江下游的良渚文化，都在此時期突然發生很大的變化。他認爲氣候變遷可能是造成此普遍性文化面貌變遷或中斷的原因之一[59]。然而，中原地區此時卻有不同的變化。西元前3000年至前1000年間，中原地區政治、經濟的階級分化持續加深[60]；西元前1600年至前1000年左右，商、周王朝先後出現在黃河中、下游。此顯示，在農業根基深厚的黃河中、下游地區，此波氣候變遷雖未造成以農業爲根基的社會文化中斷，但本地人群也在資源競爭與分配上作了新的調整——商、周政治體可視爲此對外獲得資源、對內進行資源階序分配的新社會政治體系。

雖然如此，商與西周王朝(以及其所屬邦國)與北方山岳、草原地帶諸部族間的經濟往來仍很密切。要到西周中期以後，北邊混合經濟人群往南爭奪農牧資源之勢愈來愈強，華夏認同與華夏邊緣才出現並逐漸強化。西周亡於戎禍(申侯與犬戎之亂)，不只是一個偶發政治事件，它是早期游牧或混合經濟人群往南爭奪資源的一個歷史表徵。爲了維護南方資源及統治階層利益，東周時期「華夏認同」意識出現在東周各邦國上

59 俞偉超，〈江陰佘城城址的發現與早期吳文化的探索〉，《古史的考古學探索》(北京：文物出版社，2002)，頁177-78。

60 K. C. Chang, *The Archaeology of Ancient China*, fourth edition (New Haven: Yale University Press, 1986), 234-288.

層貴族之間，西周亡於戎此一事件，被強化爲凝聚華夏的重要歷史記憶。「諸夏」(華夏諸國)或獨自或聯合驅逐戎人，以維護及擴張其北方資源界線；各國所建長城，便是華夏強力主張與維護的北方資源邊界之具體表徵。

戰國時期北方華夏諸國對「戎狄」之征伐、驅逐及往北擴土，使得鄰接華夏邦國的部分游牧或混合經濟人群失去了棲地，北遷至更不宜農業的地方。秦漢帝國成立後，帝國進一步往北方與西北方擴土。被排拒於華夏資源邊界外的北方各部族，他們一方面被迫走向宜其環境的專化游牧業，一方面嘗試建構新的社會組織來適應此游牧生活，並以之抵抗華夏帝國的擴土，或以此突破帝國的資源封鎖線。西元前3世紀到西元3世紀的漢代，便是北方各地游牧人群在游牧生計上、在社會組織上作種種調整與創作的時期。蒙古草原與晉陝之北的各部族，發展蒙古草原型的游牧業，並集結爲游牧「國家」(匈奴)，以向其他游牧部族、綠洲城邦及長城以南的帝國爭奪資源。遼西地區的各部族發展其森林草原型的專化游牧業，並組成「部落聯盟」(烏桓、鮮卑等)，不斷往南及往西爭奪農牧資源。西北方河湟的各部族則各以「部落」據其河谷，偶爾組成暫時性的部落聯盟來對付漢帝國的入侵。

第三章
草原游牧的匈奴

從西元前3世紀至西元3世紀，匈奴帝國活躍於北亞約有500年之久；這是人類歷史所見，早期游牧人群所建具國家規模的政治體之一。匈奴帝國的出現及其政治、軍事活動，震撼當時南方的漢帝國，也因此在後者的歷史文獻中留下不少記憶。後來根據這些中國文獻記載，學者們對匈奴的政治組織、軍事活動及其與鄰近國家、部族之互動關係，均有豐富的研究。然而相對的，學界對匈奴游牧經濟與社會的研究卻很缺乏。即使注意到中國文獻中有些相關記載，如逐水草而居、無城郭、妻寡母嫠嫂等等，學者或直接引用這些記載，以描述刻板化的匈奴游牧生活，或認爲這些記載充斥著漢文化偏見而參考價值不高。我認爲，此兩種看法都有其偏見。

中國歷史文獻中的相關記載，的確是我們了解早期游牧社會的珍貴社會記憶「遺存」；問題是，我們要如何發掘與詮釋這些「遺存」？我認爲，由一種新的文本閱讀角度，配合對游牧經濟生態與其社會的了解，我們可以再審視這些中國文獻記載。中國文獻中有關游牧人群的資料可分爲三類。第一，直接描述其生活、習俗之史料；這是孕含定居人群及漢文化偏見最多的一種資料，但並非全然不可取。第二類，間接透露某訊息的史料，也就是記述者在描述一主題時旁及而表述的訊息。這樣的資料因不涉及記述者之主觀意見，較爲可靠，但它們大多瑣碎並且需要被詮釋。也就是說，這些資料解讀須透過我們對各種游牧經濟生態的了解才能產生意義。第三類，將史料記載中的「事件」作爲一種社會行動表徵或表相(representation)，我們可以探索產生此歷史表相的社會情境或歷史本相(reality)[1]；同樣的，詮釋這些作爲歷史「表相」的事件，我們需依藉人類學對游牧社會乃至一般人類社會的研究成果。如此，我們可將人類學以及其他相關學科知識比喻作考古學家從土中篩濾出考古標本的篩網，藉此我們可以在文獻中「濾」出一些訊息，也藉此以及其他知識，我們可以將這些訊息經詮釋、聯結而呈現較整體的過去圖象。

在這一章中，我將主要依藉中國漢晉時期的一些歷史文獻，來探討匈奴的游牧經濟及其國家組織。只依賴定居文明人群對游牧民族的描述，而對游牧經濟生態缺乏了解，經常造成前者對游牧人群的錯誤刻板印象。似乎，游牧國家下的牧民平日皆無拘無束的生活在草原上，他們一旦集結起來，便成爲驍勇善戰且殘暴的戰士(如美國卡通動畫電影「花木蘭」中的匈奴戰士形象)；藉著快速的移動與優越的戰鬥力，他們對定居國家予求予取。這種印象的由來，也多少由於許多學者將「游牧」視爲一種同質性的經濟與社會現象，認爲所有的游牧社會都有共通的經濟與社會結構[2]。事實上，如本書第一章對游牧經濟及其社會的說

---

1 我將法國社會學者Pierre Bourdieu所稱的社會表徵(representation)與社會本相(reality)的概念用於對歷史事件的理解之中。Pierre Bourdieu的相關著作為*Distinction: A Social Critique of the Judgement of Taste*, trans. by Richard Nice(London: Routledge & Kegan Paul, 1984). 在本書裡，我會不斷以實際的例子說明此史學概念，在此先作一個簡單的舉例說明。譬如，華夏的北方族群邊界及其具體化身，長城，是一個歷史本相；它的存在不斷產生游牧部族「南下牧馬」及漢軍「北伐龍城」等的政治與軍事衝突事件，這些事件作為「表相」又強化華夏心目中對北方游牧人群的敵意與異類感，也因此強化華夏北方的族群邊界(本相)。

2 René Grousset, *The Empire of the Steppes: A History of Central Asia*, trans. by Naomi Walford(New Brouswick, New Jersey: Rutgers University Press, 1970〔1939〕), 8, 23; Walter Goldschmidt, "A General Model for Pastoral Social Systems," in *Pastoral Production and Society*, ed. By L'Equipe écologie et anthropologie des sociétés pastorals(Cambridge: Cambridge University Press, 1979), 15-28.

明；一方面，游牧經濟及其社會是一非常精緻、敏感的人類生態體系，另一方面，游牧經濟有各種不同的類型與相當大的內在差異，此也造成他們在社會組織結構上的差異。譬如，本書所要解答的一個關鍵問題便是：為何西北方高原河谷游牧的西羌為一個個分散的「部落」，出於森林草原地帶的烏桓與鮮卑在進入中原之前大多集結為「部落聯盟」，而蒙古草原游牧的匈奴則能建立其「國家」組織？我將說明，此主要因為他們有不同的游牧經濟；或者說，其國家、部落聯盟及部落組織，也是其游牧經濟生態的一部分。

游牧「國家」問題

首先，我要略說明在本書中「匈奴」一詞所指之人群內涵，以及關於匈奴游牧國家的問題。學術界對匈奴的研究與了解，常受到當代「國家」、「民族」概念影響。譬如，以當代民族概念來了解匈奴，學者們常透過中國先秦文獻中有關北方異族之記載，以及考古遺存中相關的人類遺骸體質特徵及文化現象，來描繪匈奴民族的範圍及追溯其民族來源。基於當代國家概念，學者們也嘗試說明匈奴帝國之國家體系、官制、王位繼承制度等等。這些研究成果，對於我們認識匈奴此一歷史人群的確有很大的貢獻，但也有其不足與曲解。

將匈奴視為一「民族」，可能忽略了「匈奴」此一政治體所涉及的人群很廣，時間很長，且各部族似乎以不同的方式參與此政治體。鮮卑名王檀石槐的父親，投鹿侯，就曾在匈奴軍中從征三年[3]；顯然這支鮮卑是以附從的方式加入匈奴軍中。此說明加入匈奴軍事聯盟及其行動中的部族可能非常廣泛，無論在客觀文化或主觀認同上，匈奴都不必然是一個具當代意義的民族。或者，匈奴政治體的核心部分由幾個大氏族部

3　《後漢書》90/80，〈烏桓鮮卑列傳〉。

落構成，其周邊還包括許多他姓氏族與他種部落。游牧民族誌資料顯示，一個以共同部落名號及共祖記憶凝聚的游牧部落，其歷史可能很久遠，但其族群範圍、邊緣與內部成員可能因情勢而有相當變化；所謂「因情勢變化的族群認同」(situational ethnicity)，最常見於游牧社會之中。換句話說，爲了適應多變的生活情境，他們可能透過改變祖先譜系記憶來接納新族群成員，或脫離原來的群體[4]。總之，不爲歷史記憶與族群認同所困是其生存原則，此也符合廣義的游牧社會之「移動」法則。據中國文獻記載，當漢代北匈奴潰敗而西遷，鮮卑部落聯盟西移占領了北匈奴遺下的牧區，此時十萬落(戶)未遷的匈奴牧民都成爲鮮卑；此便爲一個明證。

另外，匈奴曾組成具「國家」規模的政治體，此政治體在歷史上的活動期間很長，其與漢帝國有緊密互動的期間便有四百餘年之久。在此期間內，隨其勢力之增減、部族聚散，匈奴「國家」不易維持其恆常之官僚體系與領導權威結構。僅以歷史文獻資料較豐富的匈奴王位繼承而言，似乎也不易在其中找到一致的制度邏輯。總之，我們很難由「結構」觀點來描述或理解匈奴的政治組織、各種制度及其「國家」。本章將說明，匈奴「國家」體系之存在，依藉的是其中許多個人及群體的政治、軍事「作爲」(practice)；也在這些人之行動作爲所造成的事件中，其「國家」體系得以延續、調整或改變。

因此在本書中，不以「民族」或「國家」來範定我們對匈奴的理解——不追溯匈奴「民族」起源，不描述匈奴「國家」結構。而將「匈奴」視爲西元前3世紀末到西元3世紀，發生在北亞游牧部族間的一個社會經濟與政治現象。如此，這樣的社會經濟與政治現象的存在，便是非常值得我們研究與深思的事——由於需要自由移動來利用分散且不穩定的自然資源，游牧社會人群組成常以分枝分散(segmentation)與平等自

4　關於游牧人群的家族發展與家族歷史記憶變遷，請參考本書第一章，頁53-59。

主(egalitarian)爲原則，這些原則與「國家」的集中性(centralization)與階序性(stratification)是相違背的。既然如此，我們如何理解歷史上游牧「國家」的形成？

關於集中化、階序化游牧政治體(我們且簡稱之爲「國家」)形成的原因，學者們有不同的意見；他們或將之歸因於領袖個人魅力與成就(charisma)，或認爲是群體內部階級分化、衝突之結果，或視之爲游牧人群與其外在世界互動之產物[5]。

「內部階級分化演變」之說是指，經由軍事征服、社會分工而在人群內產生階級分化，在階級鬥爭、衝突與壓抑過程中，權力漸集中在少數人之手，而形成集中化(中央化)、階序化政治體系。此國家形成過程之假說，難以適用於游牧社會。因爲，游牧社會中每一基本人群單位皆有相當「移動性」——不只是人群及其畜產易於「移動」，人群聚散也易「變動」——如此民眾可選擇逃離掌控，使得該社會內的階級關係與脅迫性政治威權難以穩固發展。然而，人類學者對許多游牧社會的研究顯示，若與定居人群政治體間的互動關係緊密，則在游牧社會中亦可能產生具政治威權的領袖[6]；後面我將再回此主題。另外，「領袖個人魅力與成就」之說，似符合歷史所見，許多草原帝國之興皆可歸功於一二「英雄」開拓者。然而此說仍需解釋的是「英雄」崛起的「時勢」，也就是當時的情境究竟爲何；這情境常不在於一游牧社會內部，而在其與外在世界(政治強權)間的關係。因此「外部互動說」是一個值得參考的解釋模式；此說在人類學游牧社會研究中頗占優勢。

「外部互動說」的主要出發點是許多游牧人群的「分枝性社會結構」(見本書第一章說明)。游牧人群在空間上經常遷徙移動，環境資源的不穩定性也使得他們需及時以「移動」來改變分享資源之群體大小—

5　關於這些討論請參考Thomas J. Barfield, *The Perilous Frontier*, 5-8.

6　請參考本書第一章，頁59-62。

—資源豐則聚，資源寡則分。層層由大而小的分枝性結構人群，使得游牧社會之政治組合有相當的變化彈性。兩個大部落間的資源衝突，使得各大部落下的小部落聯合起來相互對抗；衝突結束後，各基本游牧人群又視游牧需要，返歸於或大或小的群體之中。若廣大地區之游牧部落與定居人群國家有經常性的資源競爭，則許多部落凝聚爲較穩定的大部落聯盟或中央化國家，以長期與定居人群國家對抗。此便如有些人類學者所指出的，集中化、階序化的游牧政治體，經常出現在游牧與定居人群之互動關係之中[7]。相反的，若缺乏與定居國家政權的緊密互動，則游牧人群傾向於分散爲小的自主群體，或爲依血緣遠近而凝聚的親族人群[8]。

由於「分枝性社會結構」是游牧經濟的一部分，要了解此一時期匈奴勢力範圍內游牧人群的社會體系，以及說明爲何草原上出現匈奴「國家」，我們必須先由其游牧經濟入手。

地理與自然環境

關於匈奴的游牧經濟，中日及歐美學者已有一些著述，對匈奴的畜產、牧地，以及狩獵、掠奪、農業、手工業、貿易，以至於居住、飲食、交通等等提供我們相當的認識[9]。以下在這些基礎上結合人類學的

7 Philip Burnham, "Mobility and Political Centralization in Pastoral Nomads," in *Pastoral Production and Society*, 349-360.

8 William Irons, "Political Stratification among Pastoral Nomads," in *Pastoral Production and Society*, 361-374.

9 江上波夫，〈匈奴の經濟活動：牧畜と掠奪の場合〉，《東洋文化研究所紀要》1956年9月，頁23-63；內田吟風，〈匈奴史雜考〉，《北アジア史研究・匈奴篇》（京都：同朋舍，1975，再版1988），頁47-52；馬長壽，《北狄與匈奴》（北京：三聯書店，1962），頁59-80；林幹，《匈奴通史》（北京：北京人民出版社，1986），頁128-148；烏恩，〈論匈奴考古研究中的幾個問題〉，《考古學報》1990年4期，頁409-436。

游牧民族誌與研究，嘗試說明游牧及其他各種生計活動在整體匈奴經濟生態中的意義，以及其與匈奴游牧社會間的關係。由自然環境、牧區、畜產結構、季節移牧、輔助性生計活動等方面來說明。

秦漢時期匈奴的活動範圍，主要是今蒙古高原及其南方鄰近華北與新疆的草原地帶。位於高緯度的蒙古高原屬溫帶半乾旱與乾旱氣候區，其地理位置與高度使其成為一個各方海洋濕氣均難到達的內陸高原。冬季嚴寒，一年及一日中之氣溫變率均大，雨量少，是其一般特色。愈往北，以及在高山北坡地區，降水量多些，部分地區年雨量超過300公釐（旱作農業雨量下限），中央的戈壁沙漠則年降水量低於100公釐。降水量集中且變化大，也是其氣象特色之一；多夏季雷雨，降雨時間和雨量皆很不穩定，一年年的變化也很大。對於農業生產而言，本地自然環境中最主要的限制因素不只是乾旱，更由於雨雪量不穩定。如本書第一章所提及，世界上其他游牧盛行的地區，雨量不穩定也是一般性氣象特色。除了乾旱外，冬季與初春突來的大雪，也對蒙古草原地區的農業及畜牧業造成嚴重災害[10]。

關於匈奴人所居的地理環境，我們由其周邊地區說起。蒙古高原北方邊緣的貝加爾湖地區以及西北的薩彥嶺地區都是森林草原帶。在歷史記載中，這是常與匈奴為敵的丁令、堅昆等部落人群所居之地。丁令、堅昆是森林草原游牧、狩獵的部族。蒙古高原的東方邊緣是大興安嶺山脈及西遼河上游森林、草原地帶。在秦漢時期此為鮮卑、烏桓所居，他們也是森林草原游牧、狩獵的部族。蒙古高原的南方邊緣接著黃土高原北緣的山岳與平原——由燕山到陰山、大青山，以及其南的冀北、晉北、河套及鄂爾多斯地區——自戰國時期以來本地在人類生態上便是農牧的交錯帶。蒙古高原的西南邊緣，接著甘肅西部到新疆北部一連串的

10 《內蒙古農業地理》（呼和浩特：內蒙古人民出版社，1982），頁9-26；張榮祖，〈中國乾旱地區陸棲脊椎動物生態地理〉，見趙松喬主編，《中國乾旱地區自然地理》（北京：科學出版社，1985），頁130。

沙漠、綠洲與穿插其間的草原。西漢時期這兒是漢帝國邊防要塞、西域諸綠洲國及一些游牧部族分布之地，本地游牧部族也是匈奴政治體的一部分。蒙古高原的西部爲東西走向的幾個大山脈，由唐努山、杭愛山、阿爾泰山到天山山脈。這些山脈是蒙古高原的一部分；其間的淺山、盆地、湖泊是匈奴的主要牧區。以上地區所環繞及部分交疊的便是蒙古高原。

在此範圍內，匈奴各游牧部族所居之空間也並不單調少變化。蒙古高原由北而南或由高山往山谷、平原，可分爲森林草原、草原、半沙漠草地及沙漠等不同的自然生態帶；其中草原面積最廣，占了整體面積約四分之三。這些草原四周多高山，山間及附近多森林、河流及湖泊[11]。從歷史文獻及考古發掘看來，山間的草原盆地、淺山及其邊坡草原，以及大河邊的草原是匈奴主要的游牧區。這些地區，以農牧皆不宜的戈壁沙漠爲中心及分割點，略可分爲以下幾區：

一、南方的陰山及鄂爾多斯，以及固原、賀蘭山以東；此區爲農牧鄰接、交錯或混合地帶。

二、東北方的漠北草原，約在烏蘭巴托以東、肯特山(漢代文獻稱狼居胥山)之南，有鄂嫩河、克魯倫河流經；此爲淺山、大河草原之游牧地帶，沿大河亦有宜農墾的地區。

三、西方與北方的山岳、河湖地區，由北至南有薩彥嶺、唐努山、杭愛山(燕然山)、蒙古阿爾泰山(涿邪山)、戈壁阿爾泰山(浚稽山)等東西向山脈，色楞格河、鄂爾渾河、土拉河等河流源出群山之間；此爲山麓、河湖岸草原牧區。

四、西南方，天山山脈東端的巴里坤草原(蒲類海)至內蒙古西部的額濟納旗(居延澤)、阿拉善右旗等地；此爲山麓、山前草原牧

11 Sechin Jagchid & Paul Hyer, *Mongolia's Culture and Society*, 9-12；江上波夫，《內陸アジアの自然の文化》(東京：平凡社，1985)，頁16-23。

區。

五、東方由呼倫貝爾草原起，往南至錫林郭勒盟、克什克騰一帶，多為低山丘陵草原、高平草原以及沙地(圖3)。

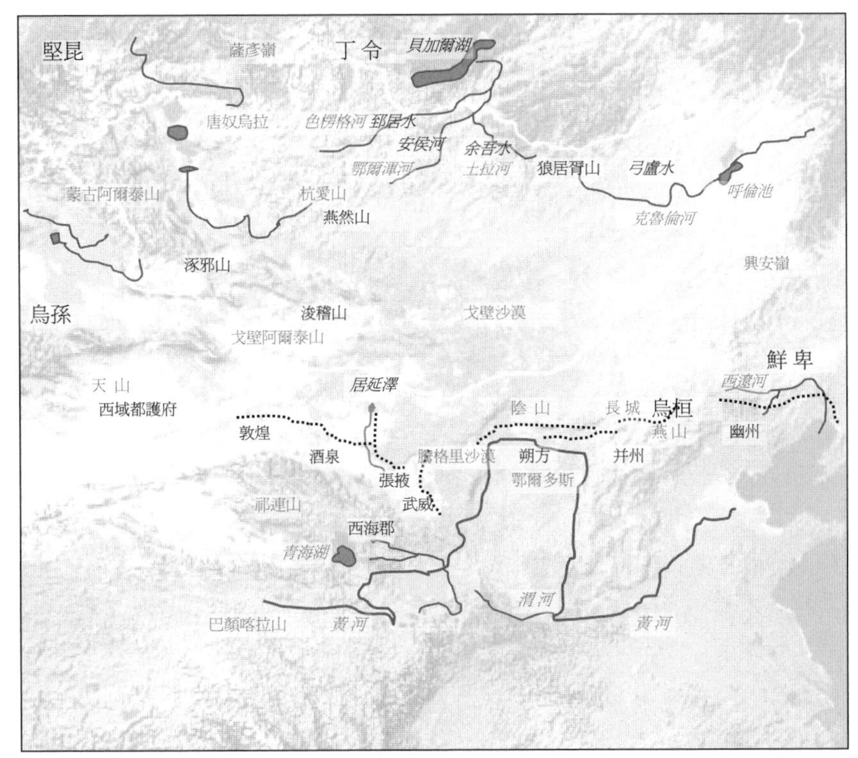

圖3　匈奴牧區及其周邊

由此環境及其「邊緣」看來，在匈奴的東方與西北方主要都是森林草原游牧部族，他們以畜牧、狩獵與出售珍貴動物皮毛為生。匈奴之西南方與西方是西域的綠洲定居人群，他們以畜牧、農業及貿易為生。其南是漢帝國的北邊居民，主要以行農業為生並兼營畜牧。由此可見，匈奴政治體內的部落人群有其共同性，他們多為草原游牧部族；周遭的森林草原游牧部族、綠洲城邦及其附近的農人及農牧人群，多未成爲匈奴國家的一部分[12]。因此，整個匈奴國家的勢力範圍可說是一個大的游牧經濟生態區，這個生態區內有游牧經濟所必要的廣大草原、森林、山區，以及可得到外在資源的「邊緣」。由此領域及其邊緣，匈奴貴冑階層可獲取種種人力與物資；利用、分配與交換這些人力與物資，單于及各部落長的政治威權得以維持及延續，也因此鞏固國家領域及其「邊緣」。這也能印證，雖然游牧是一種以草食性動物來利用自然資源的經濟生業，但游牧人群對於游牧之外的輔助性生業與外來資源非常依賴[13]。

匈奴的游牧經濟

牧區與畜產

對許多游牧社會人群來說，「擁有」土地並非十分重要，但誰能適時的「使用」土地上的資源卻是攸關生死。因此時至今日，草場之爭仍經常是游牧人群間衝突與戰爭的主要原因。我在川西北牧區或附近進行田野的那幾年(約1995-2007)，偶爾仍聽到有人們爭草場發生鬥毆或更嚴重衝突之事。

匈奴國家的主要功能之一，應是分配各個部落的草場。這就是《史記》所描述的，匈奴沒有固定的居處與田產，但仍各有所分配之地[14]。西元73年，南匈奴與漢軍合攻北匈奴的「溫禺犢王」於涿邪山，將他及其部族逐離；三年後，溫禺犢王又率眾回涿邪山，再一次被南匈奴的軍

12 然而，個別部落可能暫時性的加入匈奴軍中(如鮮卑之投鹿侯曾在匈奴軍中三年)，或與匈奴結為軍事盟友。

13 游牧人群對間接生業(indirect subsistence)的依賴，亦見於：B. Spooner, “Towards a Generative Model of Nomadism,” *Anthropological Quarterly* 3(1971): 198-210.

14 《史記》之記載稱，「(匈奴)逐水草遷徙，毋城郭常處耕田之業，然亦各有分地」；見《史記》110/50，〈匈奴列傳〉。

隊趕走。約九年後，南匈奴之單于率軍在涿邪山巡獵時又遇上溫禺犢王，這一次南單于將他殺死[15]。由溫禺犢王一再回涿邪山之事來看，匈奴諸部是不輕易放棄其牧區的；或者說，由於牧區各有其主，失了牧區的溫禺犢王部眾變得無存身之地。以政治力明確劃分游牧範圍，固然能減低內部各部落間的衝突，但對個別游牧群體來說，它也減損了游牧社會之移動性在適應環境變化(逃避風險)上的優勢。

從中國文獻記載看來，蒙古高原周邊草原與山岳相接地帶是匈奴人活動的主要地區。漢帝國的軍隊出塞攻擊匈奴，與匈奴的軍事接觸大多在涿邪山(蒙古阿爾泰山)、浚稽山(戈壁阿爾泰山)、燕然山(杭愛山)、狼居胥山(肯特山)等地。鄂爾多斯高原在戰國至漢初時爲匈奴所據，此地戰國時期墓葬中多有木棺槨，因此學者認爲這地區當時是有森林的[16]。漢初，河套之北的陰山是匈奴的主要活動區域之一。據記載，當時陰山多禽獸，又出產可製作弓矢的木材，因此在北遷而失去陰山後，匈奴人對它仍有深厚的情感[17]。郅支單于活動的唐奴山與薩彥嶺一帶，更是有名的森林(taiga)與高地草原(tundra)交錯的地帶。在此，匈奴與丁零、堅昆接鄰。丁零與堅昆都是游牧部族，但也出產珍貴鼠皮及貂皮[18]，顯然與當地多森林的環境有關。

森林作爲匈奴人的獵場，也提供他們生活所需的木料。匈奴人製作弓矢、穹廬(帳房)木架以及車輪，都需取材於森林。西漢末時，匈奴牧地有一部分接近漢帝國的張掖郡，漢帝國請匈奴割此地予漢，匈奴拒絕；其理由便爲，「西邊諸侯作穹廬及車，皆仰此山材木」[19]。這些記載顯示，對游牧的匈奴而言，草原固然可提供牲畜草料，但多木材與禽

15 《後漢書》89/79，〈南匈奴列傳〉。

16 王尚義，〈歷史時期鄂爾多斯高原農牧業的交替及其對自然環境的影響〉，《歷史地理》第五輯，頁13。

17 《漢書》94下/64下，〈匈奴傳下〉。

18 《三國志》30，〈烏丸鮮卑東夷傳〉，引《魏略》西戎傳。

19 《漢書》94下/64下，〈匈奴傳下〉。

獸的森林也不可或缺。山區不僅爲草原游牧者提供森林、木材與可獵得的禽獸，也經常爲游牧者的夏季牧場與過冬之處。因高度之溫差效應，山區的春季來得較遲，加上高山融雪可提供充分的新鮮飲水，初夏時牧畜可在此享受「第二春」。冬季山邊的坡地及山谷又可讓人畜在此避風寒；受風面的坡頂雪較薄，也是冬季牲畜可能吃得到草料的地方。需強調的是，雖然富森林的山區對於匈奴人來說非常重要，但匈奴諸部並非森林草原游牧部族；他們與鄰近森林草原游牧地區的丁零、堅昆、鮮卑、烏桓等不同，後者遠較匈奴依賴狩獵以及皮毛貿易。

總而言之，理想的匈奴牧區應包括三種生態環境：一、廣大的草原，它的廣度足以在不同季節皆可提供牧畜所需的水、草資源；二、有森林的山區，不但能供應他們獵場與製作車具、穹廬、弓矢的木材，且能在夏、冬季節得到豐富水源、草料及避風寒的場所；三、鄰近定居村鎮、半游牧聚落或重要貿易路線的地理位置，以取得自己無法生產製造的日常用品或穀類，或由保護定居城邦及商旅中獲利(換句話說，便是抽保護稅)。

匈奴活動的區域很廣，在不同地理環境下，匈奴各部的牧區也應有差別。南方沿長城的內蒙古中南部，包括鄂爾多斯高原及其邊緣的寧夏銀川、固原地區。這一帶的匈奴牧地多爲高草原、低山丘陵，並以農牧均盛的漢帝國西北郡縣爲邊緣。由於林木較缺，因此可狩獵與伐取木材的山脈如賀蘭山、陰山、狼山、大青山等等，對鄰近匈奴各部來說便格外重要。

由此往西，內蒙古西部的額濟納旗(居延澤)、阿拉善右旗等地一帶的牧區主要是高山前之淺山、草原、戈壁灘。氣候上降水量低、蒸發量高，並非好牧區；但在宋代以前當黑河水量尚豐及居延澤仍在之時，這兒應是很好的牧場。更往西的新疆天山山脈東端的巴里坤草原(蒲類海)與伊吾地區，山前得高山融雪溪流滋潤有較好的草場。由於本區之南便是河西走廊上的張掖、酒泉、敦煌等農區與城鎮，傳統上這是游牧人群與定居人群互動密切的地方。

由此往北，便是蒙古高原西部與北部的山岳、河湖地區。這是北匈奴最主要的活動地區。東西走向的幾個大山脈間的草原、山前草原及淺山地區是其主要牧場。一般而言這兒森林、水源無缺，是上好的牧區。其南方邊緣接著天山北路的漢代西域諸定居城邦國，及一些半游牧部族，北方邊緣是森林草原游牧部族丁令、堅昆等。

蒙古高原東北部的鄂嫩河、克魯倫河流域，這兒的匈奴牧區主要是淺山丘陵草原與大河附近的低濕草原。其北方與東方邊緣都是森林草原游牧部族，沿克魯倫河亦有臣屬匈奴的農業聚落與定居村鎮居民。最後，蒙古草原東邊與大興安嶺西緣相接的呼倫貝爾草原、東烏珠穆沁旗、西烏珠穆沁旗、克什克騰旗等地，本地匈奴牧區多為低山丘陵草原、山前沖積草原。在此的匈奴部落緊鄰著大興安嶺東坡的森林草原游牧部族(烏桓、鮮卑)等。

以上便是匈奴牧區之大概。因著這些牧區的地理環境差異，各地匈奴游牧人群的畜產、游牧方式與季節韻律等等，都會有些差別。水、草豐美的地方宜養大型草食動物如牛、馬等，乾旱的地方只宜養駱駝及山羊；羊的種類多、繁殖快，是最普遍被牧養的牲畜。以下藉由中國漢晉文獻，來探討匈奴牧民的畜產及其各地差異。

《史記》對於匈奴游牧經濟有一段概括性敘述：

> 匈奴……居於北蠻，隨畜牧而轉移。其畜之所多則馬、牛、羊，其奇畜則橐駞、驢、驘、駃騠、騊駼、驒騱。逐水草遷徙，毋城郭常處耕田之業，然亦各有分地[20]。

這段文字提及匈奴的畜群是以馬、牛、羊為主，其他還包括驢、騾與

---

20 《史記》110/50，〈匈奴列傳〉。

駱駝[21]。這樣的匈奴牧民之畜類組合，從其他歷史文獻與考古資料都可得到證明，而且與近代南西伯利亞及蒙古草原游牧生態也相吻合。在考古資料上，秦漢時期與匈奴有關的墓葬中，內蒙古準噶爾旗西溝畔的墓葬中有以馬、羊、狗爲殉的習俗；伊克昭盟補洞溝的墓葬中男人以馬殉葬，女人以牛、羊殉葬[22]。寧夏同心縣倒墩子的匈奴墓有牛、羊殉葬[23]。外貝加爾地區伊里木盆地的匈奴墓葬，隨葬有牛、馬、羊、駱駝、驢等[24]；蒙古國的特布希烏拉、諾音烏拉等匈奴墓葬中隨葬牲畜則有馬、牛、羊[25]。雖然關於匈奴的考古資料不算豐富，但也表現中國文獻記載的「其畜之所多則馬、牛、羊」，而駱駝及驢、騾等則爲較少的「奇畜」。

中國歷史文獻記載中，有不少漢軍在戰事中擄獲匈奴牲畜，或匈奴驅其牲畜來降的記錄(見表3)；對於匈奴畜產，這些記錄也提供一些珍貴訊息。

21 駃騠、騊駼、驒騱究竟為何牲畜，學者們有不同的意見。對此，我認為江上波夫的研究最有說服力，他指稱「駃騠」是西域傳入的良種馬，「騊駼」是蒙古草原野馬，「驒騱」指的是草原野驢。見氏所著，〈匈奴の奇畜，駃騠・騊駼・驒騱・就きて〉，《エウラシア古代北方文化》，頁177-224。無論如何，這些動物在匈奴畜產中皆屬少數，可歸入馬與驢的範疇之中。

22 伊克昭盟文物工作站、內蒙文物工作隊，〈西溝畔漢代匈奴墓地〉，《鄂爾多斯式青銅器》(北京，文物出版社，1986)，頁377；伊克昭盟文物工作站，〈補洞溝匈奴墓葬〉，《顎爾多斯式青銅器》，頁394。

23 寧夏文物考古研究所、中國社會科學院考古所寧夏考古組、同心縣文物管理所，〈寧夏同心倒墩子匈奴墓地〉《考古學報》1988年3期，頁335。

24 林幹，〈匈奴墓葬簡介〉，《匈奴史論文選集1919-1979》(北京：中華書局，1983)，頁388-89；烏恩，〈論匈奴考古研究中的幾個問題〉，《考古學報》1990年4期，頁433。

25 林幹，〈匈奴墓葬簡介〉，頁382-85。

表3　漢軍與匈奴戰爭中擄獲匈奴畜牲記錄

時間	地點或對象	牲畜種類及數量	資料來源
127 BC	河南地；樓煩、白羊王	羊(牛、羊)百餘萬	《漢書》94上/64上 《史記》110/50
72 BC	蒲離候水	馬、牛、羊萬餘	《漢書》94上/64上
72 BC	烏員、候山	馬、牛、羊二千餘	《漢書》94上/64上
72 BC	候山	馬、牛、羊七千餘	《漢書》94上/64上
72 BC	雞秩山	牛、馬、羊百餘	《漢書》94上/64上
72 BC	丹余吾水	馬、牛、羊七萬餘	《漢書》94上/64上
72 BC	右谷蠡庭	馬、牛、羊、驢、贏、橐駝七十餘萬；馬、牛、驢、贏、橐駝五萬餘匹，羊六十餘萬	《漢書》94上/64上
AD 49	北匈奴	馬七千匹，牛、羊萬頭	《後漢書》89/79
AD 89	稽落山、私渠比緹海	馬、牛、羊、橐駝百餘萬頭	《後漢書》23/13

從上表中也可看出，匈奴的畜牲以馬、牛、羊爲主，其中又以羊的數量爲最大。橐駝(駱駝)、驢、贏(騾)等馱獸的擄獲只出現2例。其一在西元前72年，漢軍五道出擊匈奴。當時常惠所率的烏孫及西域兵是最西方的一路軍隊，只有他們有擄獲驢、贏、橐駝的記錄；此支軍隊主要由烏孫及西域兵組成，其攻擊目標應是距此較近的涿邪山(蒙古阿爾泰山)、浚稽山(戈壁阿爾泰山)一帶之匈奴部落。另一次是在西元89年，竇憲伐北匈奴至燕然山(杭愛山)、稽落山、私渠比緹海(後二者在戈壁阿爾泰山附近)，這是竇憲伐匈奴最深入西北方的一次。這次戰役的擄獲中也有駱駝。由這兩條記載看來，似乎漢軍由西方匈奴部族那兒較常擄獲駱駝。漢代西域諸綠洲城邦居民也普遍擁有駱駝、驢、騾，顯然西部匈奴在這方面與西域城邦居民相似。雖如此，西部匈奴人的駱駝數量也不會太多。駱駝主要是吃矮樹或矮灌木嫩枝葉的動物，馬是食草動物，將這兩種動物混合牧養會有困難，而常須在家庭人力或社會分工上

作特別安排，以行分群放牧[26]。

學者們對於匈奴人平均擁有的家畜數量很感興趣。前蘇聯研究者曾指出，匈奴每人平均擁有的牲畜數，與1918年蒙古自治區牧民所擁有的牲畜數值幾乎相同；前者爲人平均有19頭，後者爲17.8頭[27]。日本學者江上波夫統計匈奴的人畜比，得到同樣的數值(人平均得有19頭)。然而由於他所認知的近代蒙古族人平均所有畜數較低(約在11至15頭之間)，因此匈奴人平均擁有的牲畜還高於近代蒙古牧民所有[28]。另一位日本學者內田吟風則不接受此一平均人畜比；據他的統計，匈奴人平均擁有的家畜數量遠少於近代蒙古牧民所有[29]。以上幾種匈奴畜牧統計數字上的差距，實因學者們各取不同的中國歷史文獻資料，以及不同地區的近代蒙古牧業資料所致。這正顯示，無論是近代蒙古或是古代匈奴，其牧業經濟的人畜比都有相當的地域性差異。

無論如何，我們不能忽略匈奴政治體下各游牧人群之空間範圍很廣。雖都以草原游牧爲主，這些早期游牧人群有不同的自然環境與對外關係，因而對畜產也有不同的安排。西部匈奴擁有較多的駱駝、驢、騾等馱獸，又鄰近各綠洲城邦及漢邊境城鎮，因此與漢、西域或更西方人群的貿易在他們的經濟中應有較重要的地位。前蘇聯學者在南西伯利亞的考古發現，也顯示薩彥嶺——阿爾泰地區的早期游牧人群與中亞地區有密切往來[30]。又譬如，據《史記》與《漢書》記載，西元前127年漢

26 P. H. Gulliver, *The Family Herds: A Study of Two Pastoral Tribes in East Africa, The Jie and Turkana,* 27-29.

27 V. S. Taskin, "Skotovodstvo u siunnu po kitaiskim istochnikam," in *Voprosy istorii I istoriografii Kitaia*(Moscow: Izadatelstvo vostochnoi literatury), quoted from A. M. Khazanov, *Nomads and the Outside World*, trans. by Julia Crookenden(Cambridge: Cambridge University Press, 1984), 71.

28 江上波夫，〈匈奴の經濟活動——牧畜と掠奪の場合〉，頁30-36。

29 內田吟風，〈匈奴史雜考〉，頁50。

30 Mikhail P. Cryaznov, *The Ancient Civilization of Southern Siberia*, trans. by James Hogarth (New York: Cowles Book Co., 1969), 158-60.

軍從河南地(指河套內外的內蒙古及陝北地區)的匈奴樓煩、白羊王那兒擄獲的百餘萬頭牲畜，可能大多是羊或牛、羊[31]。樓煩與白羊是最近塞內的匈奴部落，在戰國時期即與北方華夏諸國有密切往來，因此他們的牧畜可能與長城沿邊漢郡中的農村民眾所牧養的相似，也就是以羊或牛、羊爲主。總之，雖然基本上匈奴的畜產主要是馬、牛、羊，但不同地區匈奴牧人所擁有馬、牛、羊之比例應有差別，也因此有不同的游牧生活韻律。

中國歷史文獻記載漢軍擄獲的匈奴牲畜與人眾數字，不一定能正確反映匈奴游牧社會中實際的人畜比例。我們無法知道，是否每一個被捕的匈奴人都帶著他所有的畜牲，或牲畜被擄獲時牠們的主人也成爲俘虜。更可能的是，畜群比人更容易被漢軍截獲。因此學者們統計出每一匈奴人擁有約19頭牲畜，此數值應是偏高。中國文獻中匈奴部眾驅畜來降的例子，或較能反映當時該部落的人畜比例。《後漢書》記載，西元83年北匈奴部落首領率38,000人，馬20,000匹，牛、羊10餘萬來降[32]；大約每人只有馬0.52匹，牛、羊3-5頭。《晉書》記載，西元287年匈奴都督率眾驅畜產來降，該部落之眾有11,500人，帶來的牛有22,000，羊105,000頭[33]；人畜比約爲每人牛2頭，羊9頭。據前蘇聯學者的統計，在20世紀初時，一個五口的蒙古家庭需要14匹馬、3匹駱駝、13頭牛、90頭羊才能生活[34]。前述匈奴部落的人畜比，看來遠低於前蘇聯學者所稱近代蒙古牧民的最低生存水平。然而在游牧社會中，所謂最低生活所需牲畜量很難估計；因爲游牧生產中的「風險」難以估算。雖然這

---

31 《漢書》94a/64a，〈匈奴傳〉。江上波夫認為這記載中的「羊」，可能是馬、牛、羊之誤；見〈匈奴の經濟活動——牧畜と掠奪の場合〉，頁31。《史記》110/50，〈匈奴列傳〉中對同一事件的記載是「牛、羊百餘萬」，也沒有馬。

32 《後漢書》89/79，〈南匈奴列傳〉。

33 《晉書》97/67。

34 I. M. Maisky, *Mongoliia nakanune revoliutsii*(Moscow: Izdatelstvo vostochnoi literatury, 1959), 140-41, quoted from Khazanov, *Nomads and the Outside World*, 30.

些匈奴部落有可能是在遭到畜產大量損失後才率眾來降的，無論如何，他們與近代蒙古牧民在畜產上的差距，可能反映著其游牧經濟型態以及對輔助性生業的依賴都與近代蒙古牧民有所不同。

關於匈奴的羊，在中國史料中沒有明確的指出是山羊還是綿羊。近現代歐亞草原以及中亞的山地游牧經濟中，綿羊都是主角。在第一章中我曾提及，綿羊吃草時不喜歡移動，因此爲了游牧方便，牧民的綿羊群中常需混合山羊來放牧[35]。匈奴的羊可能也是以綿羊與山羊混合放牧。在薩彥—阿爾泰地區匈奴時期 Syynchyurek墓葬出土的動物遺骨，其中以綿羊與山羊爲最多。同一地區早在新石器時代Afanas'ev文化中已有馴養的綿羊與山羊[36]。諾顏山(諾音烏拉Noin Ula)的匈奴墓葬中也發現綿羊與山羊遺骨[37]。內蒙古涼城崞縣窯子相當於戰國時期的墓葬中曾發現大批的獸骨殉葬，羊骨的數量最多，山羊與綿羊數量大致相等[38]。山羊與綿羊大致相等這樣的比例，顯示與現代蒙古牧民之畜產相比，匈奴牧民之畜產中山羊所占比例較大。在無現代動物防疫、繁殖技術而羊毛又以自用爲主的情況下，匈奴牧民多養移動力、抗病力、繁殖力與產乳量均高的山羊是相當合理的。

總之，匈奴時期的蒙古草原牧民已建立了以「五畜」爲主的游牧。此種游牧，一種多元專化型(multispecialized type)牧業，在近代以前一直是蒙古草原及鄰近中亞草原游牧的主流形態。此種形式的游牧較能利用廣大的自然資源，盡量減低自然災害造成的損失，在家庭人力調配上也較有彈性。各種牲畜生態互補而不互斥。譬如，綿羊與山羊不但吃草時接近草根，而且也都能吃荊棘與嫩枝葉[39]，因此只要放牧得宜，

35 Khazanov, *Nomads and the Outside World*, 27.

36 Sevyan Vainshtein, *Nomads of South Siberia*, 51-52.

37 林幹，〈匈奴墓葬簡介〉，頁385。

38 內蒙古文物考古研究所，〈涼城崞縣窯子墓地〉，《考古學報》1989年1期，頁62。

39 P. H. Gulliver, *The Family Herds: A Study of Two Pastoral Tribes in East Africa, The*

牠們與牛、馬等草食性動物在食物上的競爭不大。馬的移動力較優，可以放在遠一點的牧場上，無需與牛、羊競爭離營地較近的草場。牛能很快的吃足所需草料，然後休息反芻，不需人來照料。因此在許多游牧社會中，牛都是由留守帳幕的女人來照顧，而馬則由男人驅到較遠的地方就草[40]。崞縣窯子戰國時期墓葬中，豬、狗、牛骨大多出於女性墓中，馬則出於男性墓中[41]。伊克昭盟匈奴時期的補洞溝墓葬中，男人殉葬馬，女人殉葬牛、羊[42]，這都可視爲放牧時兩性分工在墓葬中的反映。

如第一章提及的，馬與羊在歐亞草原游牧中有密切的生態關係。馬在冬季能踢破冰層以得到冰下的牧草，而羊吃草較馬接近草根，能啃食冰層下馬吃過的草。因此在冬季經常結冰的草原上，馬與羊混養是必要的[43]。再者，據研究者稱，在內蒙古地區一個徒步的牧人可照管150-200頭羊，但一個騎馬的牧人則能控制約500頭羊；兩個騎馬牧人合作，可控管高達2,000頭的羊群[44]。我們知道匈奴牧民的牲畜以大量的羊爲主；在這樣的畜牧形態中，利用馬，可以節省許多游牧人力，並使羊得到更好的保護。

馬除了在放牧時被用爲牧人的座騎以控制及保護羊群外，其功用還包括在日常游牧遷移中擔任載運工作，聯絡傳遞訊息，以及作爲人們在戰爭與狩獵中的得力助手。牛雖然沒有馬那樣的移動速度，但牠強韌的體力可用來牽引移牧所用的車重。據江上波夫的研究，匈奴的帳幕是置

(續)

Jie and Turkana, 27.

40 Herbert Harold Vreeland, *Mongol Community and Kinship Structure*, 39-41; Robert B. Ekvall, *Fields on the Hoof*, 38-39； Sechin Jagchid and Paul Hyer, *Mongolia's Culture and Society*, 24-25.

41 內蒙古文物考古研究所，〈涼城崞縣窯子墓地〉，頁62。

42 伊克昭盟文物工作站，〈補洞溝匈奴墓葬〉，《鄂爾多斯式青銅器》，頁394。

43 Vainshtein, *Nomads of South Siberia: The Pastoral Economies of Tuva*, 63.

44 Khazanov, *Nomads and the Outside World*, 32.

於車上，車帳一體，移動時主要以牛牽引[45]。雖然馬、牛都能提供乳、肉，但匈奴人日常消費的乳、肉主要來源應出自於羊。因爲牛、馬的繁殖力以及牠們與對環境的適應力都遠不如羊，而且人們又需要牠們的勞力，因此不輕易宰殺。據研究者稱，一般牛的年繁殖率約只在3%左右，而羊則高達20至40%之間(每百頭羊可年產小羊20-40頭)[46]。由中國歷史文獻中我們知道，匈奴經常受不穩定的氣候(乾旱或大雨雪)的侵襲，以致有相當高比例的畜產損失[47]；在這種生態環境中，畜養能迅速再繁殖的羊自然有其必要。因此在匈奴游牧經濟中，羊除了作爲主要乳肉來源外，牠們對惡劣環境強韌的適應力，可減低自然災害帶來的畜產損失，快速的繁殖力也讓牧民得以在畜產損失後迅速恢復生計。

有些學者認爲由於游牧的機動性，匈奴很容易逃避漢軍的攻擊[48]。這看法忽略了匈奴擁有大批的牛、羊。特別是，牛的移動性差，且路途上需消耗大量的水[49]，這一點使得匈奴在遷移牛群時並不如想像的容易。更重要的，無論馬、牛、羊都不是適當的馱獸，因此匈奴的移動非常依賴車[50]；而依賴牛、馬車的遷移，與以駱駝爲馱獸的遷移相比，不僅是速度慢，而且常有天候、路況及車輛維修上的困擾[51]。

雖然說，匈奴牧民所畜養的多種牲畜有生態上的互補優勢，但在匈奴「國家」組織及相關軍事行動下，其牧民之畜產構成也可能有內在矛

45 江上波夫，〈匈奴の住居〉，收於氏著《エウラシア古代北方文化》(東京：山川出版社，1948)，頁39-79。

46 Gudrun Dahl & Anders Hjort, *Having Herds: Pastoral Herd Growth and Household Economy*, Stockholm Studies in Social Anthropology. No.2(Stockholm: Liber Tryck, 1976), 259, 262. 這還只是在較傳統的游牧業中所得的數據；當代蒙古牧業中，羊的年繁殖率遠高於此。

47 《漢書》94上/64上，〈匈奴傳上〉。

48 Thomas J. Barfield, *The Perilous Frontier: Nomadic Empires and China*, 55.

49 Khazanov, *Nomads and the Outside World*, 47; Stenning, *Savannah Nomads*, 214-19.

50 江上波夫，〈匈奴の住居〉，頁39-56。

51 Richard W. Bulliet, *The Camel and the Wheel*, 22-25.

盾。產乳量較大的羊與牛，生產率高的羊，都宜於在其畜產中有較高的比例，以應付日常消費及天災損失。然而爲了應付戰爭，以及逃避漢軍及其他敵人的攻擊，他們的畜產中又宜於有大量的馬。養大量的羊需要人力照應，但爲了應付戰爭，匈奴的人力應相當吃緊，在此情況下又宜於多畜養照料、管理較容易的馬與牛。

季節移牧活動

關於匈奴的游牧，《史記》中只稱他們「隨畜轉移」、「逐水、草遷徙」。雖然考古上有「匈奴城鎮」及農業遺跡的發現，但這只是個別現象；由文獻及匈奴墓葬遺存看來，大多數的匈奴人過的是游牧生活，這一點毫無疑問。

據卡扎諾夫的研究，歐亞草原的游牧基本上是南北式的水平移動[52]。近代蒙古草原的游牧遷移方式，據江上波夫描述，夏季牧草豐富時，牧人及其牲畜多聚集於湖畔或河邊，冬季則移往山麓散居[53]。這樣的敘述多少都簡化了草原游牧的遷移，或只反映部分情形。譬如卡匹尼(Plano Carpini)描述的金帳蒙古(Golden Horde)[54]，札奇斯欽(Sechin Jagchid)描述的蒙古[55]，以及凡盧坦因研究的大多數薩彥嶺地區之圖瓦人，夏季都移往山區[56]。因爲山區空氣流通較好，可避免畜疫，而且山區有融雪供應，草的生長期較長。到了冬天，牧人要找山谷或是山的南坡下避寒[57]。高山草場的背風坡可爲人畜抵擋寒風，向風坡的積雪容易被風括走而讓

52 Khazanov, *Nomads and the Outside World*, 50-51.

53 江上波夫，《內陸アジアの自然の文化》，頁26-27。

54 Plano Carpini, *The Mongol Mission*, 55; quoted from Khazanov, *Nomads and the Outside World*, 51.

55 Jagchid and Hyer, *Mongolia's Culture and Society*, 26.

56 Vainshtein, *Nomads of South Siberia*, 85.

57 江上波夫，《內陸アジアの自然の文化》，頁26-27; Jagchid & Hyer, *Mongolia's Culture and Society*, 26; Vainshtein, *Nomads of South Siberia*, 85.

草暴露出來，爲牲畜提供冬天的草食。雖然移動頻繁，蒙古牧人在夏季及冬季營地停留的時間較長，而在春秋兩季移動較多[58]。這是因爲春季草資源不甚豐富，牧民需常轉換放牧點。秋季，許多牧民一方面要多讓牲畜移動，多動多吃讓牠們體壯肉厚，所謂「養膘」，另一方面多移動也爲了利用冬場外的草，延遲進入冬草場以保留當地草資源。雖然如此，無論是漠北蒙古草原、薩彥嶺—阿爾泰地區或內蒙中南部的牧人，其游牧距離、次數以及形態都隨地形、水源或牧草情況而有相當變化。

歐亞草原的游牧，有以下幾個關鍵。首先，隨地形、牧草、水源的變化，及游牧外牧民所從事的其他生計活動，各地游牧人群有不同的游牧方式，甚至可能年中有一段時間他們(或部分家人)過著定居生活。其次，無論採何種游牧方式，到了冬季牧民必然要面臨如何避冬的問題。第三，經過一冬後，牧民如何讓羸弱的牲畜存活於氣候多變的初春，是一嚴重挑戰，牧民在此時要作許多關鍵抉擇。第四，夏季牧場的選擇，尤其對擁有大量牛、馬等大型動物的牧人來說，需考慮水源供應。最後，四季都需照料牲畜與從事其他相關工作，因此時時有人力運用上的問題。有了這些認識後，我們可以探討中國文獻中關於匈奴的季節游牧活動。

由歷史文獻中我們知道，匈奴一年有三次部落聚會。

> 匈奴俗，歲有三龍祠，常以正月、五月、九月戊日祭天神[59]。
>
> 歲正月，諸長小會單于庭，祠。五月，大會龍城，祭其先、天地、鬼神。秋，馬肥，大會蹛林，課校人畜計[60]。

由這一段記載，配合對草原自然環境與當地游牧生態的認知，我們

58 Jagchid and Hyer, *Mongolia's Culture and Society*, 26.

59 《後漢書》89/79，〈南匈奴列傳〉。

60 《漢書》94上/64上，〈匈奴傳上〉。

可以推測匈奴的季節活動。首先，一月，各部落首長會於「單于庭」；我們須先了解「單于庭」之意義及其所在[61]。在傳統上，草原游牧人群有四季草場，隨牧草季節變化而轉移。冬季是定居季節，冬場是牧民較爲穩定的駐居之所。所謂「單于庭」，應是單于較固定的駐蹕之所。草原地區的陰曆正月，氣候酷寒，正是牧民尙居於冬場之時。因此無論匈奴正月之會所在的「單于庭」是在何處，都應指的是單于所居的冬場。晚冬、初春是草原游牧人群最艱苦的季節，對於漢代的草原居民來說也應如此。因此正月「小會單于庭」，應爲各主要部落首領到單于庭集會，不涉及大規模的人畜移動，如此也符合草原游牧生活的韻律。

陰曆五月是近代蒙古草原游牧人群進入夏草場的季節，由此開始另一段較爲定居的生活。由於此時牧草豐盛，牧民不需常移動，在水、草豐美處聚集的社會群體也較大[62]。匈奴在五月大會龍城，顯示此時是他們容易聚集大量人群，而又不影響其游牧活動的時節。至於龍城的性質以及龍城所在，一向爭論頗多。對此我贊同烏恩之說；他指出，龍城是由許多廬落(帳幕)聚集而成，而非有固定建築的定居城鎭[63]。至少根據《後漢書》記載，西元47年的五月龍祠之會，當時的單于是居於帳中的[64]。適於大批人畜聚集之處應是水、草無缺的地方；這很可能是在寬廣的河邊或是湖邊的夏季草場。夏季水源、牧草豐盛的河邊，各級首領及其隨從的帳幕沿河密集搭建，聚落呈帶狀蜿蜒如龍——這或者便是「龍城」之名的由來。如此配合游牧的五月大會「龍城」，可能不只在

61　關於單于庭的地理位置，學者們多有論述。內田吟風，〈單于之稱號匈奴單于廷の位置に就いて〉，《東方學》第一、二輯(1956)；林幹，《匈奴通史》，第四章。在此，我不願涉及「單于廷」實際地理位置的探討；隨匈奴帝國之盛衰及軍事進展，「單于廷」應常有遷移。我認為，擁有大批人畜的單于應也常居於廬落，隨季節移動；其冬季較定居的點可能有經常性建築，此便為「單于庭」所在。

62　江上波夫，《內陸アジアの自然の文化》，頁26-27。

63　烏恩，〈論匈奴考古研究中的幾個問題〉，《考古學報》1990年4期，頁417。

64　《後漢書》89/79，〈南匈奴列傳〉。

「國家」層次舉行，也在各地、各級部落中舉行。無論如何，不是所有的匈奴人群都能參加初夏的聚會；如前所言，相當一部分牧民在夏季是往山中移牧的。

陰曆九月，近代蒙古草原牧民由移動較多的秋牧場往冬場轉移，準備入冬場定居避寒。匈奴九月之會的習俗，應是順應當時大多數牧民秋季游牧韻律，在冬季來臨前所舉行的聚集大批人畜的活動。根據中國文獻記載，匈奴人九月大會「蹛林」是爲了課校人畜。但以匈奴帝國之大，應不可能將所有人畜集中點校。因此，課校人畜的九月之會，除了匈奴國家層次的各部落首長及其直屬部眾之聚集外，可能也在匈奴各層級部落中進行。匈奴人九月之會的主要目的，應是動員、聚集各部落可參與作戰的人畜。此習俗可能源於部落在秋季集結以對外劫掠的傳統。我們知道，「劫掠」常爲游牧部族獲得額外經濟資源的一種手段。秋季士壯馬肥，一年的游牧工作又大體完成，這時是青壯出外劫掠或參加戰爭的最佳時機。西元88年，南單于要求東漢朝廷出兵助其征伐北匈奴。他告訴漢朝廷，他已要求各部落調集兵馬，待九月龍祠之會時在大河邊會師[65]。這個記載告訴我們匈奴九月之會的部分功能，也顯示這種需要聚集大批人畜的活動是在河邊舉行的。

冬季是許多游牧人群生活比較艱難的季節。爲了避風寒，牧民大多居於山谷或靠近山邊坡的冬場，非有必要不長程遷移。東漢時，南單于受漢帝國保護；漢朝廷派兵護衛南匈奴的策略是「冬屯夏罷」[66]。這個記載顯示，南匈奴只在冬季需要保護，夏季則無必要；對此最好的解釋是，匈奴部族在冬季屯居，人畜羸弱，所以易受攻擊。相反的，夏季已進入他們的游牧期，士強馬壯而又經常移動，此時無需也無法受漢軍保護。

65　同上。其原文為：「已勑諸部嚴兵馬，迄九月龍祠，悉集河上」。
66　同上。

在游牧社會的人類學研究中，有一個爭論主題：是否平等自主爲所有游牧社會的本質？許多研究顯示，游牧是人類對於資源不穩定環境的一種生態適應。爲了應付無可預料的環境變化，游牧社會中常見的「平等自主」便是每一社會單位人群無論大小，如一牧戶、牧團、小部落等等，都能對自身的游牧事宜作重要抉擇。一般說來，這的確是許多游牧人群中常見的社會特質，然而我們也可舉出許多反例[67]。我認爲，一個游牧社會內部各人群「平等自主」的程度，與其環境資源之型態、多寡、穩定性，以及該社會人群與外在世界關係之緊密程度，皆有密切關聯。事實上，資源問題最後仍歸結於其對外關係；因此，對外關係最能影響一個游牧社會的平等自主程度。簡單的說，愈是在不賴外界資源，而每一基本游牧社會單位(家庭或牧團)皆自產自用之經濟生產模式(domestic mode of production)下的游牧人群，愈能夠「平等自主」。相反的，愈需要由外界得到資源，因而與外界接觸較多，如此的游牧社會需經常維持高層次政治結構(如部落、部落聯盟或國家)以對付外在世界，因此其下的游牧人群就愈不容易保有其「平等自主」了。

匈奴便是後者的例子。匈奴之國家政治結構爲其牧民經濟生態的一部分。爲了恐嚇、勒索定居聚落人群，或其他游牧、半游牧部族，國家必須有一支四季皆可出征的軍隊(在後面我會對此多作說明)。維持這樣的軍隊，必然會破壞各牧民家庭、牧團的游牧季節活動，及影響其人力運用。匈奴牧民相當程度的受國家及國家行動影響，而不能自由、自主的決定其游牧事宜，更難以應付突來的環境變化。譬如，西元前72年冬，匈奴單于親自率數萬騎出擊烏孫；當他們戰勝欲歸還時，遇上了大

67　這方面的討論可參考如下論文集中的數篇論文：Gudrun Dahl, “Ecology and Equality: The Boran Case,” in *Pastoral Production and Society*, 261-281; Talal Asad, “Equality in Nomadic Social Systems? Notes towards the Dissolution of an Anthropological Category,” in *Pastoral Production and Society*, 419-428; Philip C. Salzman, “Inequality and Oppression in Nomadic Society,” in *Pastoral Production and Society*, 429-446.

雪。《漢書》記載，這場大雪讓匈奴隨行的人民、畜產凍死了約十分之九[68]。蒙古草原西南部及烏孫所在的新疆北部多山區，冬季皆嚴寒且氣候多變，此時是牧民留居冬場細心照顧牲畜的季節。顯然爲了配合國家的軍事奇襲行動，造成這場匈奴牧民及畜產嚴重損失的悲劇。

由此記載也可以得知，匈奴這一次的軍事行動是率「人民畜產」共行的。這應是很普遍的情況，而非特例。在中國文獻記載中，漢軍幾次出塞遠征，都常擄獲大量匈奴戰俘及畜產。如元朔五年(西元前124年)春季，漢軍進襲匈奴，匈奴右賢王負責抵擋衛青所率之漢軍主力；此役中，衛青的漢軍擄獲匈奴部眾一萬五千多人，以及「畜數千百萬」。春季是青草非常匱乏、分散的時期，也是各游牧社會人群分散覓求水、草資源的季節。漢軍能在此時擄獲大量匈奴牲畜，必然因爲牠們相當聚集。如此違反游牧季節韻律的牧畜聚集，應是爲了戰爭的緣故。在草原行軍作戰，匈奴軍隊無法也無須像漢軍那樣依賴長程補給。率著部分人民、畜產同行，他們又熟悉何處有可用的水、草，可以解決軍隊補給問題。但是這樣的軍事活動，必然會擾亂許多牧民的季節放牧活動，對匈奴游牧經濟造成很大的打擊。春季牧草不豐，經歷一冬後，牲畜羸弱又有剛出生的幼畜，此時爲了戰爭而調動、聚集牲畜，結果即使贏得戰事，在畜產上也會有很大損失。

據前蘇聯學者伏拉底米佐夫(Vladimirtsov)的研究，在11至13世紀蒙古社會中，由許多阿烏爾(Ayil)及數百廬落組成的庫倫(Kuriyen)大集團游牧相當流行[69]。這是草原牧民在戰亂生活中的因應之道；自然，這是違反游牧分散原則的權宜之策。本書第一章中曾提及，世界許多地

68 《漢書》94上/64上，〈匈奴傳上〉。其文為：「其冬，單于自將數萬騎擊烏孫，頗得老弱。欲還，會天大雨雪，一日深丈餘，人民畜產凍死，還者不能十一。」

69 B. Vladimimirtsov, *Obshchestvennyi stroi mongolov. Mongol'skii kochevoi feodalizm* (Leningrad: Izdatelstvo Akademii Nauk, 1934), 41, quoted from Vainshtein, *Nomads of South Siberia: The Pastoral Economies of Tuva*, 188.

區游牧流行的自然因素不只是乾旱、寒冷，更重要的是當地自然環境中有太多不可預料的因素。因此游牧的「移動」與「分散」不只是為了能更廣泛、自由的利用自然資源，也是為了避免或減少難以預料的自然災難帶來的損失[70]。中國文獻記載顯示，匈奴被漢軍擄獲的馬、牛、羊動輒數十萬、上百萬(見頁109表3)，在自然災害發生時，匈奴也常有相當大比例的人畜死亡[71]。這些都顯示，為了應付戰爭，大集團游牧可能早在匈奴時期即已出現。匈奴經常遭受天災或戰禍而有大量人畜死亡或被擄，很可能是因為大集團游牧模式使其人畜相當集中，因而減弱了游牧的避災功能。

中國文獻記載中常有匈奴在戰爭中擄對方人民，或向其他部族買中國俘虜的記載[72]。這也顯示，為了維持其國家組織及應付國家發動的對外戰爭[73]，匈奴在游牧及其他生產工作的人力調配上有相當困難。

輔助性生計活動

對絕大多數的游牧人群而言，游牧不是一種能自給自足的生計手段，他們必須從事其他經濟活動來補足生活所需。由於游牧本身的移動性與季節性強，因此這些輔助性生計須與游牧之季節韻律密切配合。匈奴牧民在牧業之外的生計活動不外是種植糧食作物、狩獵、採集、掠奪

70 Susan H. Lees and Daniel G. Bates, "The Origins of Specilized Nomadic Pastoralism: A Systemic Model," *American Antiquity* 39(1974): 188; W. W. Swilder, "Some Demographic Factors Regulating the Formation of Flocks and Camps among the Brahui of Baluchistan," in *Perspectives on Nomadism*, eds. By W. Irons and N. Dyson-Hudson(Leiden: Brill Press), 69-75; P. H. Gulliver. *The Family Herds*, 164, 252; Gudrun Dahl, "Ecology and Equality: The Boran Case," in *Pastoral Production and society*, 271.

71 如《漢書》中記載，西元前68年匈奴發生饑荒，人民畜產死去十之六七。見《漢書》94上/64上，〈匈奴傳上〉。

72 《漢書》94上/64上，〈匈奴傳上〉；《後漢書》89/79，〈南匈奴列傳〉。

73 由匈奴國家支持的對中國劫掠策略，可參考Thomas Barfield, *The Perilous Frontier: Nomadic Empires and China*, 49-50.

與貿易等等；以下分別說明。

農業　有關匈奴的農業，前人已有相當的研究成果[74]。中國文獻中有匈奴儲存粟米，以及某年他們的作物收成欠佳(穀稼不熟)，或匈奴派軍隊在車師行屯田等等的記載。前蘇聯與蒙古國的考古學者在貝加爾湖附近，也曾發現匈奴時期當地住民的穀物遺存、農具以及村鎮遺址等等。因此行游牧的匈奴人亦有農業，或者說匈奴勢力範圍內有部分居民從事農業，應是無可置疑的。

人類學的游牧社會資料顯示，生計中某種程度的納入農業生產活動，在許多游牧社會中都很普遍[75]。依賴農業較甚者，如東非的一些半游牧人群(semi-nomads)，部分家庭成員一年大多數時間都定居，照料作物，另一些家人(通常爲年輕人)外出游牧。與半游牧人群所爲不同，游牧人群所從事的農作大多是相當粗放的。他們只在春季出牧時簡單的整地、播種，然後離去開始游牧，秋季回來收成；有多少算多少，遇上乾旱也可能毫無收成。

匈奴人的農業，是如「半游牧」人群所行的農業？或他們是純游牧者，只有部分牧民兼營一點粗放農作？或者，其從事農業之部民與游牧部民不同；如許多學者所言，其農業主要由被擄獲的漢人來經營[76]？在前面我曾強調，「匈奴」所指涉的人群很廣，其生存空間跨越相當廣的經緯度，其中有多元的環境，因此我們不能預設「匈奴人」皆有一致的游牧經濟生態。我認爲，以上提及的各種類型、各種方式的農業，都可能存在於匈奴領域之內。

74　林幹，《匈奴通史》，頁137-38；烏恩，〈論匈奴考古研究中的幾個問題〉，《考古學報》1990年4期，頁419-20；Nicola Di Cosmo, “The Economic Basis of the Ancient Inner Asian Nomads and Its Relationsip to China,” *Journal of Asian Studies* 53.4(1994): 1092-1126.

75　E. E. Evans-Pritchard, *The Neur*, 75-85; Derrick J. Stenning, *Savannah Nomads*, 6-8; Vainshtein, *Nomads of South Siberia*, 145-65.

76　林幹，《匈奴通史》，頁138。

匈奴領域內較密集、較定居的農業生產，可能只在漠北的部分地區。以考古資料來說，與匈奴有關的農業工具、穀類遺存，大都出土於蒙古國中央省與外貝加爾等地，在此也發現與匈奴有關的定居聚落或城址[77]。有較進步的犁鏵，以及儲穀於罐的習俗，在在都顯示這並不是游牧人群配合游牧生活韻律所兼營的粗放農業。貝加爾湖之南、色楞格河流域的伊沃爾加城址和墓地，是這一類以務農爲主的混合經濟人群之考古遺存。他們住在有土堤、壕溝環繞的城中，鄰近有公共墓地，居址與墓葬中有許多陶器殘片，部分陶器高達一公尺以上。這些，以及行農業的痕跡，都表現他們過著相當定居的生活。同時，墓葬中的牛羊骨遺存，可能用來製酪的帶孔陶器，縫製皮革材料的錐子，以及魚叉、魚鉤、簇頭等物，都顯示畜牧、漁獵也是其維生手段之一。值得深思的是那保衛本城的四道土堤、三道壕溝[78]；它們或顯示這樣的混合經濟定居生活並未能得到匈奴國家完全的保護。

無論如何，匈奴領域內農業定居人群的考古遺存尚未出現在中國北方草原地區。雖然我們仍待更多的考古學發掘，但這類遺存出現在內蒙古地區的機會很小。除了本地自然生態不利農業外，從事農業須投下人力、種子等成本，等待一段時間後再收成，此種生產方式太容易受戰事干擾、破壞，因此不易存在於漠南漢匈間戰事頻繁的地區。

中國歷史文獻記載，武帝後元元年(西元前88年)秋，匈奴「畜產死，人民疫病，穀稼不熟」[79]。這時是漢朝人衛律在匈奴中當權之時，他曾勸匈奴「穿井築城，治樓以藏穀，與秦人守之」。此條史料常被學者引用，以證明匈奴的農業生產在某種程度上是受漢人影響，或由受擄

77 烏恩，〈論匈奴考古研究中的幾個問題〉，《考古學報》1990年4期，頁409-36；林幹，〈匈奴城鎮和廟宇遺跡〉，《匈奴史論文選集》，頁413-29；潘鈴，《伊沃爾加城址和墓地及相關匈奴考古問題研究》(北京：科學出版社，2007)。

78 潘鈴，《伊沃爾加城址和墓地及相關匈奴考古問題研究》，14-62。

79 《漢書》94上/64上，〈匈奴傳上〉。

的漢帝國西北邊地漢人爲之。雖然如此，我們不能因此認定匈奴的農業生產及相關技術完全從漢帝國傳入，也難以推斷匈奴農業全由受擄的漢人經營。匈奴勢力範圍的周邊有各種不同形態的定居或半定居農業人群；鄰近的森林草原、湖畔森林部族、西域綠洲國以及長城地帶周邊諸部族，都曾直接或間接的加入匈奴政治體之中。不但來自綠洲、漢北方邊郡、森林地帶的各種農作方式都可能傳入匈奴，蒙古草原部分邊緣地區在游牧化之前也曾有原始農業存在，這些農業傳統似乎從未完全消失過[80]。西元前1世紀西漢昭、宣帝時，匈奴曾派騎兵至西域車師一帶屯田[81]。在此地進行的農作應是綠洲地區特有的農業。考古遺存所見蒙古中央省的匈奴農業定居聚落，文獻上匈奴在西域車師屯田，以及漢人衛律爲匈奴帶來的農業，分別代表三種不同的農業傳統。此或也說明，較重要的匈奴農業生產多行於匈奴勢力範圍內(或邊緣)原有農業傳統的地區。

無論如何，除了這些地區外，農業在匈奴經濟中所占份量是相當低的；考古發現與文獻記載中的穀類生產，應都只是部分地域、部分人群的活動。主要原因是：絕大部分的蒙古高原地區自然環境變數都太大，而不適於農業發展。而且，匈奴人的畜產中以大量的羊爲主；大群的羊，難以與農業相容[82]。中國歷史文獻對於同時期的其他游牧部族，如

80 S. S. Sorokin, "Drevnie skotovody Ferganskikh predgorii," *Issledovania po arkheologii SSSR* (Leningrad, 1961), 164-65; T. A. Zhdanko, "Nomadizm v Srednei Azii i Karakhstane," in *Istoriya, arkheologiya i etnografiya Srednei Azii*(Moscow, 1968), 276-278, quoted from Sevyan Vainshtein, *Nomads of South Siberia*, 161-65.

81 《漢書》94上/64上，〈匈奴傳上〉。匈奴屯田之處可能在天山北坡的車師後國，今新疆吉木薩爾附近。

82 此主要是因為，羊會侵犯穀類植物，因此需放養在離開農田較遠的地方。而遠離聚落與農田，羊又需要人來保護牠們。如此，放養羊群與從事農業都需耗費人力，因而在家庭人力調配上會有困難。類似民族誌資料見，Lawrence Krader, *Social Organization of the Mongol-Turkic Pastoral Nomads*, 30.

烏桓、鮮卑與西羌等，都記載了他們的農業活動[83]。但對匈奴，《史記》稱其「毋城郭、常處、耕田之業」[84]。可見據漢代人的觀察，農業在匈奴游牧經濟中的重要性遠較它在西羌與烏桓、鮮卑中爲低。

最後，我們不能因匈奴所擄的漢人基本上是農人，而斷定他們大多被擄去從事農業生產。事實上，長城沿邊的漢人可稱是兼營牧業的農人。專門從事畜牧以致富的，如秦時的烏氏家族[85]、西漢的卜式、東漢的馬援[86]，必然都有相當人手爲他們從事放牧與經營畜產。這算是不常見的特例。此外許多北邊的歷史名人，如衛青、路溫舒、王尊等[87]，在少年時都曾有牧羊的經驗。不僅如此，漢代朝廷也曾鼓勵百姓到邊縣畜牧[88]。《史記》記載稱，天水、隴西、北地、上郡等地「畜牧爲天下饒」[89]。西漢時，漢軍曾在馬邑設埋伏，誘匈奴單于舉兵進入漢地；後來匈奴識破此陷阱，乃因見野地上到處都是沒人放牧的牲畜[90]。另外，中國史籍中有許多匈奴入塞擄漢人畜產的記載。這些資料皆顯示，當時長城沿邊漢人農村中的畜牧業相當發達。因此被擄去的漢人可以替匈奴從事農業，也可以爲匈奴從事牧業。蘇武遭擄後被遣至北海牧羊，恐怕不是偶然的例子。匈奴經常在戰爭中擄掠人眾，被擄的不只是漢人，還

83 漢代河湟西羌的農業可見於《後漢書‧西羌傳》，這方面的研究見於：Ming-ke Wang, *The Ch'iang of Ancient China through the Han Dynasty: Ecological Frontiers and Ethnic Boundaries*(Ph.D. diss., Harvard University, 1992), 65-71. 關於烏桓的的農業見於《三國志》30/30，〈烏桓鮮卑東夷傳〉引《魏書》。有關著作見，內田吟風，〈烏桓鮮卑之源流と初期社會構成〉，《北アジア史研究，鮮卑柔然突厥篇》(京都：同朋社，1975；reprinted, 1988), 8-29.

84 《史記》110/50，〈匈奴列傳〉。

85 《史記》129/69，〈貨殖列傳〉。

86 《史記》30/8，〈平準書〉；《後漢書》24/14，〈馬援傳〉。

87 《史記》111/51，〈衛將軍驃騎列傳〉；《漢書》51/21，〈賈鄒枚路傳〉；《漢書》76/46，〈趙尹韓張兩王傳〉。

88 《史記》30/8，〈平準書〉。

89 《史記》129/69，〈貨殖列傳〉。

90 《史記》110/50，〈匈奴列傳〉。

有烏孫、烏桓、丁零、鮮卑等游牧部族之人；這些被擄的人應有相當大的一部分流入匈奴牧業之中。

狩獵　《史記》中對匈奴人的狩獵只有很簡短的描述：

> 兒能騎羊引弓射鳥鼠，少長，則射狐兔用為食……。其俗寬則隨畜，因射獵禽獸為生業，急則人習戰攻以侵伐……[91]。

僅此簡短的描述，表現了狩獵在匈奴人生計上的重要性，以及在其生命歷程及生活上的特殊意義。在許多游牧社會人群中，狩獵都普遍有其特殊功能。人們也許會認爲，游牧人群擁有大量家畜，所以肉食無缺。事實上，游牧者所擁有的家畜是生產「本金」。爲了生存，他們需盡量吃「利息」，避免吃「本金」。爲了保證在遭受突來的天災、畜疫後仍有足夠的牲畜可繁殖，牧民都希望保持最大數量的畜牲，不輕易宰殺牠們來吃。在此情況下，行獵以補充肉食，成爲許多游牧人群避免宰殺其牧畜的重要生計手段。西漢時，南單于及其民眾曾遷到長城附近，歸附漢帝國。後來他們請求歸北，理由之一是：「塞下禽獸盡，射獵無所得。」[92] 由此可見狩獵對他們的重要。《新唐書》中也記載，降於大唐的突厥人曾抱怨稱：「禁弓矢，無以射獵爲生。」[93] 12、13世紀時的蒙古人，打獵對他們而言也非常重要；前蘇聯學者Vladimirtsov稱他們「不只是游牧人群，而是游牧兼行獵的人群。」[94] 此與《史記》作者司馬遷所描述，在日常生活中匈奴人以放牧及狩獵爲生是一樣的。

前面所引《史記》對匈奴狩獵生活的記載，提及的獵物有鳥、鼠、

91　同上。

92　《漢書》94下/64下，〈匈奴傳下〉。

93　《新唐書》215下/140下，〈突厥傳下〉。

94　Vladimirtsov, *Obshchestvennyi stroi mongolov. Mongol'skii kochevoi feudalism* (Leningrad, 1934), 41, quoted from Vainshtein, *Nomads of South Siberia*, 188.

狐、兔等。民族誌資料顯示，19世紀末及20世紀初，蒙古高原西部之薩彥嶺—阿爾泰地區牧民最普遍的獵物是松鼠、兔、狐、貂、獾，以及羚羊、鹿(roe-deer, musk-deer)及狼等，其中又以松鼠、兔爲最普遍[95]。現今蒙古草原上數量最多的動物就是各種鼠類，如田鼠、黃鼠、兔尾鼠、沙鼠等等[96]。雖然根據各種遊記及蒙古史詩記載，游牧者所獲獵物多是大型動物[97]，但這些材料往往將狩獵當作一種英雄行爲來記錄、歌頌，因而無法反映游牧人群日常生計的獵食行爲。由前述《史記》相關內容，及近代民族誌記載看來，匈奴人經常獵得以補充其肉食的主要是小型動物。再者，草原上的大型草食動物都有移棲性，以追尋不穩定的、季節性的自然資源[98]，而匈奴各部落皆有其固定牧地，因此應非所有匈奴牧民都常有機會獵得大型動物。相反的，小型動物如鼠、狐、兔、獾等都是定棲性動物，匈奴人應能經常獵獲牠們以作爲肉食。雖然如此，在一固定牧區過度補殺也會造成「射獵無所得」的結果。

除了打獵之外，匈奴人也靠採集來補充食物。他們採集的對象包括小型囓齒動物及可食性植物。蒙古草原的鼠類大多穴居且有冬眠習性[99]，因此較容易被人們掘獲。《漢書》稱蘇武在匈奴曾「掘野鼠去草實而食之」[100]。較晚的《元史》與《蒙古秘史》中都有蒙古婦女、兒童掘植物根莖爲食的記載[101]。

95 Vainshtein, *Nomads of South Siberia*, 168.

96 張榮祖，〈中國乾旱地區陸棲脊椎動物生態地理〉，見於趙松喬主編，《中國乾旱地區自然地理》(北京：科學出版社，1985)，頁130。

97 Roy Chapman Andrews, *Across Mongolian Plains*(New York: D. Appleton and Co., 1921); Lobsangdanjin, *Altan tobci*, trans. by C. R. Bawden and S. Jagchid(Cambridge: Havard University Press, 1953), 1: 24-25.

98 張榮祖，〈中國乾旱地區陸棲脊椎動物生態地理〉，頁130。

99 同上，頁129-30。

100 《漢書》54/24，〈李廣蘇建傳〉。

101 《元史》1/1，〈太祖本紀〉；《蒙古秘史》，校刊本，額爾登泰與烏雲達賚校(張家口：內蒙古新華書店，1980)，卷2. 74，頁735。

掠奪　過去在許多游牧社會中，掠奪都是一種獲得資源的經常性手段[102]。對於匈奴，這便如《史記》所載，當生活困急時他們便常常出外從事侵掠[103]。《史記》對匈奴的侵奪、劫掠及其在戰場上的行爲，有如下的描述：

> 利則進，不利則退，不羞遁走。苟利所在，不知禮義。
> 其攻戰……所得鹵獲因以予之，得人以為奴婢。故其戰，人人自為趣利……故其見敵則逐利，如鳥之集；其困敗，則瓦解雲散矣[104]。

在以上字裡行間，可見史家司馬遷對匈奴之鄙夷；匈奴人不以「掠奪」爲恥(苟利所在，不知禮義)，人人爲私利(自爲趣利)作戰，戰不利則臨陣脫逃(不羞遁走)；這些，在司馬遷眼中都是違反道德規範與常情的行爲。然而，這也顯示游牧社會有其自己的道德規範與常情。在「平等自主」原則下，社會中之個人及各小社會群體皆爲自身「私利」而自主行動，因此在戰場上不注重「利他」的犧牲與「爲公」的英勇奮進。另外，此記載中說，匈奴人在戰場上聚、散很快；這便是常見於游牧社會中的「分枝性社會結構」之特色——因需要而聚集成大團體，當不需要時或不利時，散爲小群體各自求生。

匈奴對外掠奪是爲了獲得牲畜、物資與人力；當時蒙古草原的游牧經濟究竟有何問題，使得匈奴人在物資、人力甚至牲畜上有此匱乏？首先，在第一章中曾強調「游牧」是一個不能全然自足的經濟模式，需賴

---

102 E. E. Evans-Pritchard, *The Nuer*, 69, 84; Louise E. Sweet, "Camel Raiding of North Arabian Bedouin: A Mechanism of Ecological Adaptation," *American Anthropologist* 67(1965): 1132-1150.

103 《史記》之記載為：「急則人習戰攻以侵伐。」見《史記》110/50，〈匈奴列傳〉。

104 《史記》110/50，〈匈奴列傳〉。

輔助性生業來補足；這是卡札諾夫等研究游牧社會之人類學者大都同意的。由本書第二章中國北方游牧社會形成的過程來看，草原游牧經濟中的匱乏，也與華夏認同的形成，以及華夏以帝國之組織與力量來壟斷較豐富的南方資源密切相關。因此無論從人類學(人類生態)或歷史(人類生態歷史)的角度，匈奴人爲了生計而行的掠奪，只是一種人類生存動機下的無奈選擇。

在過去的著作中，我曾區分兩種不同功能的游牧人群之掠奪：生計性掠奪(subsistence raids)與戰略性掠奪(strategic raids)。前者是爲了直接獲得生活物資；這是游牧經濟生態的一部分，因而它必須配合游牧的季節活動。生計性掠奪，一般行之於秋季或初冬；此時牧民一年的游牧工作大體完成，士強馬壯。後者，戰略性掠奪，是爲了威脅、恐嚇定居國家以遂其經濟或政治目的攻擊行動。因此，相反的，爲了增強此種掠奪之威脅效果，它們經常在一年中不定期發動[105]。我們可以此觀察匈奴的對外劫掠。

表4顯示，雖然匈奴對外劫掠發生在秋季較多，但更重要的是他們在四季皆可能發動攻擊。因此，匈奴之對外劫掠，很明顯的是一種戰略性劫掠。美國人類學者巴費爾德曾稱匈奴劫掠中國的方法爲「外邊疆策略」(outer frontier strategy)[106]；他說明匈奴如何利用此策略深入侵犯漢地，以此威脅漢帝國朝廷，而獲得漢廷給予之「歲賜」物資。他認爲，這些物資由單于、左右賢王等，從上而下層層賜予、分配至各級部落長，此便是匈奴帝國存在之所賴。我將匈奴對中國的這些軍事行動視爲「戰略性劫掠」，著重的不在於它們對中國造成的影響，也不在於它如何有利於匈奴帝國。相反的，相對於傳統游牧人群中更普遍的「生計性劫掠」，我們應問的是：此種掠奪如何可能？它們對游牧生計的影響如何？

---

105 Ming-ke Wang, *The Ch'iang of Ancient China through the Han Dynasty: Ecological Frontiers and Ethnic Boundaries*(Ph.D. diss., Harvard University, 1992), 77-78.

106 Barfield, *The Perilous Frontier: Nomadic Empires and China,* 49-51.

表4　史籍所見匈奴入寇漢帝國之發生季節

	春	夏	秋	冬	資料來源
182 BC		*		*	《漢書》3/3: 65
177 BC		*			《漢書》4/4: 73
169 BC		*			《漢書》4/4: 74
166 BC				*	《漢書》4/4: 75
158 BC				*	《漢書》4/4: 76
148 BC	*				《漢書》5/5: 81
144 BC		*	*		《漢書》5/5: 82
142 BC	*				《漢書》5/5: 83
135 BC	*		*		《漢書》6/6: 87
129 BC				*	《漢書》94a/64a
128 BC		*	*		《漢書》6/6: 88
126 BC		*	*		《漢書》94a/64a
125 BC		*			《漢書》6/6: 89
124 BC			*		《漢書》94a/64a
122 BC		*			《漢書》6/6: 90
120 BC			*		《漢書》6/6: 91
102 BC			*		《漢書》94a/64a
98 BC			*		《漢書》6/6: 100
91 BC			*		《漢書》6/6: 102
90 BC	*				《漢書》6/6: 102
87 BC				*	《漢書》7/7: 104
83 BC			*		《漢書》94a/64a
AD 45				*	《後漢書》89/79
AD 62				*	《後漢書》89/79

春＝1-3月；夏＝4-6月；秋＝7-9月；冬＝10-12月(漢曆)

此問題之關鍵在於，這樣的軍事行動對於一般部落組織中的游牧人群會有其困難；一年四季動員軍隊，表示許多牧民隨時皆可能爲從事戰爭而離開關鍵性的游牧季節工作。這樣的戰爭與動員策略，只能存在於某種游牧社會中——在此牧民不完全依賴薩林斯(Marshall Sahlins)所謂的家內式生產方式(domestic mode of production)[107]，且有遠比「部落」來得複雜的政治組織，也就是游牧國家。

由中國文獻記載看來，匈奴帝國的確有能力保持這樣的軍隊與戰力，但他們付出的代價則是，游牧人力經常短缺，以及，因國家之集中化而違反游牧的季節韻律及避災功能，如此常造成畜產、人民的慘重損失。

匈奴除了掠奪中國外，他們與鄰近游牧部族之間也彼此掠奪。如中國史籍所載：

> 冒頓以兵至大破滅東胡王，擄其民眾畜產[108]。
>
> 丁令比三歲入盜匈奴，殺略人民數千，驅馬畜去[109]。
>
> 建平二年，烏孫庶子卑援疐翕侯人眾，入匈奴西界，寇盜牛畜，頗殺其民。單于聞之，遣左大當戶烏夷泠將五千騎擊烏孫，殺數百人，略千餘人，毆牛畜去[110]。

以上資料也顯示，匈奴的掠奪，無論是對定居農業聚落或是游牧群體，其擄掠對象主要是畜產與人民[111]。因此，一般認爲匈奴對中國掠邊主要是爲了需要農產品，可能並不正確。如上所述，爲了遂行國家之戰略性劫掠戰爭，匈奴似乎更需由劫掠中增添、補充牲口及游牧人力。關於對外劫掠人民、畜產在匈奴游牧經濟中的意義，我將在後面作更多

---

107 他在所著*Stone Age Economics*中提出這樣的概念並定義為「由家庭團體及親屬關係組成的經濟」。見Marshall Sahlins, *Stone Age Economics*(New York: Aldine Publishing Co., 1972), 41.

108 《漢書》94上/64上，〈匈奴傳上〉。

109 同上。

110 《漢書》94下/64下，〈匈奴傳下〉。

111 江上波夫，〈匈奴の經濟活動：牧畜と掠奪の場合〉，《東洋文化研究所紀要》1956年9期，頁45-60。

的說明。

貿易 根據文獻及考古發現，林幹曾指出匈奴人與漢、烏桓、羌、西域以至裡海東岸地區皆有貿易往來。他指出，銅鐵器成品及原料爲匈奴日常所需，因此西漢名臣賈誼曾建議以控制銅鐵出塞來挾制匈奴。他也指出，在匈奴與羌人的貿易中「奴隸」是一項重要交易品[112]。有關匈奴的考古，亦發現來自各方之絲織品及各種器物，此更反映匈奴對外交易之物品廣泛，貿易範圍距離也可能相當遠[113]。然而這些考古所見物件多見於匈奴大型墓葬與宮室、城鎮建築中，它們反映的是匈奴社會上層與外界的政治往來與貿易關係，而與一般牧民關係不大。

匈奴與漢之間有一種貢賜關係；匈奴向漢朝進贈物品，而漢廷回贈他們等值或更豐厚的賞賜。余英時認爲這是另一種形式的貿易[114]。巴費爾德曾計算漢帝國賜予匈奴最豐厚的一筆賞賜，其中的穀類也只能供應700個牧民一年之需(以穀類占其總食物消耗量的五分之一來計算)，而其他如酒、絲織品等只是與民生無太大關聯的奢侈品。因此他認爲，匈奴由與漢帝國的和親之約及貢賜關係中獲得的物資，對於匈奴治下牧民的生計無補；它們主要被單于用來賜給各部落首領，然後再由各部落首領轉賜下去，以此鞏固單于及各級首領的地位，也因此匈奴必須以劫掠與關市來滿足牧民的生活所需[115]。由此可見，匈奴與漢王朝間的貢賜關係，其功能主要在於雙方社會上層的物資交換與分配，在「禮物」的贈予、收受中鞏固雙方之政治體系與威權；此「貿易」與牧民之游牧經濟關係不大。

對於長城外游牧帝國與南方中原帝國間之貿易，著名蒙古學者札奇

112 林幹，《匈奴通史》，頁145-148。

113 同上，頁146-148。

114 Ying-shih Yu, *Trade and Expansion in Han China*(Berkeley: California University Press, 1967), 103. 中文版《漢代貿易與擴張》(台北：聯經出版公司，2008)。

115 Thomas Barfield, “The Hsiung-nu Imperial Confederacy: Organization and Foreign Policy,” 52-54.

斯欽曾指出，游牧帝國對此貿易相當依賴，因此游牧帝國樂於以和平的貿易方式來獲得生活所需；只有當這種關係被切斷時，他們才會發動戰爭以獲取生活資源。以匈奴來說，其與漢帝國間的戰爭與和平，與漢廷是否願開關市貿易有絕對關係——無關市貿易，則有戰爭[116]。也就是說，札奇斯欽將歷史上北亞游牧國家與南方帝國王朝間的戰爭，歸因於各王朝政權經常打斷這種和平的貿易關係[117]。這看法有其價值與歷史真實性，但並不完全正確。

在歷史上，中原王朝是否願與北方游牧部族行關市貿易，並非此種「貿易」是否能持續、常態進行的唯一因素。另一重要因素是，游牧人群之畜產常受自然環境中不穩定因素打擊，他們因而——至少在主觀認知上——缺乏經常的、穩定的「盈餘」來進行這種貿易[118]。譬如根據人類學家的記載，伊朗的一支游牧人群Baluch與定居從事灌溉農業的Shahri人爲鄰，在豐年時Baluch人樂於與Shahri保持貿易關係，但在荒年時Baluch幾乎沒有什麼牲畜可供交易，因此他們必須掠奪Shahri；在這種狀況下兩者根本無法建立起穩定的交易關係[119]。所謂「盈餘」不只是客觀的生產與消費間之量化差距，更是人們主觀上認爲扣除讓生活得到安全保障的必要消費後之剩餘物資。爲了供應生活所需，以及避免自然災害帶來無法恢復的畜產損失，游牧人群都希望保持最大數量的畜產；如此，一個農人知道他穀倉裡有多少存穀可稱爲「盈餘」，但對於一個游牧者來說，有多少畜產可稱爲「盈餘」是難以判斷的——因爲自然災害帶來的損失無法預估。所以對傳統游牧社會人群來說，以其畜

116 Jagchid and Symons, *Peace, War, and Trade Along the Great Wall*, 21-22, 24-51.

117 同上，頁24-51。

118 Khazanov, *Nomads and the Outside World*, 203.

119 P. C. Salzman, “The Proto-State in Iranian Baluchistan,” in *Origins of the State*, eds. By Ronald Cohen and Elman R. Service(Philadelphia: Institute for the Study of Human Issues Publish, 1978), 130-131.

產經常、穩定的供應市場交易是有相當困難的[120]。

以匈奴與漢帝國的貿易而言，匈奴相當依賴與漢帝國間的關市貿易，這一點毫無疑問。然而此種貿易關係卻難以穩定、持久；破壞此和平貿易關係的不一定是漢帝國，也由於匈奴部落常違背盟約進犯漢帝國邊境。即使是在雙方最穩定的貿易往來時期(西漢的景帝至武帝之初)，匈奴入掠漢帝國邊郡之事仍不間斷[121]。爲何如此？我認爲，至少部分原因是，匈奴人民用於貿易交換上的主要是畜產[122]，而如前所言，游牧者的畜產幾無「盈餘」可言。況且匈奴牧民經常受到自然災害的打擊，在這些時期他們更不可能有多餘的牲畜來供貿易交換。還有便是，對漢帝國背盟掠邊的事件不見得都是匈奴國家的行動；游牧社會中蘊含的平等自主原則，可能讓匈奴單于難以約束其治下所有部落的行動。

歷史文獻記載，匈奴經常對漢帝國、烏桓、烏孫等鄰邦發動攻擊以擄掠畜產、人眾，顯示在國家組織與相關軍事活動下，其游牧經濟中必要的牲畜與人力均經常不足。對外掠奪牲畜，可以應生活所需，以及補充其畜產在災害與貿易交換中的減損。總之，游牧人群與定居人群間不容易建立起穩定的貿易關係，游牧人群也很難賴出售牲畜來取得所缺的生活物資。

綜上所述，匈奴的整體經濟是以牧業爲主體，並從事其他生計活動來補充生活資源，及減少游牧生產不穩定性造成的危機。在輔助性生計

120 譬如19世紀時，俄羅斯商人大量收購Kazakh的畜產以供應市場，曾造成當地游牧人群的災難。資料見Khazanov, *Nomads and the Outside World*, 204.

121 《漢書》94上/64上，〈匈奴傳上〉。

122 《漢書》記載，西漢末年時，有一次匈奴單于派代表向烏桓徵收皮布稅，匈奴人民、婦女也隨著代表去與烏桓人作買賣。後來雙方產生糾紛，烏桓人扣留匈奴婦女與其牛、馬；見《漢書》94下/64下，〈匈奴傳下〉。《後漢書》記載，西元84年的東漢時，北匈奴人曾驅萬餘頭的牛馬來與中國作買賣；見《後漢書》89/79，〈南匈奴列傳〉。

活動方面，農業生產在匈奴牧民生計中即使有，其所占比重也應是非常低，更可能大多數匈奴牧民未行種植之事。靠著狩獵、採集能彌補食物短缺，但也不穩定，且常有資源枯竭之虞。對外掠奪與貿易，是匈奴取得補助性資源最普遍的途徑，然而兩者在匈奴游牧經濟中有其內在矛盾。穩定的貿易關係需建立在可預期的生產、盈餘和消費上，以及在雙方和平、互信的環境之中。但匈奴一方面無法穩定供應「盈餘」畜產，另一方面他們常以掠奪來補充畜產，如此也破壞了漢、匈之間的和平與互信。在漢帝國方面，漢朝廷只是藉著「開關市」來作爲攏絡、安撫、貼補匈奴游牧經濟劣勢之手段，而非在內部促進對匈奴畜產的需求以合理化此貿易交換關係；因無需求，所以漢帝國經常以「閉關市」來作爲對匈奴的政治懲罰。

人類的經濟活動幾乎皆與其政治、社會組織脫不了關係。對於人民主要從事游牧的匈奴來說，國家層級的政治組織，以及爲遂行國家策略與統治者意圖所作的動員，深深影響其游牧生計及相關的輔助性生計活動。譬如，其牧業因遂行國家之戰略攻伐而常錯失游牧季節韻律；爲了儲穀以供對外作戰或屯守之需，部分人群從事農業；其狩獵因國家劃分、維護各部落牧區而受限定。最後，也因其國家組織，各部落、牧團間之相互劫掠被禁止，而牧民只能加入各部族之軍隊，在國家策略下對漢地、烏桓、丁令、烏孫、西域等匈奴國家之外的地域人群進行遠距戰爭；此對於匈奴的游牧經濟打擊更大。

游牧經濟下的匈奴國家與社會

人類經濟生態與其社會、政治組織的關係，是社會人類學研究的焦點之一。游牧人群的社會特質，更被認爲與其生產方式有密切關聯[123]。

123 John G. Galaty and Philip Carl Salzman eds., *Change and Development in Nomadic*

第一章曾提及，游牧盛行的地區不只是缺乏農業資源，更主要的是這些資源不穩定；譬如不穩定的雨量，突來的高溫或低溫，無法測知的大風雪等等。在這等地區，游牧的「移動性」使得牧民及其財產(畜牲)得以在適當的時候，選擇以適當的人群(及畜產)組合來利用自然資源或逃避災難。而爲了能隨時改變人群構成來適應環境變化，游牧社會的「結構」需有彈性，而且每一基本游牧生產單位——家庭或牧團——對於本身的游牧事宜需有相當的決定權。基於這些原則，最常在一個游牧社會中見到的便是「分枝性社會結構」[124]。

在這樣的社會結構裡，一個游牧團體的大小有相當彈性。在作戰時，他們可以根據外來敵對力量的大小，團聚成適當的群體以自衛或攻擊。戰後此群體立即解散，各回宜於當地游牧經濟(與相關資源分配、競爭)的人群組合之中。譬如，爲了與一個有數萬騎兵的大部落聯盟作戰，許多部落及其下之牧團人群會凝聚成大部落聯盟來與之對抗。戰事結束後，此聯盟解散；人們各歸其牧地後，視當地、當時之狀況而群聚爲牧團，或結爲部落。也因此，在這樣的社會中愈上層的社會組織(如大部落聯盟)愈是暫時性的或常爲虛設的，且不穩定，其領袖威權也是如此。由於每一家庭及牧團都有相當自主性，因此一般游牧社群領袖的脅迫性政治權威也都相當有限。然而在游牧社會研究中，學者也常觀察到一些相反的現象——20世紀上半葉有些地區游牧社會，如中亞與沙烏地阿拉伯，有部分的部落或部落聯盟組織非常堅實、穩定，其各級領袖對牧民亦能行使相當的政治控制。更不用說，我們如何理解歷史上「游

(續)

and Pastoral Societies(Leiden: E. J. Brill, 1981), 50-67.

124 Evans-Pritchard, *The Neur*, 142-150; Fredrik Barth, "Segmentary Opposition and the Theory of Games: A Study of Pathan Organization," *Journal of the Royal Anthropological Institute* 89(1959): 5-21; Pierre Bonte, "Segmentarite and Pouvoir chez es éleveurs nomads sahariens, Elément d'une problematicque," in *Pastoral Production and Society*, 171-99; Marshall D. Sahlins, "The Segmentary Lineage: An Organization of Predatory Expansion," *American Anthropologist* 63(1961): 322-345.

牧帝國」的存在？匈奴便是一個最好的例子。因此在對「匈奴帝國」的研究中，我們應問一個關鍵問題：匈奴「國家」層次的社會政治組織及其相關活動，如何與其民眾之游牧經濟相配合？

關於匈奴的社會與國家組織，中外學者已有很豐富的研究[125]。以下我先根據《史記》、《漢書》、《後漢書》中之相關記載，參考學者們的考據與推論，大略描述匈奴的國家與社會組織。首先，學者們大體都接受《史記》等書的記載，認爲匈奴爲一有中央化領導(單于)，治國之官僚集團(貴姓)，及階序化地方體系(二十四部首長及其下之千長、百長等)之「國家」。此國家之統治權力在單于手中；單于左右有輔政之「貴姓」集團[126]，他們只有輔政地位而未統有部落。單于以下有左右賢王等受封的二十四部首領，皆爲單于近親子弟。此二十四部領袖皆號稱「萬騎」，實際上他們所統軍隊或上萬，或數千；「萬騎」可視爲一種地域部落聯盟組織，它的功能主要是在軍事動員上。這些「萬騎」首長在其領地內又統領著千長、百長、什長，並設置裨小王、相、都尉、當戶、且渠等官爲弼輔。在本土二十四部之外，則有歸降匈奴的定居屬國與游牧部族，以及漢帝國投降匈奴的將領所率部眾。這些受單于所封的「異姓」或「異族」王侯，與單于王庭間有多種形式的關係，且多爲間接關係，他們並非像匈奴本土二十四部首領那樣直接受命於單于[127]。

125 謝劍，〈匈奴政治制度的研究〉，《中央研究院歷史語言研究所集刊》41本(1970)，頁231-271；林幹，《匈奴通史》，頁23-32；護雅夫，〈匈奴的國家〉，《史學雜誌》59卷9期(1950)，頁1-21；〈二四大臣——匈奴國家の統治機構の研究〉，《史學雜誌》80卷1期(1971)，頁43-60；Thomas Barfield, "The Hsiungnu Imperial Confederacy: Organization and Foreign Policy," *Journal of Asian Studies* XLI.1(-1981): 45-61.

126 依謝劍之說，這些貴姓與單于家族皆為構成一族體之「半族」，他們互相通婚。

127 謝劍，〈匈奴政治制度的研究〉，頁264-265; Thomas Barfield, "The Hsiung-nu Imperial Confederacy: Organization and Foreign Policy," 48-49.

地方上由千長、百長、什長所領導的游牧人群，學者多認為是建立在游牧部落原有的社會組織之上。此使得軍事與民事合一，並能配合游牧之機動性[128]。匈奴研究學者林幹也強調，匈奴的生產組織與軍事組織能密切結合；他認為，這「使得它的部族內部和社會內部結合得甚為緊密」，也因此戰鬥力十分頑強。他更進一步指出，如此游牧類型、生產組織與軍事組織合一，也是後來鮮卑、柔然、回紇、契丹、蒙古等的興起模式[129]。總而言之，學者大多強調匈奴「國家」權力集中化，二十四長以下之政治體制又頗能配合地方游牧經濟，因而在戰爭動員與戰事上能發揮游牧「機動性」，也因此其軍隊戰鬥力強大。

美國人類學者巴費爾德，對匈奴由中央到地方政治體系之見解與前者略有不同。他認為各加盟的或被征服部落的首領，是在匈奴二十四長的統領下被納入此國家體系內，而二十四長似乎是單于在地方上的代表。他指出，這個體系最弱的一環，在於加盟部族領袖與匈奴國家的關係上。因為地方部族領袖名義上是國家政治階層的一環，但他們的權力卻來自於民眾之擁護，因而他們在地方上享有相當自主權。他舉一則史籍記載——握衍朐鞮單于封自己的兒子為奧鞬王，奧鞬貴人不服，因而立故奧鞬王之子為王——來說明匈奴部落之人對本部落領袖的忠誠勝於他們對單于的忠誠[130]。麥高文(William M. McGovern)對此有類似見解，他指出，二十四長雖為單于所封，但他們在地方上自行派官治理，有如獨立於中央之外的地方領主[131]。由於中國史籍中多匈奴地方部族

128 謝劍，〈匈奴政治制度的研究〉，頁244、265。

129 林幹，《匈奴通史》，頁8-9、127。

130 Barfield, "The Hsiung-nu Imperial Confederacy: Organization and Foreign Policy," 49-51.

131 William M. McGovern, *The Early Empires of Central Asia, A study of the Scythians and the Huns and the part they played in world history: with special reference to the Chinese sources* (Chapel Hill: The University of North Carolina Press, 1939), 117-119.

首領(史籍中稱之爲「王」)獨斷獨行的記載，更有些學者認爲匈奴政體是軍事聯盟或聯邦制(confederacy)。

在此我不願，也無法，涉入有關匈奴國家政體的細部探討；畢竟，可依賴的文獻與考古資料太少，且文獻記載也不一定都真確。我們可以在一些可靠的前提下，探索一些簡單但更基本的問題。譬如，基於游牧社會人類學以及考古學資料，我們對匈奴游牧經濟之環境背景、草食動物之動物本質、人類利用動物以生存於此環境之策略等等的認知應是可靠的。基於此，我們要問的是：匈奴之「國家」是什麼樣的政治體，它一方面可以配合游牧經濟生產並與牧民社會相容，一方面又能對外獲得資源以供應、延續此體系？或者，它有內在的矛盾以致常不能兼顧二者？

匈奴的左右賢王、二十四長，以至千長、百長、什長的組織，似乎就是一種由上而下的分枝性社會結構。如此看來，匈奴的「國家」政治組合建立在配合游牧經濟之社會結構上，或至少並未違反游牧經濟中的分散、分枝原則。《史記》中描述，匈奴人在戰爭中，「其見敵則逐利，如鳥之集；其困敗，則瓦解雲散矣。」[132]——反映的正是游牧人群可聚可散的社會特質。

但這並不意味著匈奴「國家」對其牧民的游牧經濟毫無不良影響。首先，在一個分枝性結構部落組織中，沒有常設的階序性管理體系與相關政治威權[133]，因而此社會人群得以平等競爭，並在日常游牧事宜中自行決定其行止。但是在匈奴國家組織及國家策略行動下，國家設置的各級部落長是常設的政治機構及威權，而每一部落又由國家分配牧地(各有分地)。如此，一個匈奴游牧單位人群，家庭或牧團，對自身游牧生計之關鍵抉擇——譬如何時出發開始移牧，往何處放牧，是否加入

132 《史記》110/50，〈匈奴列傳〉。

133 Marshall D. Sahlins, *Tribesmen*(Englewood Cliffs, New Jersey: Prentice-Hall, INC., 1968), 50-51.

或離開一個大游牧群體——應受到很大的限制。

其次是游牧經濟中的人力問題。在任何形式的游牧生活中，人力運用都是相當大的問題。不但牲畜需要照顧，而且由於動物草食的習性不同，有時還需分群照顧。此外，取乳、製酪、剪毛、照顧初生動物，以至打獵、採集、貿易等輔助性經濟活動，都需要相當的人力。因此在一個游牧家庭裡，所有成年男女以及老年人、幼童皆須投入生產分工之中[134]。而且，不像農人那樣一年中有忙有閒，牧人整年都有重要工作。匈奴的畜產以羊爲主體，而游牧民族誌資料顯示，羊是最需要人力照顧的牲畜[135]。匈奴爲了維持一支大軍，在任何季節隨時對漢帝國發動攻擊，顯然嚴重影響到游牧人力支配。匈奴解決人力問題可能有兩個途徑。一是對外擄人以補充其人力；在中國文獻記載中，匈奴對外劫掠時常擄人民而去。二是採大集團游牧的方式；這的確可精簡人力，但違反游牧經濟之分散原則。在中國史籍記載中，匈奴畜產常大批死於災變，或被漢軍大量擄獲，可能都是經常施行大集團游牧的結果。

匈奴牧民在國家與部落間的生存抉擇

進一步了解匈奴「國家」與其游牧經濟的問題，我認爲，更重要的是由中國史籍記載的一些簡單「事件」入手。將這些「事件」視爲一種社會現實(如匈奴的各種制度與社會體系)下的「表徵」，我們可以嘗試理解什麼樣的社會現實本相(social reality)，以及在其間人(或人群)之情感與利益抉擇(或無可選擇)，產生如此的表徵，或表相。各種事件(表徵)的發生，又如何強化或逐漸改變社會現實本相。

首先，我們由戰國末北方華夏諸國築長城此一連串之「事件」及長

134 Rada Dyson-Hudson and Neville Dyson-Hudson, "Nomadic Pastoralism," *Annual Review of Anthropology* 9(1980): 21-25, 55.

135 Lawrence Krader, *Social Organization of the Mongol-Turkic Pastoral Nomads*, 30.

城本身談起。築長城及沿長城之爭戰，都是一歷史本相下的產物。這歷史本相也就是，約自西元前1500年至戰國秦漢，發生在黃土高原北方邊緣的一連串人類生態變遷——黃土北方邊緣人群之畜牧化、移動化、武力化，並與南方周諸侯國競爭資源；華夏認同形成，華夏諸國凝聚力量向北擴展並積極維護其資源邊界，都是此歷史本相的一部分。這個歷史本相的發展，造成統一的中原帝國——秦帝國，以及秦帝國聯結戰國時期北方諸國長城所造成的「萬里長城」。首個統一的中原帝國，以及統一的北方長城線，它們是華夏此一資源共享群體及其所宣稱的北方資源邊界的表徵與表相，它們也具體呈現及強化「華夏」及「華夏邊緣」此一人類生態本相。

華夏帝國的形成及其強力維護北方資源界線，迫使長城以北各人群全面游牧化；不只是嘗試以更合理、有效的游牧生計手段以求生存，並嘗試各種社會結群方式以進行資源分配、競爭，藉以因應此一資源環境的鉅變。因而，站在北方草原的角度來看，蒙古草原也有一歷史與社會本相逐漸形成；也就是，以家庭、牧團為主要生產單位的游牧成為最根本的人類生計方式。但是，另一相關的歷史與社會本相則是：為了使此種生計更完整、安全，究竟應組成部落與其他部落爭資源，或整個蒙古草原各部落組成大游牧帝國對外獲取資源，則經常在人們的爭議與行動中擺盪。可以說，由戰國至漢初，「長城」在農牧混合地帶之人群資源競爭中產生，也因此長城內外社會政治變化有相生相成的關係。

中國文獻記載中，秦代北邊的河南王、白羊王、樓煩王、東胡王等所統領的政治群體，皆為此一時代本相下的產物。這些游牧部落聯盟及其「王」的出現，顯示此時北方各游牧部落的一種生存策略為：避免同一生態區各部落相爭，而組織成較大的群體向外爭奪資源。在此，我們可以思考巴費爾德教授的一個重要論點。他指出，匈奴游牧國家因應秦漢帝國之統一而形成，因此它也與東漢帝國在同在一世代間相續衰亡。他對此的解釋是：草原游牧國家的存在，需要有一穩定的華夏帝國供其剝削[136]。雖然我也認爲匈奴國家的形成與秦漢華夏帝國的出現有密切關聯，但我不盡同意巴費爾德之觀點。顯然巴費爾德此一見解，除了基於中國文獻記載之「史實」外，主要根據人類學對許多游牧社會「分枝性結構」之認知——游牧人群的社會群體規模大小，常對應於其當時所面臨的外在敵對勢力之強弱。根據此原則，當南方農業邦國凝聚成爲華夏帝國，北方草原游牧部族也凝聚成「國家」以與前者對抗並獲得資源。基本上我同意此觀點——匈奴國家的產生，是北方草原部族對華夏帝國形成的一種因應之道。但值得商榷的是，匈奴國家是否真的能對漢帝國予取予求，並以此維持其國家體系？

我認爲，在「分枝性結構」社會中形成龐大的游牧政治體，可能出現在兩種情況下：一爲短暫的軍事結合，戰事結束後，便散爲日常的游牧社會群體；二爲此政治體可以穩定的獲得外來資源，且不影響游牧韻律，因而它也得以存在與延續。我們由匈奴國家之構成及其活動來看，這兩者都是其「理想」，事實上在兩方面都有缺憾。以前者來說，此便爲許多學者提及的，匈奴軍事與民事合一的千長、百長、什長之制；作戰時因應漢軍的多寡，而動員恰當規模的軍隊。然而匈奴國家的軍事活動非常頻繁，且爲了增強其威嚇效果，匈奴有四季皆可出擊的常備軍隊——此已不是短暫的軍事結合了。以後者來說，這便是匈奴藉其「國家」來對鄰邦徵稅，從中國得到歲賜，以及由貿易獲得資源等手段。然而這樣的外來資源也不穩定；中國只要力量夠便對匈奴出擊，或結合西域各國與烏桓等來打擊匈奴，或以閉關市來懲罰匈奴。況且，前面曾說明，以牛馬等爲貿易資本，更使得匈奴需要對外掠奪牲畜——環境中有太多不確定因素，使得牧民心理上永遠覺得畜產匱乏，並沒有「盈餘」畜產可資交易。對外掠奪，又讓匈奴常捲入與漢、烏桓、丁零、烏孫等的戰爭中，如此更無法讓其牧民按季節韻律行游牧了。

136 Thomas J. Barfield, *The Perious Frontier*, 131.

游牧經濟之生計活動，原來便是人類因應資源匱乏且不穩定環境的手段。游牧社會的「分枝性結構」，也是在此環境與人類經濟生態下一種有避災功能的設計。此設計之優勢並非其「結構」，而是人在其間的「抉擇」及作抉擇的能力。匈奴什長、百長、千長制並非國家建立的「軍事組織」，或最多只是建立在游牧人群分枝性社會結構上的一種組織。「什長」爲領導一個「牧團」的領袖，「百長」爲一個小部落(由若干牧團構成)的領袖，「千長」則爲率領一大部落(由幾個小部落構成)之部落長。雖然有此「分枝性結構」，然而在匈奴國家體制及遂行國家策略的動員下，此種部落組織之優勢常蕩然無存，或至少嚴重減損。特別是，如前所言，匈奴對中國用兵與一般游牧「部落」掠奪定居人群的模式不同；匈奴在一年四季皆出擊，而後者爲了配合游牧季節韻律，大多只在秋季外出劫掠。

更不利於匈奴的是，在經過一些失敗後，漢軍對匈奴有更深入的了解。約從西元前129年始，漢軍對匈奴的出擊大都選在春季。對任何游牧人群來說，初春都是最艱苦而不宜長程遷徙的季節。漢軍此種幾近惡毒的戰略，必然迫始許多匈奴牧民在不宜聚集、不宜長程遷移的季節，毫無選擇的驅著牲畜逃避兵災，或聚集在其「千長」、「萬騎」之領導下與漢軍對抗。歷史記載中，漢軍常擄獲相當大數量的匈奴牲畜；若匈奴各牧戶、牧團在其部落組織中仍有「選擇」——選擇分散成小團體脫離戰區——漢軍不可能有如此擄獲。顯然，國家的軍事動員與戰爭發生的季節，都讓他們毫無選擇。我們在歷史記載上看見的，只是漢軍殺敵及擄獲的匈奴人畜數字而已。事實上，漢軍此種春季出擊造成匈奴的人畜損失應遠大於此。

因著國家行動，匈奴大規模的人民、畜產損失，發生在西元前120年左右，以及連續發生於此後數十年間。這便是，據中國史籍記載，由西元前2世紀末開始匈奴頻頻發生雪災，造成大規模人畜損失，後來也因此造成南、北匈奴的分裂。然而這不只是天災而已。這些災難的遠因，應淌及漢軍在西元前124-121年連續出擊匈奴，以及西元前121年匈奴昆邪侯、休屠王之眾降漢，使得匈奴單于無法在漠南立足而王庭北遷。西元前111年，漢軍由令居(甘肅永登附近)出塞數千里至匈奴河(蒙古燕然山南麓拜達里格河)；據記載，當時漢軍看不到一個匈奴人而大軍返回。可見在此一時期不只是匈奴王庭北移，絕大多數的匈奴部落也跟著往北遷移了。「游牧」是人類對環境的一種專化適應；所謂專化包括畜養特定種類與品種的牲畜，以及特定的游牧遷徙模式與照管牲畜之技術。我們知道，漠北(戈壁沙漠以北)與漠南地區在環境上有相當差別。那麼，由漠南遷到漠北的各匈奴部族如何學習以新的游牧技術適應新環境？他們的牛羊如何適應更嚴寒的冬季？這些都是不易解決的問題。尤其是羊，牠們能適應多元、極端的環境乃因爲品種分化的緣故。這也表示，各品種的羊都有宜於其生存的環境，不適於遠徙到另一環境中。

西元前104年冬，據史籍記載：「匈奴大雨雪，畜多飢寒死。」西元前90年，漢遣貳師將軍大舉出兵北伐匈奴。單于率其眾遠徙至郅居水(色楞格河)。左賢王也「驅其人民」渡過余吾水(土拉河)，遠徙六、七百里居於兜銜山。次年，西元前89年，據中國文獻記載，匈奴「連雨雪數月，畜產死，人民疫病，穀稼不熟」。這記載，說明此時有部分匈奴人是從事農業的。大雨雪固然在游牧地區會造成災難，但如前所言「游牧」本身有避災功能。因此極可能是，人畜遠徙造成的牧民游牧生態變遷，包括部分失去畜產的牧人在此不宜農業的地區從事農作，使得許多匈奴人畜在面臨氣候變遷時無所遁逃。

西元前72年漢軍五道出擊，並有常惠所率烏孫等西域軍隊相助。後來因匈奴人「毆畜產遠遁逃」，五路漢軍都沒有多少斬獲。然而中國文獻也記載，當時匈奴畜產因長程遷移而大量死亡。第二年冬季，單于親自率領萬騎出擊烏孫，雖得勝，但回程遇上大雨雪。一日之間雪深丈餘，隨軍的匈奴民眾、牲畜活下來的不到十分之一。後來匈奴受丁令、烏桓、烏孫之攻擊，又有相當大的人畜損失。據《漢書》記載，除此之外，還有許多匈奴人是餓死的；在這兩年，總共匈奴人民死了十分之三，畜產損失了一半。這一次，同樣的，雖然說是天災，但為了參與或逃避戰爭，大量民眾率其牲畜在不宜遷移的季節(冬季)作長程遷徙，應是造成匈奴人畜損失的主要因素之一。

西元前68年，匈奴左大且渠與呼盧訾王各率萬騎，南下至漢帝國北邊，欲伺機入侵。後來因匈奴軍中有人叛逃降於漢，漢帝國有了防備，匈奴退兵。也在這一年，更嚴重的饑荒造成匈奴人民、畜產死了百分之六、七十。有一支匈奴部族，被匈奴征服而後移徙到東部(左部)的西嗕人，此時可能為饑饉所迫，數千人驅著畜產南遷，降於漢帝國。西元前62年，虛閭權渠單于親自率領十萬騎南下往長城邊，又因為有部屬叛入漢帝國而讓漢庭有備，單于被迫退兵。他向漢廷求和親，但漢廷並未許諾，單于就病死了。

我們可以更深入分析這些歷史事件的人類生態意義。這些「事件」被《漢書》作者記錄，是為了構成一個關於匈奴如何衰敗的因果敘事。然而在此敘述中的「事件」，除了作為歷史事實外，其在當時的「發生」也是人所締造的行動表徵。這樣的表徵，其背後有更重要的歷史事實，也便是當時長城邊緣的人類經濟生態本相。西元前68至前62年，匈奴兩度大舉南下掠奪漢帝國，兩次都有部眾叛逃入漢，又有整個部落降於漢帝國的事例。過後，匈奴單于向漢示好，求和親。以上所有的事件都顯示，匈奴迫切需要突破「長城」這一道資源封鎖線——無論是以掠邊、投降或以和親為手段，無論是匈奴國家或各別部落、個人，都有此迫切需求。此危機固然肇因於天災，但至少部分原因為國家此一政治組織無法與游牧經濟相配合；在此一變數極大的自然環境中，國家的「集中性」與國家所設立的種種「邊界」減損了游牧社會攸關生死的「分散性」與「移動性」。然而這些在某種歷史事實層面的單純「投降事件」，從另一層面來看，卻顯示此時游牧社會內在的分散性、平等自主性，在許多個人的抉擇下發揮其自我調節作用，而終突破了長城此一資源邊界。

這樣的長城邊緣之人類生態本相，更在此後產生一連串的事件表相。西元前60年新單于握衍朐鞮繼位，匈奴發生許多內鬥與分裂事件。先是，與新單于不和的日逐王率部歸降於漢。後來又有奧鞬貴人(各級部落長)不服單于以其子繼任奧鞬王，而自行擁立故王之子爲奧鞬王，並將部落遷往東部。此時匈奴各部皆不願服從握衍朐鞮單于，甚至右地部落長與左地部落長共同擁立前虛閭權渠單于之子爲單于，也就是呼韓邪單于，與握衍朐鞮單于對抗。西元前58年，握衍朐鞮單于敗於呼韓邪單于而自殺。此後匈奴諸王紛紛自立爲單于，共有五個單于相互攻伐。最後敗於郅支單于的呼韓邪單于決定對漢帝國稱臣，將部落南移至長城外。西元前51年，漢帝國以盛大儀式迎接來朝的呼韓邪單于。於是匈奴分裂爲南、北兩部；南部匈奴在經濟與政治上賴漢帝國資助，北匈奴則往西發展。西元前43年呼韓邪單于乘漠北空虛率眾北返，匈奴帝國又歸於統一，但仍保持與漢帝國間的和平關係。直到王莽之新朝時，匈奴才又對中國掠邊。西元43-48年間的東漢之初，在連年乾旱造成的生計壓迫下，一方面匈奴對漢帝國之掠邊更頻繁、嚴重，另一方面其南邊諸部與北邊單于所領諸部產生嚴重裂痕。終於在西元48年南邊諸部擁立自己的單于，亦稱呼韓邪單于，並歸附漢朝廷，從此經常接受漢帝國的賞賜與援助。南北匈奴再度分裂。

學者們以王位繼承制度的多元混雜或不明確，來解釋這些因王位繼承造成的匈奴帝國之政治混亂與分裂。我認爲，匈奴第一次分裂爲南北前的內亂(西元前60至前54年)，部分原因是連年天災造成畜產嚴重損失，而更重要的因素則是其國家政治結構與活動嚴重干擾其游牧社會組織原有的避災及災後重生功能。同樣受此天災打擊的丁令，在其部落組織下反而有能力連年(西元前65至前63年)劫掠匈奴，並使有國家組織的匈奴回擊無功。最後，經年在資源極端匱乏的情況下，匈奴游牧社會潛藏的「分枝性結構」漸發揮其功能——五個部落領袖皆自號「單于」彼此相爭，而這只是史籍記載中之大者，事實上在西元前70年左右或自此以來，受匈奴羈縻的外圍諸國已逐漸背離，各個單于對內也無力處置部落間的相互攻盜。匈奴第二次分裂爲南北(東漢初)，也是因爲天災造成牧產損失，使得部分部族南移至長城外，終而依附漢帝國。

南單于歸附於漢，他的部眾一方面在鄰近長城的地區游牧，一方面賴漢帝國給予的物資以及與漢互市來補其不足。如此，「長城」雖仍存在，但長城兩邊的資源、人員與文化已能流通。陝西神木縣大保當的漢代城址，據發掘報告稱，可能是東漢安置南匈奴而設的「屬國」遺址[137]。附近與此城相關的墓葬，其形式皆與漢代關中漢墓類似，然而以牛、羊、狗、鹿等動物殉葬的習俗以及畫像石上的射獵圖像，都表現著草原文化特色[138]。在包頭與呼和浩特地區，西漢晚至東漢初墓葬填土中常發現帶有「四夷盡服」、「單于和親」等銘文的瓦當；包頭地區東漢中晚期的一個磚室墓，發現有殉葬的牛、馬、羊頭骨[139]。這些都顯示了呼韓邪單于所率之南部匈奴與漢帝國和好後，北方邊郡漢與匈奴社會文化接觸、交融的景象。史籍記載：「北邊自宣帝以來，數世不見煙火之警，人民熾盛，牛馬布野。」[140]這景象——人民熾盛，牛馬布野——也是鄂爾多斯高原西部此時期(西漢晚至東漢前期)一座墓葬中的壁畫主題(見彩圖)[141]。

這樣的歷史結局，由長城地帶人類生態歷史的角度來說，沒有誰是

137 屬國為漢代安置來降、來附之外族所設的行政單位；或有城及領域讓降者可在此生活，或無城，只是名義上某方外夷歸屬於漢帝國。

138 陝西省考古研究所、榆林市文物管理委員會辦公室，《神木大保當：漢代城址與墓葬考古報告》(北京：科學出版社，2001)，頁111-114。

139 魏堅，《內蒙古中南部漢代墓葬》(北京：中國大百科全書出版社，1998)，頁267、347。

140《漢書》94下/64下，〈匈奴傳下〉。

141 魏堅，《內蒙古中南部漢代墓葬》，頁169-173。

勝利者、誰是失敗者。「長城」本身便是華夏認同發展下的產物，華夏用以維護、壟斷南方資源，並藉以排除北方游牧社會人群的工具。匈奴帝國組成的主要功能之一，便是爲突破此資源邊界；戰爭、通關市、和親皆爲達此目的之手段。在突破「長城」此一華夏邊緣及整合、分配蒙古草原資源方面，匈奴國家仍有某種程度的成功。但一個無法避免的內在缺陷與矛盾是：「國家」違反並嚴重妨礙其民眾之游牧經濟，「國家」威權及其一體性也時時受游牧社會內蘊的平等自主性、分群性的威脅。因此，反而是在內亂讓匈奴國家解體後，許多草原游牧部落選擇南遷於長城外，或進入長城內，如此在魏晉南北朝時突破了「華夏邊緣」。

匈奴之「國家」爲後來活動於蒙古草原的諸游牧部族立下一個範例。以「國家」之組織與力量，對內劃分各部落草場以避免內部資源爭奪，對外與周邊森林游牧、混合經濟及農業聚落人群互動，而從掠奪、貿易、納貢、抽稅及脅迫賜予中獲得外在資源。

然而，至少有兩個關鍵因素影響草原帝國的發展。其一，無論如何此國家仍奠基於游牧社會中；國家造成的政治權力「集中化」與社會貧富貴賤「階序化」，不斷受到游牧社會中的「分枝、分散性」與「平等自主性」之挑戰。其二，建立在蒙古草原上的游牧帝國，主要對應於南方中原帝國的資源封鎖線(長城爲其具體表徵)而生，它的存在主要功能之一也在於突破此資源封鎖線。因此，當此資源封鎖線有某種程度的開放時，反而，靠近長城的草原部族愈來愈依賴長城內的資源，而在經濟生態與政治利害上難以與草原的北部或西部的諸部落同心同德。這兩個因素，造成匈奴帝國內部的分裂，後來也造成南匈奴附於漢帝國。

無論如何，匈奴帝國之後，活躍於蒙古草原上的各游牧部族一直有建立游牧國家的傳統，而前述不利於草原國家的兩個因素也都存在，直到近代。下一章要提及的西羌——漢代黃河上游的高原河谷游牧部族——便對於組成「國家」不感興趣了。

第四章
高原河谷游牧的西羌

黃土高原西方的游牧部族西羌(或簡稱羌、羌人),在中國歷史上未若匈奴、鮮卑、突厥、蒙古那樣赫赫有名。主要原因並不是他們給中原帝國帶來的麻煩少——造成東漢帝國衰亡的外敵主要是西羌,而不是匈奴——而是,他們沒有建立其「國家」,沒有像「單于」那樣勢力強大的領袖,甚至缺少功績顯著可流傳於史的英雄[1]。事實上,漢晉時期華夏所稱的「西羌」,是黃河上游一些統於各個部落的人群;他們只有在對漢帝國作戰時,各部落才暫時結爲部落聯盟。各個部落都有自己的稱號,但顯然並不是「羌」——這只是華夏對他們的泛稱。

「羌」這個字,由羊、人兩部分併成。遠在商代,商人便稱西方有些異族爲羌,大約指今日陝西東部、山西南部一帶與商人爲敵的人群。從「羌」這個字的構造,以及從考古資料所見商周之際北方養羊的風氣愈來愈盛,且這樣的混合經濟人群也往南方進逼的情況看來,商人稱一些西方部族爲「羌」,其意是指他們心目中西方那些「養很多羊的異族」。漢代許慎在所著《說文解字》中,釋羌字爲「西方牧羊人也」;這應很接近商人心目中羌的概念。只是,東漢時人所稱的「羌」並非在陝西或山西,而是在更西方的青海東部與甘肅西南部。這是因爲,西周以後華夏認同形成,並西向擴張;當西方的周人、秦人及西戎等都逐漸

1 也許我們沒有認真思考這個奇怪的現象:為何我們在歷史課本中所習知的「英雄」,除了華夏的民族英雄外,絕大多數都在北方邊疆,如冒頓單于、成吉思汗、完顏阿骨打、耶律阿保機等等?

成了華夏後，「羌」這個華夏心目中的我族邊緣概念便持續往西遷移。秦漢時，隨著帝國的西向擴張，華夏接觸並認識了更多的西方異族；他們先以「羌」這個古老異族稱號來指稱隴西一帶的異族，後來這些異族也成爲華夏，於是華夏又稱新開發的河西四郡的一些異族爲「羌」；最後，約到了西漢中期，「羌」才主要被華夏用來指稱青海、甘肅之河湟一帶的異族[2]。

在這一章中，我探討的對象便是漢代居住在河湟地區的羌人。由於他們與漢帝國有激烈、血腥的衝突，因此漢代之人對他們有許多的描述與記載，也使得本地各部落人群成爲華夏心目中「羌人」的主體、核心。

河湟地理環境與人類生態

河湟地區指的是蘭州以西的黃河上游與湟水流域，約在今甘肅西南與青海省的東部。地理上，本地位於青藏高原的東北角；一個個高山圍繞的高原河谷是這兒最顯著、普遍的地貌。河谷地區海拔高度平均約在2200公尺左右，高地超過4200公尺；一般平均海拔高度爲2700-3300公尺。氣候大致來說是冷而乾燥；最暖月均溫攝氏11-13度，有些低地可達17-21度，年降雨量約300-400公釐。

以日月山與拉脊山爲界，本區還可分爲三個副區。拉脊山以北、日月山以東的湟水流域是有名的西寧河谷。湟水及其支流切割本區成爲高山河谷，比較而言，本地區河谷低平，氣候條件較好，河谷沖積平原與有黃土覆蓋的低山丘陵比本地其他地區來得廣闊。當代這是河湟的主要農業區；在漢代，它是漢帝國軍民的主要屯墾區。這兒也是黃土高原最西方的延伸部分。20世紀前半葉曾在此長期居住的艾克弗，在其著作中

2 王明珂，《華夏邊緣》，第八章。

提及黃土與本區農業的關係。他描述道：「只要有這種肥沃而又用之不盡的土壤，加上足夠的濕度或賴灌溉，簡單的輪種及漢式施肥就能夠保證年年有好的收成，無需休耕。」[3]

圖4　河湟及青藏高原東緣的羌人牧區

拉脊山以南是黃河上游谷地。黃土在此呈零散分布，目前主要農業區沿黃河由東而西，有循化、尖扎、貴德等河谷盆地；這些都是河谷沖積平原及黃土丘陵盆地。漢代羌人各大部落爭奪的一個主要河谷——大小榆谷——據信就在貴德與尖扎之間。日月山以西到青海湖一帶則是另一區域；此處海拔較高，青海湖標高3200公尺。當前這裡主要是牧區，

3　Robert B. Ekvall, *Cultural Relations on the Kansu-Tibetan Border*(Chicago: The University of Chicago Press, 1939), 5.

較低處是良好的冬春牧場，高處是夏季牧場。漢代的西海郡就在青海湖附近。

比起蒙古草原，河湟地區的自然環境更具多元性，而高度是一決定性因素。高度影響植物的生長，因此也影響人類的農業活動。在北緯38度左右，農業分布的上限約在2700公尺左右。往南，到了北緯32度的地方，農業分布上限可及3600公尺。森林灌木大約分布在海拔2000至3300公尺。在森林灌木及農業分布的上端盡頭，也就是高地草原開始分布的地方。此種高地草場藏語稱*aBrog*；在北緯38度左右(約當青海的大通、門源一帶)，草場高度約在2700-3700公尺之間；在北緯32度左右(青海南部的班瑪，四川北部的色達、壤塘一帶)，則草場分布在海拔3600-4600公尺之間。艾克弗稱，這是一個廣大而又有多樣性植物的草場，無論是食草的或是偏好荆棘枝葉的家畜，在此都能各取所需。在高地草原的最上端，植被只有蘚苔類；此種植物只有旄牛能以舌頭將它們舔括下來爲食[4]。

許多到過此地的早期旅行探險家及研究者，都提及這兒海拔高度所造成的自然與人文環境二元區分現象。河谷與高地不但在自然環境上有截然差異，兩地居民在經濟生態與社會上也大有差別[5]。住在河谷的人被稱作*Yul ba*或*Rong pa*，意思是住在低地的人或低地農人。根據20世紀前半葉的調查資料，典型的*Rong pa*村落大約有十幾戶到七、八十戶人家；牧地與森林公有，但房屋與田地爲家庭私有[6]。主要作物是玉米、大麥、馬鈴薯，西部及海拔較高處種植青稞、春小麥、碗豆等。他們通常也養一些家畜，譬如耕地用的黃牛、旄牛、騾及犏牛(黃牛與旄牛的

4 Robert B. Ekvall, *Fields on the Hoof*, 5-7.

5 Fernand Grenard, *Tibet: The Country and its Inhabitants*(London: Hutchinson & Co., 1904); Owen Lattimore, *Inner Asian Frontiers of China*; Robert B. Ekvall, *Fields on the Hoof*.

6 Robert B. Ekvall, *Cultural Relations on the Kansu-Tibetan Border*, 71.

混種），當作座騎或載物的馬與驢，以及提供生活所需羊毛與乳製品的一小群羊[7]。

高山草原地區的游牧藏人自稱*aBrog pa*，意思是住在高山草原的人。他們不從事任何種植，主要生活所需都出自牲畜，並以牲畜以及畜產品與農村居民行買賣交換，以取得農產品及生活所需的金屬器具。游牧藏人所牧養的牲畜主要是綿羊、旄牛、馬與犏牛；他們的馬、綿羊與低谷農村居民所畜養的也有不同[8]。旄牛是河湟高地牧業中最重要的牲畜。牠特殊的體質，能夠讓牠生存於高寒且氧氣稀薄的環境；在其他草食動物找不到牧草的高寒地帶，牠仍能賴凍原的苔類植物為生；在大雪封了山道時，成群的旄牛作為前驅，可以如除雪機般為其他牲畜及牧民開路[9]。然而據報導，旄牛們不會頭尾相銜的走在谷地的小徑上；即使在載負重貨時，牠們仍喜歡擠在一起，因此易摔落懸崖。因此旄牛強大的負載力，只合用在路較寬闊的高原地區[10]。

藉助於旄牛，20世紀上半葉河湟游牧人群的季節移動約略如下。12月到來年3月，牧民們住在冬草場，通常是在一個鄰近農業聚落的避風谷地。這是牧民定居的季節。每一個家庭或牧團都有固定的冬場，每年冬天回到這裡。有些冬場甚至有石房子，但大多數只有擋風的石牆或土牆，冬季帳落就搭在中間。由冬草場遷出，通常是在4月中至5月底之間，依春草發的情況而定。這也是畜類最羸弱的時候，春旱及春雪都可能造成畜群大量死亡。游牧遷移的主要形態是，先向高處移動；開始幾

7　J. F. Downs & Robert B. Ekvall, "Animal Types and Social Types in Tibet," in *Man, Culture, and Animals*, ed. By Anthony Leeds & Andrew P. Vayda(Washington D. C.: American Association for the Advancement of Science, 1965), 173.

8　據報導，游牧藏人的綿羊(*aBrog Lug*)，身軀及角都比谷地綿羊(*Rong Lug*)來得大，毛也較長。高地的馬也比低地的大，但後者的腳與蹄較前者粗壯，利於在多石的谷地小徑及山坡行走；前者的蹄則能適應多沼澤的高原與高地。見J. F. Downs & Robert B. Ekvall, "Animal Types and Social Types in Tibet," 175.

9　Robert B. Ekvall, *Fields on the Hoof*, 12-14.

10　J. F. Downs & Robert B. Ekvall,"Animal Types and Social Types in Tibet," 174.

個月移動距離短，每次停留時間也短。隨著進入盛夏，畜群移動距離及停留時段都漸長。大約在8月達到最高處的草場，然後開始往下移動。早秋時已降至離冬場不遠的地方，此時約是9月或10月初，這也是他們與定居藏民來往密切的季節[11]。在河湟地區，從夏季中期至冬季中期是馬肥的季節，因此一方面適合外出劫掠，一方面也需要防範遭他人劫掠。劫掠主要是爲獲取牲畜，對象是其他部落的牧民及往來商旅，掠奪定居村民的情形很少[12]。

河湟羌人的游牧經濟

西漢中期以後，漢帝國的勢力逐漸進入河湟地區。東漢時由於漢帝國駐軍、殖民於河湟，造成本地羌人各部落與漢帝國間劇烈的軍事衝突。在這樣的背景下，漢帝國史官有了河湟駐軍、官員所提供的關於羌人的資料，也有了描述這些西方異族的動機。這些由東漢後期以來累積的資料，後來都被西元5世紀時的范曄寫入其《後漢書》中[13]。

根據《後漢書・西羌傳》(以下簡稱〈西羌傳〉)的記載，我們可以概要的重建漢代河湟西羌的游牧生活。首先，〈西羌傳〉對河湟部落之民的經濟生活有一提綱挈領的綜述：

> 所居無常，依隨水草。地少五穀，以產牧為業。

11 Robert B. Ekvall, *Fields on the Hoof*, 31-43; Ren-chen Lha-mo, *We Tibetans*(London: Seeley Service & Co. Ltd., 1926), 73-76.

12 Robert B. Ekvall, *Fields on the Hoof*, 40, 52-53.

13 《後漢書》著於范曄之手；范氏生於西元398年，逝於西元445年。他死前本書「傳」的部分尚未完成，後人以司馬彪《續漢書》相關部分來補足它。而《後漢書》西羌傳的部分文句也出現在成書更早的《東觀漢記》殘篇之中。因此可以說，《後漢書》西羌傳綜合了東漢以來漢晉史家對羌人的書寫。

此記載說明，基本上他們是行游牧的，但「地少五穀」這樣的陳述，似乎是說他們並非絕無農業。的確，〈西羌傳〉及《後漢書》其他篇章中都有河湟羌人從事農作或儲存穀類的記載，因此學者們多認為漢代河湟羌人是兼營農業的游牧人群。亦有學者推測他們中有些是定居農民，有些則是行游牧的牧民——與當代本地藏族有農人、有牧民是一樣的[14]。以下，我由畜產構成、游牧季節遷徙、輔助性生計活動等方面，來介紹漢代河湟羌族的經濟生活。

畜產構成

漢晉史籍中有許多關於漢羌戰爭的記載，戰爭中漢軍的擄獲——主要是家畜——也被記錄下來。這種戰利品記錄中的牲畜數字可能因虛報戰果而被誇大，但動物種屬應該是可信的。

由西元前42年到西元169年，兩百餘年間漢軍擄獲羌人牲畜記錄在中國史籍中共有23次(見表5)。其中擄獲馬、牛、羊的次數分別是20、21及22次；因此毫無疑問，牠們是羌人飼養的主要牲畜。雖然如本書第二章所言，漢代河湟羌人的考古遺存極少，但漢代以前本地的考古遺存也顯示，約自西元前2000年以來，草食性的馬、牛、羊在當地人類的經濟生活中愈來愈重要。在本地辛店、卡約文化中，馬、牛、羊已成為人們經濟生活的主要支柱了。時代約當漢代的卡約文化大華中庄類型，其墓葬遺存證明當時人有用馬、牛與羊的腿、足、蹄來殉葬的習俗；不僅反映這些牲畜在他們的日常生計中十分重要，也顯示這些牲畜之「移動力」(以其腿、足、蹄為象徵)對人們有特殊意義。

表5資料顯示，有3次漢軍的擄獲中有牛、羊，無馬；另一次有馬，無牛、羊。此或反映羌人的牛、羊與馬是分開牧養的。在許多游牧社會

14 Margaret I. Scott, "A Study of the Ch'iang, with Special Reference to Their Settlements in China from the Second to the Fifth Century A.D."(Ph.D. diss., University of Cambridge, 1952), 20.

表5　漢羌戰爭中漢軍擄獲羌人畜牲記錄

時　間	地　點	牲畜種類及數量		資料來源
42 BC	金城	馬 牛 羊	100,000	《漢書》69/39
AD 25	隴西	馬 牛 羊	10,000	《漢書》94/64
AD 34	金城	牛 羊	10,000	《後漢書》15/5
AD 35	臨洮	馬 牛 羊	10,000	《後漢書》24/14
AD 78	臨洮	牛 羊	100,000	《後漢書》24/14
AD 88	寫谷	馬 牛 羊	10,000	《後漢書》16/6
AD 89	大小榆谷	馬 牛 羊	30,000	
AD 97	隴西	馬 牛 羊	10,000	《後漢書》87/77
AD 113	安定	馬 牛 羊 驢 騾 橐駝	20,000	《後漢書》87/77
AD 116	北地 天水 北地	馬 牛 羊 馬 牛 羊	 20,000	《後漢書》87/77
AD 117	安定 北地	馬 牛 羊 驢 橐駝	100,000	《後漢書》87/77
AD 120	上郡	馬 牛 羊	10,000	《後漢書》87/77
AD 121	金城	馬 牛 羊	100,000	《後漢書》87/77
AD 135	隴西	馬 牛 羊	50,000	《後漢書》87/77
AD 138	金城	馬	1,400	《後漢書》87/77
AD 139	金城	馬 羊 騾	100,000	《後漢書》87/77
AD 141	隴西	馬 牛 羊 驢	18,000	《後漢書》87/77
AD 143	安定	牛 羊 驢	180,000	《後漢書》87/77
AD 144	武威	馬 牛 羊	200,000	《後漢書》87/77
AD 165	湟中	馬 牛 羊	8,000,000	《後漢書》65/55
AD 168	安定	馬 牛 羊	280,000	《後漢書》65/55
AD 169	安定	馬 牛 羊 驢 騾 橐駝	427,500	《後漢書》65/55
		20 21 22 5 3 3		

中，牧人都常將移動力強的馬群帶到較遠的草地去放牧，以免牠們與牛、羊爭食[15]。牛有反芻能力，能很快的吃飽然後休息、反芻，不太需

15　Robert B. Ekvall, *Fields on the Hoof*, 38.

要照顧，因此牛通常放牧在營地附近，由留在營地的家人(通常是婦女)來照管。羊是比較需要人力照顧的動物，通常也放牧在離營地不遠的地方。或許與許多牧養馬、牛、羊的游牧人群一樣，漢代西羌也有將馬與牛、羊分開放牧的習慣。在大華中庄遺址中，男人隨葬馬骨，女人隨葬牛骨，也顯示放牧上的兩性分工——男人領著馬群到較遠處放牧，牛、羊在營地附近由女人及小孩就近看管。近代河湟地區的游牧藏族也是如此。漢軍擄獲羌人的駱駝、驢、騾共有6次，其中的4次都發生在安定、北地郡；在河湟所在的隴西、金城郡，各只有一次擄獲羌人騾、驢的記錄。更值得注意的是，這6次擄獲羌人牲畜的記錄都在西元113年以後。我們知道西元107年開始，先後發生兩次嚴重「羌亂」——永初羌亂(107-118)與永和羌亂(134-145)。這些「羌亂」中的羌人主角，都是被中國移至邊塞上居住的羌人部落。因此，他們被漢軍擄去的畜產中有駱駝、驢、騾，反映了他們被移徙到北地、安定、漢陽、武威等漢帝國邊塞地區後，才開始牧養這些動物。

由於旄牛在當今青藏高原游牧中有關鍵性地位，因此我們應探究漢代河湟西羌所牧養的牛究竟是黃牛或是旄牛？許多證據都顯示，漢代河湟地區可能沒有大量、普遍的旄牛畜養；即使有，其數量可能也相當少，而難以呈現在文獻記載及考古遺存上。首先，旄牛與黃牛在體質上有相當大的差別，在考古學上兩者不容易混淆；然而至今仍缺乏可靠的旄牛出土考古資料。其次，漢代時已有「旄牛」之名，用來稱一種尾毛長而又分散、四腿有毛的牛——根據此描述，無疑就是當今的旄牛(Bos grunniens)。〈西羌傳〉之記載中又有「旄牛羌」，或稱旄牛夷，指的是今日川西南與藏邊一帶的非漢族群。以「旄牛」為一地方部族稱號，可見當時在青藏高原東緣地帶(朵康地區)並非所有游牧部族都養旄牛；旄牛畜養可能始於此地帶較南的部分(川南至雲南北部)。離河湟較近的內蒙古與寧夏地區，考古學者曾發現一種屬於鄂爾多斯青銅器的「臥牛」銅牌(見本書彩色圖片)；銅牌上的牛，腳腿與腹部有長毛，尾毛散長，神態猙獰[16]。這應是旄牛，但由其神態看來不像是馴養的旄牛。無論如何，漢帝國之邊將、邊官與史家都應知道旄牛，不會在用詞上將「旄牛」與「牛」相混；因此漢軍擄獲羌人的牲畜中無旄牛，應不是記錄疏略之故。再者，在兩漢時期，旄牛的尾毛是製造代表朝廷權威之「節」的主要材料[17]，漢帝國朝廷經常需要旄牛尾毛。漢代能供應旄牛尾毛的地區是在西南的巴蜀[18]，也就是接近「旄牛羌」的當時所謂「旄牛徼外」的地方[19]。漢代河湟一帶沒有產旄牛尾毛的記錄。在《魏書》及更晚的史籍中，本地才有產旄牛的記載[20]。更重要的是，旄牛不宜被牧養在低於海拔3000公尺的地區；由文獻記載可知，漢代河湟羌人的生計活動離不開山谷，這個高度(約在2000-2300公尺左右)也不適於旄牛飼養。

近代青海河湟地區低地居民務農、高地住民放牧，這樣的農牧分離現象的關鍵是旄牛牧養；養旄牛使得牧人必須利用高地資源，而在此高度無法行農業。然而，漢代的河湟羌人似乎並未飼養旄牛，因此當時的牧人是否能利用3500公尺以上的高山草原很令人懷疑。由羌人擁有馬、牛、羊而又無旄牛的情況來看，漢代河湟羌人似乎並沒有如近現代藏族那樣的河谷農業、高原牧業二分的經濟生態。

季節移牧

關於漢代河湟羌人的季節性移牧活動，中國歷史文獻中沒有直接記

16 鄂爾多斯博物館，《鄂爾多斯青銅器》(北京：文物出版社，2006)，頁167。固原西吉縣也曾徵集到類似的銅牌，見本書彩色圖片。

17 如「使節」原意便是持「節」的使者。

18 《史記》稱，巴蜀物產中有「旄牛」；見《史記》129/69，〈貨殖列傳〉。《漢書》也記載，蜀郡所屬之縣中有「旄牛」，蜀郡物產中也有「旄牛」；見《漢書》28/8，〈地理志上下〉。

19 旄牛徼外，指朝廷命令難以到達的旄牛羌之地。

20 《魏書》101/89，〈吐谷渾傳〉。

載，我們只有以一些零散的歷史記載，配合考古與游牧社會民族誌資料來探其大概。

漢代有幾位著名的平羌將領，他們的事功、言論被載於史冊。《漢書》中有一段史料，記載西元前61年當河湟各羌人部落結盟準備對漢軍作戰之時，負責羌事的將領趙充國、酒泉太守辛武賢，兩人與皇帝之間有些討論戰事的書奏。在這段文字中，他們反覆辯駁什麼是擊羌的最好時機，因此也間接留下一些關於漢代羌人經濟生態的可貴資料。趙充國將軍是隴西上邽(今甘肅天水附近)人，後來徙於金城郡的令居(今甘肅永登附近)，因此算是河湟本地人。他出生、成長在漢帝國的西方邊區，這樣的背景應讓他對鄰近的羌人有相當了解。據史籍記載，他年少時即以「通知四夷事」著稱，此顯然由於其鄉土知識背景。

另一參與此論辯的酒泉太守辛武賢，是狄道(約在今甘肅臨洮附近)人，因此也是以帝國西方邊人身分長期參與邊事的將領。這個戰略討論的背景是：趙充國受命到了河湟後，一直採取守勢而不進擊羌人，因此受到酒泉太守辛武賢的質疑；辛所率的酒泉漢軍此時已屯聚多時，等待配合趙充國的大軍同時進擊羌人。辛武賢不耐等候，向皇帝報告此事，皇帝因此責備趙充國，要他快出兵；趙充國向皇帝解釋，如此三方展開往返辯駁、討論。在此戰略討論中，皇帝甚至下令要趙充國與他軍中熟知羌人情況的下級吏士共同會商。可見皇帝希望參與此討論的人，都能基於他們對河湟羌人及本地環境的了解，來決定最佳的制羌策略。以下便從這段文字以及其他資料，來探討漢代河湟羌人的游牧季節活動。

首先，河湟羌人約在陰曆四月出冬場，開始一年的游牧。趙充國力主以「屯田」來對付羌人；就是長期駐軍於此，讓軍人種田自養，也因此擾亂羌人的生計。他給皇帝的上奏中稱，到了四月草生的時候，我們發動郡裡的騎兵以及從屬胡人騎兵，除了他們自己的座騎外，每千騎又帶著額外的200匹馬，到野外去放牧，並巡弋保護從事春耕的軍民。由此可知，當時河湟的河谷地區草生是在陰曆四月[21]，這也是牧民開始放牧的季節。當代本地藏族離開冬場開始放牧是在陽曆的四月中到五月，計算陰、陽曆之差，可說漢代羌人開始放牧的季節與今日藏族差不多。

在東非、歐亞草原及中亞山區，都有一些游牧人群兼營農業。他們通常都在春季游牧開始前整地播種，到了秋季回來收割，收割完再回冬場。在這中間，農作物不需要照顧，或者只在需要時派青壯回來澆灌一次水；這是一種配合游牧季節遷徙的粗放農作。西元89年的東漢時，羌人部落首領迷唐被迫離開大小榆谷，居於頗巖谷。據中國史籍記載，次年春天他又率著部眾、廬落(帳幕)及馬、牛、羊，回到大小榆谷來從事耕種[22]；這記載反映的應是游牧者配合游牧季節的春季農事。

播完種後，羌人開始他們的游牧。陰曆四月至五月，還是氣候不穩定且牲畜瘦弱的季節。到了陰曆七月，河湟才進入一年中水、草豐盛的時候。辛武賢給皇帝的上奏中建議，在七月上旬出兵，從張掖、酒泉南下攻擊青海湖附近的羌人部落。他稱：

> 虜以畜產為命，今皆離散，兵即分出。雖不能盡誅，亶奪其畜產，虜其妻子，復引兵還。冬復擊之，大兵仍出，虜必震壞。

他的意思是，羌人以游牧為生，在此季節(陰曆七月)他們分散為各個小群體，各自尋求水、草。所以漢軍要分成一個個的小股部隊，到處掠奪羌人畜產，並擄他們的人。到了冬天，因為羌人屯聚於冬場(過冬的草場)，所以此時必須出動大軍來打擊他們。由此辛武賢用兵之建議可看出，陰曆七月是河湟羌人分散逐水、草的季節，而冬季是他們部落較集中的季節。

---

21 漢代自武帝在西元前107年建太初曆以來，便是以夏曆的正月為歲首，此也便是今日所稱的陰曆。

22 《後漢書》16/6，〈鄧訓傳〉。

秋末是豐盛的季節。一年的游牧周期大致完成，兼營農作的牧民也在此時收成。爲了讓牧畜能度過缺草食的長冬，牛馬都要在秋季養得肥壯(所謂養膘)。對許多游牧人群來說，馬肥之時也是外出劫掠的好季節[23]。西元前63年，趙充國見先零羌之罕、幵等部落結盟，他便預言「到秋馬肥，變必起矣」。西元前61年先零等部落已萌變亂之象，辛武賢主張以七月進軍，但趙主張來年正月進軍。皇帝責備趙充國，稱：「將軍計欲至正月迺擊罕羌；羌人當獲麥，已遠其妻子，精兵萬人欲爲酒泉、敦煌寇。」這段史料說明，羌人是有種麥，其對外劫掠多在秋麥收成之後。

冬季至初春是羌人最艱難的季節。趙在西元前61年秋末給皇帝的上奏中稱，由此時到三月底春季到來前，敵人的馬很虛弱，此時他們必然不敢將妻兒、族人留在敵對部落環伺的冬營地，遠涉重重山河來攻掠我們[24]。皇帝在給趙的信中也稱：到了冬天，羌人都以畜產爲食，躲在深山中，依著地勢險要來躲避攻擊[25]。這裡所稱羌人冬天躲藏的地方，也就是讓游牧羌人及其牲畜可過冬的避風山谷。就像考古發掘所見的湟源莫布拉遺址；人類居住遺址座落在一個山溝中的背風向陽坡上，這便是典型的河湟牧民過冬的居所[26]。莫布拉遺址的年代相當東漢。或許這考古遺存所呈現的景象——人們住在簡單的草木搭蓋或帳房(廬落)裡，燃羊糞以取暖——部分反映了漢代河湟羌族的冬季生活。春季三月(陰曆)一過，便是四月草生的季節了，漢軍外出牧馬、巡弋，羌人牧民也在此

23　E. E. Evans-Pritchard, *The Nuer*, 127; Robert B. Ekvall, *Fields on the Hoof*, 52-53.

24　其原文為：「從今盡三月，虜馬羸瘦，必不敢捐其妻子於他種之中，遠涉河山而來為寇。」見《漢書》69/39，〈趙充國傳〉。

25　其原文為，「至冬，虜皆當畜食，多藏匿山中，依險阻。」見《漢書》69/39，〈趙充國傳〉。

26　有關湟源莫布拉的卡約文化遺址，見高東陸、許淑珍，〈青海湟源莫布拉卡約文化遺址發掘簡報〉，《考古》1990年11期，頁1012-1016、1011；以及本書第二章。

時出冬場，開始一年的游牧。

水、草豐美的河谷爲部落私有，因此羌人游牧應有一定的範圍。〈西羌傳〉中記載有許多河谷的名稱，如大小榆谷、頗巖谷、大允谷、雁谷等；其中最美好的大、小榆谷曾是羌人各大部落必爭之地。大、小榆谷約在今青海貴德、循化之間；這兒有青海東部最廣大完整的黃河上游沖積河谷平原，今日爲本地主要的農業區。西漢末燒當羌部落原居於大允谷，東漢初從先零、卑湳等羌人部落手中奪得大榆谷。各個河谷平原的四周都是高山、高原。因此，占領一河谷的羌人部落，其牧民春季在低平的河谷種下麥子，然後驅著馬、牛、羊逐漸往四周高地遷移，以利用夏季高地較佳的水源與草。

近代青海東部之藏族游牧，基本上也採由低而高的遷徙方式。春末隨著草的生長，他們由低地往高處遷徙，盛夏時到達牧區的最高點，幾乎接近植物生長極限的地帶。位於青藏高原東北角的河湟地區，農業的最高上限大約是海拔3000公尺左右[27]；這也大致是分隔牧業與農業藏族的人類生態線。以旄牛爲特色的游牧以此爲起點，游牧最高點大致不會超過4800公尺。但低於3000公尺，旄牛不但活力差，據說也會失去繁殖能力[28]。漢代河湟羌人的游牧是否也是在這個高度範圍內垂直移動？由許多方面看來並非如此。首先，西漢中期以後，漢帝國之軍民開始侵入河湟地區，漢、羌之間激烈的衝突與戰爭，顯示適合漢人農業的河谷平原也是羌人的經濟生態區。其次，根據中國漢晉時期之文獻記載，羌人的活動大都在這些河谷地區；他們兼營農業的游牧生計，以及本地各羌人部落間激烈的資源競爭，也使得他們必須占有並保護自己的河谷。更關鍵的是，在未有旄牛的情況下，他們也難以利用3000公尺以上的高山草場。總之，比起近代河湟藏族的游牧方式，漢代河湟羌人的游牧高度

27 Robert B. Ekvall, *Fields on the Hoof*, 34.

28 同上，頁13。

應比較低。西羌的游牧生計脫離不了河谷，這也是他們與侵入河湟谷地的漢帝國發生嚴重衝突的主要原因。

輔助性生計活動

在牧業之外，由中國歷史文獻所見，羌人也從事農作、狩獵以及掠奪。雖說由此所得的是輔助性生活資源，但在這資源匱乏的地方，任何一項生計活動都是非常重要的。以下我分別說明這些羌人的輔助性生計活動。

狩獵　漢文獻中有關羌人從事狩獵的記載很少。〈西羌傳〉中描述羌人豪酋家族始祖無弋爰劍來到河湟之前當地民眾的生活情況是，「少五穀，多禽獸，以射獵爲事」。可見當時漢人認爲打獵是本地人獲得生存資源的古老方法。河湟羌人活動的青藏高原東北緣與東緣，其野生動物無論在品種、數量上都遠過於蒙古草原所有。第一章中曾說明，對於游牧者來說牲畜是其「本金」不能任意宰殺爲食，而須以「利息」(乳產品)爲主食；在此情況下，狩獵常爲游牧人群獲得肉食的重要生計手段。

貿易　一般而言，漢代河湟羌人並未飼養駱駝、驢、騾等馱獸，而馬、牛、羊都不宜作爲長程載運貨物的牲畜。這在其經濟生態上的意義是，貿易，特別是長程貿易，對他們而言並不重要，或基本上沒有。前面曾提及，在兩次「羌亂」——永初羌亂(107-118)與永和羌亂(134-145)——期間，漢軍擄獲羌人畜產中才有駱駝、驢、騾。這些「羌亂」中的主角，事實上多是被漢帝國移到北地、安定、漢陽、武威等郡去的羌人。在這些地區，他們的生計多少受到當地自然環境及附近漢人生活習俗的影響；他們已非孤立在河谷中的部落之民，而是受縛於官府、市鎮及鄰近農村層層政治、經濟網絡的部落民眾或村民。然而，仍在河湟地區的羌人，中國史籍中很少有他們對外交易買賣的記載。與匈奴不同，羌人從未要求中國「開關市」；他們與漢帝國之間也沒有類似貿易的貢、賜關係。

漢晉文獻記載，匈奴曾將他們從羌人那兒買來的漢人歸還給漢帝國[29]。由此看來，似乎羌人與匈奴人之間的確有些貿易往來。《後漢書》也記載，武威郡的姑臧，在西元30年左右的東漢初，這兒「通貨羌胡，市日四合」[30]——就是說，羌人與胡人都在此作買賣，一日就有四次市集。然而，這些與匈奴有接觸的「羌人」應該不是河湟各河谷部落中的游牧羌人。前面已說明，秦漢時代的人所稱的「羌人」範圍很廣，且因時變易。河西走廊上的一些非漢本地族群，在漢代也被稱作「羌人」；中國文獻記載中與匈奴有生意往來的「羌人」便是他們。在過去的著作中我曾說明，漢代華夏曾以「羌中」泛稱河西之地，並稱當地土著爲「羌人」，本地又有「羌谷」、「羌谷水」等地名。河西的武威、張掖、酒泉等地，北接匈奴，西鄰西域諸邦，東爲漢帝國西北邊郡，這兒的確是各方貿易的通道口岸。

至於河湟之羌是否也北上到河西，與匈奴人或其他各地的人做買賣？我認爲這樣的可能性很小；即使有，也非經常、有組織的貿易。因爲，經常且制度化的貿易，需要有穩定的政治情境來保障商運路線與交易集市的安全。漢帝國、匈奴帝國、西域諸國都以其政治力保障其勢力範圍內的貿易網絡。但河湟游牧羌人各有其部落，平時相互掠奪、攻伐，只有對漢帝國作戰時才有短暫的部落聯盟出現。特別是在秋末及冬季，游牧的河湟羌人避於山谷，一方面擔心如何讓人畜度過寒冬，一方面又唯恐爲飢餓所迫的鄰近部落來襲，幾乎無可能外出貿易。

另外，漢代西域諸國、匈奴、漢帝國等所進行的遠程貿易，其換得的經常並非可供民眾日常消費的物資，而是強化其內部社會階序的外來珍稀物品。然而在河湟羌人這樣較「平等自主」的游牧社會中，其各級豪酋的政治社會地位遠不如匈奴王侯與西域諸王在其國內所享有，因此

29 《後漢書》89/79，〈南匈奴列傳〉。

30 《後漢書》21/31，〈孔奮傳〉。

河湟羌人領袖們無需亦無法對內調集物資、對外換得珍希物品，來強化其政治社會地位。

農業　在漢晉中國歷史文獻中，有很多羌人種麥或漢軍從羌人那兒擄獲穀麥的記載。前面提及，皇帝給趙充國的信中稱，秋末羌人「獲麥」；這說明至少他們所討論的這幾個羌人部落是種麥的。當漢軍擊敗先零部落來至罕羌之地時，趙充國曾下令，不准其屬下士兵燒羌人的聚落，也不准騎兵放馬踐踏羌人的田[31]。這些記載都證明，當時湟水流域的羌人，至少占有肥美谷地的羌人部落，在游牧之外也從事農業。

西元前63年先零羌所以與漢帝國有衝突，便是因爲漢帝國侵入他們的河谷地。先零部落要求漢軍允許他們渡過湟水，在漢人軍民未墾殖的空地上放牧；可見此時已有漢軍民在此開墾。先零部落所要求的應不只是在此「畜牧」而已，而是想要回到他們生計所賴的河谷；這兒不僅有他們的牧場，也是他們的田地所在。打敗先零部落後，趙充國在給皇帝的上奏中稱，這兒可耕之地很多，有漢軍開墾出來給漢移民種植的「公田」，也有羌人原來的田。這也證明，先零羌是兼營農業的。

東漢時羌人從事農業或儲有穀物的記錄更多。如東漢初，西元24年左右，竇融擊先零羌部落，曾擄獲穀數萬斛。西元34年漢將來歙擊五谿、先零諸羌於金城，除擄獲牛、羊萬餘頭外，還有穀數十萬斛[32]。中國歷史文獻中，許多有關河湟羌人之農業活動記載都提及大、小榆谷。大、小榆谷的位置是在今青海省貴德、尖扎之間，這兒有沖積平原及黃土覆蓋的低山丘陵，適於農牧，現在是黃河上游的主要農業區。一位漢帝國官吏曹鳳曾言，當時一些羌人大部落之所以有能力聚集其他部落一同爲亂，就因爲他們據有大、小榆谷；當地土壤肥美，這些大部落可以在此發展其農業、畜牧而厚植實力[33]。西元89年，住在大小榆谷的羌人

31 《漢書》69/39，〈趙充國傳〉。

32 《後漢書》87/77，〈西羌傳〉；《後漢書》15/5，〈來歙傳〉。

33 《後漢書》87/77，〈西羌傳〉。

迷唐部落爲漢將領鄧訓所敗，被迫遷離。第二年春季，他又率眾回大小榆谷從事春季播種。該部落因此又受到漢軍攻擊，損失慘重；據中國文獻稱，整個部落的人所賸無幾[34]。西元92年，當時漢帝國負責羌事的官員(護羌校尉)允許迷唐部落回大小榆谷。次年迷唐又興兵攻打漢軍的金城塞(今甘肅蘭州)。於是漢軍再度攻打大小榆谷；據記載，此戰役漢軍擄獲羌人的麥有數萬斛之多[35]。

西元101年，前述漢帝國官員曹鳳向皇帝建議，大小榆谷是羌人的亂源，漢帝國應穩固控制大小榆谷，在此廣設屯田。後來漢朝廷採用了他的策略，在河湟設屯田三十四部。以屯田之策對付羌人，始於西漢時的趙充國；表面看來趙充國對羌人不主「戰」而主張「撫」，然而他的屯田政策卻造成後來羌亂不斷。西元101年東漢帝國擴大在河湟的屯田，同樣的，又逼反了當地的羌部落。原因非常簡單：可種植的河谷地在羌人生計中是不可或缺的。

掠奪　〈西羌傳〉對羌人社會有如下的概括描述：

> 種類繁熾，不立君臣，無相長一。強則分種為酋豪，弱則為人附落。更相抄暴，以力為雄。

這一段文字是說，羌人各部落分立，沒有階序化的國君、臣屬統治體系，也沒有能統一各部落的領袖。一部落繁盛了，其內的各個小部落首領就率眾獨立，一部落衰微了，就依附在他部落中求保護。他們彼此強奪、攻伐，因此人人崇尙武力。

20世紀上半葉時，進入青藏高原東北緣及東緣的青海與四川西北牧區的中西人士，都曾注意到當地各部落間相互劫掠牲畜，及因此衝

34 《後漢書》16/6，〈鄧訓傳〉。
35 《後漢書》87/77，〈西羌傳〉。

突、仇殺頻頻的現象[36]。事實上早在兩千多年前，漢帝國的伐羌將領如趙充國者，即深深了解河湟西羌的此一經濟生態下的社會特色[37]。趙充國稱，羌人在冬天不敢攻擊漢帝國據點；一方面因爲此時他們的馬羸弱，另一方面是因爲恐怕青壯盡出時，留守的部落婦孺會遭受其他部落的攻擊[38]。趙充國給朝廷的報告顯示，即使在結盟的羌部落之間，仍然有彼此抄掠之事發生；如先零部落爲了對付漢軍而與罕、幵部落結盟，但罕、幵等部落仍抄掠先零部落中較弱小的牧團。

由此可見在經濟生態上，羌人之「掠奪」與匈奴所爲有相當差別。匈奴是在國家政治體下，以單于及國家威權來分配及保障各地方部族之牧地，維持內部各部落間的和平共處。因此，一個匈奴部族之掠奪，原則上是在國家允許下配合國家行動的「對外」掠奪。所謂對外，自然至少是在匈奴核心二十四部之外，否則匈奴國家體制及單于之威權皆無法維持。然而，羌人各部落牧民的「對外」劫掠，其對象常是鄰近河谷中的其他羌人部落。這也說明，爲何每次羌人各部落結盟來對付漢帝國時，他們都必須先「解仇、交質、盟詛」——解除彼此仇恨、交換人質、發毒誓以固盟約。

如此之部落結構與相關人群認同，以及人們在資源競爭下的相互抄掠，應與河湟地區之經濟生態有關。在此高海拔的山岳、河谷地區，占領一個美好的河谷，在谷中低地種麥，在山與谷之間游牧、狩獵，大致便可衣食無缺。因此爭奪並保護一個美好的河谷，成爲羌人各部落最關鍵的事。如在東漢初，燒當羌原住在大允谷，常受大榆谷的先零、卑湳等部落侵伐。後來他們聯合一些小部落，打入大榆谷，奪了先零、卑湳

36 Robert B. Ekvall, “Peace and War among the Tibetan Nomads,” *American Anthropologist* 66 (1964): 1119-1148.

37 趙充國曾謂：「羌人所以易制者，以其種自有豪，數相攻擊勢不一也。」見於《漢書》69/39，〈趙充國傳〉。

38 《漢書》69/39，〈趙充國傳〉。

的地盤及牲畜，從此強大起來。在這樣的人類經濟生態下，自然，部落與部落間的敵意、猜忌很深，大家結爲一體(無論是經常性的國家組織或是暫時性的部落聯盟)對外進行劫掠有相當困難。

無論如何，中國歷史文獻一般不記載這些羌人部落間的相互劫掠。文獻記錄的多是羌人「寇」掠各個漢帝國邊城、邊屯據點的事件；這並不是河湟羌人本身經濟生態中輔助性生計的一部分，而是他們對漢帝國入侵並占領其河谷的一種反抗。然而在西漢中期以後，漢帝國在河湟各河谷普設屯田，遷大量鄰近漢郡縣之窮困農民、罪犯來此開墾，如此當然改變了本地羌人的經濟生態。漢人來此開墾、設郡縣後，羌人對漢邊縣或屯墾聚落常有小規模劫掠。西元前61年左右，趙充國反對大規模對羌用兵的理由之一便是，他稱，即使漢軍得勝，羌人的小盜小劫也無法絕禁。這樣的盜掠，可視爲羌人各部落間相互盜掠的延伸。

表6顯示《漢書》、《後漢書》等史籍所載羌人對漢帝國邊郡劫掠發生的時間、季節以及地點。

由這些資料可見，無論這些羌人寇邊事件發生的地點或季節，西元107年都是一個重要分界點。在此之前，羌人寇邊多發生在河湟，季節多在秋冬；在此之後，寇邊擴及於河湟之東的北地、漢中、三輔，北方的河西張掖、武威等地區。這是因爲，西元107年開始連續發生兩次羌亂。參與動亂的多爲被漢帝國遷到西北塞內各邊郡中的羌人部落——此可以解釋爲何羌人寇邊的範圍擴大了。至於羌人寇邊季節性的差異，西元107年以前的那些羌人寇邊事件仍配合著羌人游牧季節韻律而多發生在秋冬；西元107年以後，羌人寇邊則是四季都有。這現象一方面可能顯示參與寇邊的羌人部落在被遷往帝國邊郡後，其原有的生計模式已有很大的改變，或嚴重失調。在另一方面來說，領導第一次變亂(107-126)的羌部族領袖滇零曾自稱「天子」，又有漢帝國之人杜季貢等與之共謀，因此這已不是單純的羌人部落掠邊，而是有政治目的之軍事行動。

表6　史籍所見羌入寇漢帝國之發生季節

季節／時間	春			夏			秋			冬			發生地區	資料來源
	1	2	3	4	5	6	7	8	9	10	11	12		
西元前42							+						隴西	《漢書》
西元34										+			金城、隴西	《後漢書》1/1
35				+									臨洮	《後漢書》1/1
57									+				隴西	《後漢書》2/2
86										+			隴西	《後漢書》3/3
87							+						金城	《後漢書》3/3
92												+	金城	《後漢書》4/4
97								+					隴西	《後漢書》4/4
101								+					金城	《後漢書》87/77
107						+							隴西	《後漢書》5/5
108											+		北地、三輔	《後漢書》5/5
110			+										漢中	《後漢書》5/5
111		+											河東、河內	《後漢書》5/5
114					+				+				雍城、武都	《後漢書》5/5
115			+										益州	《後漢書》5/5
120			+			+							張掖	《後漢書》5/5
121								+					湟中、金城	《後漢書》87/77
134							+				+		隴西、武都	《後漢書》6/6
138										+			金城	《後漢書》6/6
140					+				+				三輔	《後漢書》6/6
141	+				+				+				隴西、北地、武威	《後漢書》6/6

無論如何，表6所顯示的羌人對漢帝國的「寇邊」，還有幾點值得注意。一、它們均非所有「羌人」的集體行爲，而是一部落或幾個暫時結盟的部落所進行的軍事活動。二、在西元107年以後的「寇邊」行動中，羌人曾掠人民、財物、畜產，但掠奪漢帝國邊郡似乎並非其目的；這些在漢文獻中被稱之爲「叛羌」的民眾，漢軍擊敗他們時常擄獲大量

的畜產、輜重，此顯示他們更像是被迫攜著家當與牲畜走向流亡之途的羌人。三、這些大規模寇邊事件，常由一些個別部落之小事件引起；漢軍動用大軍來鎮壓，反而引起其他羌人部落猜疑，而結盟反叛（或反抗）。

因此，上述西漢時的趙充國曾建議不要任意對羌人用兵鎮壓，要能容忍他們的小盜小劫；東漢第二次羌亂發生前，大將軍梁商也曾勸負責勦羌的幾個太守、刺史，要「臨事制宜，略依其俗……防其大故，忍其小過」[39]。這些都顯示，有幾位熟知羌事的漢代將領的確了解羌人各部落的社會生態，並知道羌人的劫奪不同於匈奴、鮮卑等對漢帝國之侵邊行為。

羌人部落及其社會

在前面討論羌人的對外掠奪時已提及，西羌與匈奴最大的不同在於，後者有國家組織，而前者為許多不相統屬且經常相互掠奪的部落。這樣的差別，與兩者在游牧經濟生態上的差異有密切關聯。本節將進一步分析、探討羌人社會的一些特質；國家體制下的匈奴可作為其對照。

首先，匈奴與羌人社會間的鮮明差異表現在考古遺存上。俄、蒙與中國考古學者皆曾發現隨葬品豐盛的匈奴貴冑王侯之墓，及其城鎮與大型宮室建築。這些上層社會遺存中，常有來自遠方的珍貴物品。然而在青海河湟地區，卡約文化大部分地方類型都在戰國時期消失。只有少部分，如大華中庄類型遺存，能延續至漢代。然而其遺存也主要是簡單的墓葬，少有遺址；遺存中沒有懸殊的社會貴賤貧富之別。生活工具與畜產之外，只有一些製作簡單的隨身飾品。此已顯示西羌與匈奴在社會文化上的差別。其次，根據中國歷史文獻記載，匈奴單于與各王都有數量

39 《後漢書》87/77，〈西羌傳〉。

龐大的臣僚、部屬；這些貴族入葬時，有「金銀衣裳」與「近幸、臣妾從死者多至數十百人」[40]。羌人豪酋恰與此相反。《後漢書》中有一則關於東漢末梟雄董卓與羌人豪酋相交的有趣記載。這個記載稱，董卓在年輕時曾到羌人地區遊歷，結交了一些當地的羌人豪酋。後來他回到鄉里，有一天他在野外耕種，幾個羌人豪酋一道來看他，董卓便把耕牛殺了來招待他這些羌人朋友。羌人頭領感於他對待朋友的誠意，於是回來後募集了千餘頭牲畜送他[41]。這個記載中的羌人豪酋十分平易，與漢民董卓平等相交，其贈予董卓的禮物數量雖大，但也不過是些平實的家畜而已。

下面便以《漢書》、《後漢書》中有關羌人的記事為基礎，來探討河湟羌人之部落組織，其婚姻與結盟，豪酋之領袖威權，及各部落之決策權等等。

羌人之種號與豪酋之名

首先，〈西羌傳〉中對西羌社會有些簡單的描述：

> 其俗氏族無定，或以父名母姓為種號。十二世後，相與婚姻，父沒則妻後母，兄亡則納嫠嫂，故國無鰥寡，種類繁熾。……強則分種為豪酋。

這一段文字，提到羌人有許多的「種類」、「種」；各「種」是以其首領的父親之名與母親的姓來命名。由這樣的描述看來，所謂「種類」、「種」便是建立在血緣關係(記憶)上的部落。「強則分種為豪

40　《漢書》94/64，〈匈奴傳上〉。

41　原文為，「少嘗遊羌中，盡與豪帥相結。後歸耕於野，諸豪帥有來從之者。卓為殺耕牛，與共宴樂。豪帥感其意，歸相斂得雜畜千餘頭以遺之。」見《後漢書》72/62，〈董卓傳〉。

酋」；這是說，一個勇健的領導者，他的牧團或小部落夠強大的時候，便由同種大部落中分出，自成一個部落。他的名字，有時便成爲這新部落的名稱。譬如，據〈西羌傳〉記載，羌人始祖無弋爰劍的子孫中出了一位英雄「燒當」，他的名字便爲該部落之名，中國文獻稱之爲「燒當羌」。然而〈西羌傳〉的這些記載也有難解的地方；如，一方面其部落領袖之名能成爲部落名，但另一方面又稱他們是以父名、母姓爲部落名，又如，既有「姓」但爲何又稱羌人「氏族無定」？我們如何解讀這些複雜而又相矛盾的記載？

無論如何，中國文獻記載中之羌人部落名、領袖名，以及其親屬關係、部落組織之間，顯然有相當密切的關聯。〈西羌傳〉中有一羌人領袖家族幾代人的名號，我們可以由此入手，嘗試了解漢代河湟羌人(或部分河湟羌人)的部落組織。這羌人家族屬於燒當部落，東漢時其領袖滇良與其子(滇吾、滇岸)原居於青海湖之南的大允谷，後來他們奪得大榆谷而讓該部落聲勢大振。滇良之子滇吾又有三個兒子；滇吾死後，據中國文獻記載，是由其子東吾繼位。後來東吾歸降漢帝國，但他的弟弟號吾、迷吾仍領著各自的部落與漢軍作戰。這家族幾代人的名字如下表：

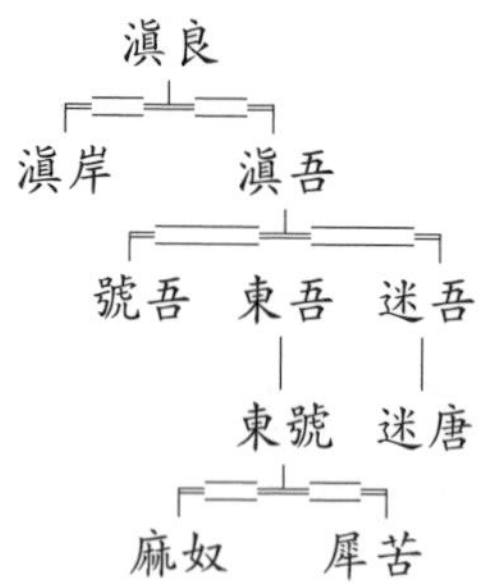

這個羌人家族之姓名表，顯示一些有趣的命名規則。父親名字中的一個字，成爲兒子們名字中的一部分，但這似乎又不是漢人所理解的「姓」。因爲，若滇良之姓爲「滇」，它的確傳到了第二代滇岸、滇吾等人之名字上，但第三代子孫的名字中卻沒有「滇」。再者，第一代祖先滇良，他名字的第一個字傳到第二代人的名字中，但第二代的滇吾卻是他名字的第二個字「吾」成爲他的兒子名字的一部分。這或許便是漢人史家稱之爲「氏族無定」的原因。然而，事實上，說它是氏族無定，卻顯示中國漢晉史家並未了解羌人的氏族與部落組織。

以上滇良家族父子姓名的例子，初看來，似乎爲一種被稱作「父子聯名制」的命名制度。此命名法常是，以父親名字的末一字作爲兒子名字的頭一字，如此家族男姓成員之姓名便代代頭尾銜接。然而，滇良家族的例子並非完全如此。我認爲，了解此命名體系仍應從〈西羌傳〉中稱西羌部落以「父名、母姓爲種號」入手。我們可初步作以下分析：如羌人部落領袖之名可成爲部落名，而部落名又由其領袖的「父名、母姓」構成，那麼這個作爲部落名的領袖「人名」應該不是個人私名，而是一組同父同母弟兄的共名。若是如此，滇良的兩個兒子——滇岸與滇吾——便是出於不同母親的「半弟兄」(half brothers)。而且他們兩人，以及他們的「名字」，分別代表兩群以親弟兄及其親人、部眾組成的小部落。也就是說，滇良娶了兩個妻子。他娶「吾」部族女子爲妻，生下的諸子都是「滇吾」部族，但只有作爲領袖的弟兄使用「滇吾」之名；他又娶「岸」部族女子爲妻，生下的諸子都是「滇岸」部族。根據此「以父名、母姓爲種號」的原則，我們可以推測東漢時滇良家族兩個支系的婚姻與部族關係如下：

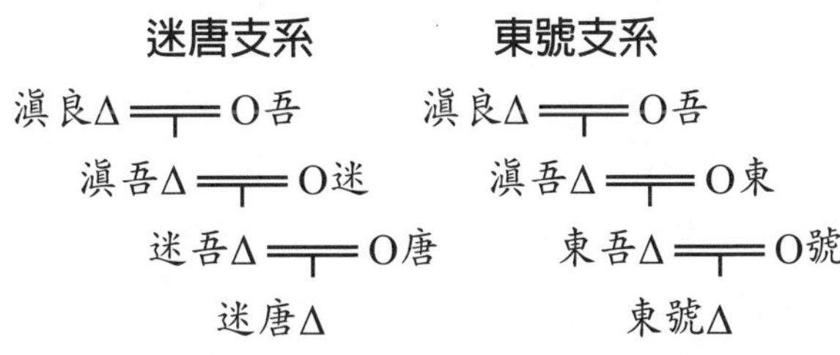

(Δ 代表男性；O 代表女性；═╤═ 代表婚姻生子)

這是以母系血緣記憶來強調垂直之「母子」族系傳承，同時以父系血緣記憶來強調平行之「弟兄」部落聯盟的一種命名制度。如前所言，在此所謂「弟兄」，如滇岸與滇吾，應是同父異母的半弟兄。「母姓」不僅是兒子們「名字」的一部分，它還延續到第三代人的名字中。如迷唐支系的「吾」「迷」，東號支系的「吾」「東」等家族符記，都出現在孫輩的姓名中。此意味著強調共同的「母親」或「祖母」，可讓許多二、三代的共祖(母系)部落(以父系而言是弟兄叔姪部落)凝聚在一起。

我們可以從許多方面證明此看法。首先，據以上所說，滇、吳、迷、唐等都應是羌人的母系家族符記(所謂母姓)；我們由〈西羌傳〉等文獻中有關羌人領袖之名(或部落名)之記載中，可略見端倪。這些羌豪酋人名或部落名，經常是由一些(通常爲兩個)反覆出現的符記構成。以下我舉出幾個史籍常見的羌人種號及人名符記，並列出其所構成的人名或部落名：

符記	人名或部落名
滇	滇良、滇吾、滇岸、當闐、滇零、滇那
良	良願、滇良、號良、忍良、良兒、良封、吾良、良多
吾	滇吾、號吾、東吾、迷吾、吾良、零吾、烏吾
號	號吾、東號、號良、號多、號封
零	先零、滇零、零昌、零吾、若零
封	號封、良封、封僚、封養
姐	三姐、累姐、勒姐、牢姐
且	且凍、且昌、且種
當	靡當兒、燒當、當闐、當煎
唐	迷唐、鞏唐
迷	迷唐、迷吾、靡忘、靡當兒

由這些重覆出現的漢字符記看來，漢晉記羌事者似乎知道，羌人豪酋之名及其部落名中每一「符記」都有其族系(種)指稱意義，因此他們在轉譯這些名號時，常使用一定的音近漢字來代表這些符記。

其次，以「父名、母姓」爲領袖之名或部落名，除了〈西羌傳〉中的記載外，我們在古代藏文書資料中也能找到類似的例子。這是一則常見於古藏(吐蕃)文書中之傳說祖先譜系資料[42]；此資料記載自聶墀贊普以下共六代贊普(亦稱天父六君，或連第一代合稱七天王)妻、子之名如下表：

聶墀贊普Δ ═╤═ O囊穆穆
穆墀贊普Δ ═╤═ O薩丁丁
丁墀贊普Δ ═╤═ O索唐唐
索墀贊普Δ ═╤═ O托莫莫
莫墀贊普Δ ═╤═ O達拉嘎莫
達墀贊普Δ ═╤═ O斯拉云莫
斯墀贊普Δ

Δ代表男性；O代表女性；═╤═代表婚姻生子)

這個系譜顯示，兒子名字的部分符記(墀)來自於父親，另一部分則來自於其母——這或便是漢文獻所稱，結合「父名、母姓」的命名法則。滇良家族父子弟兄們的名字，也循此規律而孕含母方的族群符號。不同的是，滇良家族男系並無一固定的家族符記代代流傳，而且，其母系符記不僅出現於其子之名上，也出現在孫輩的名字上。我們若將羌人豪酋之名或部落名作爲一種凝聚人群的記憶符號，那麼此記憶可凝聚同母或同一祖母的幾組「弟兄」與「半弟兄」部落。以上古藏文文獻中之吐蕃傳說聖王祖先，與中國歷史文獻中的羌人祖先，都出現「父名母姓」的命名法，這樣的契合，一方面說明漢晉中國文獻稱羌人以「父名母姓爲種號」是有根據的，另一方面似乎也顯示古藏傳說中的七天王譜

42　相關記載見於《賢者喜宴》、《西藏王統記》、《紅史》、《新紅史》等等藏文書；參見班欽索南查巴，《新紅史》(西藏人民出版社，2002)，頁11及註83。

系記載，其文化淵源或與古羌人有關。

第三，若將中國史籍記載中的羌人「弟兄」理解爲「半弟兄」，我們需證明羌人豪酋中流行多妻制(co-wives)[43]，而且其部落的發展、分衍也與此有關。事實上〈西羌傳〉中有一則記載，直接顯示他們的確有此習俗。該文獻稱，羌人豪酋之始祖「無弋爰劍」的曾孫輩「忍」及其弟「舞」兩人居於湟中(湟水河谷)。他們娶了很多妻子；「忍」有九個兒子，分成九個部落，「舞」有十七個兒子，分爲十七個部落。此記載不只顯示羌人豪酋有多妻之俗，更揭露此與其部落分衍有關。綜合以上資料與分析，我們更能相信中國歷史文獻中一組組的羌人豪酋「弟兄」，都是出於不同母親的「半弟兄」。

我們從〈西羌傳〉中記載的一些事件，也能證明這一點，且能更進一步了解羌人的部落社會。首先，在這樣的命名制度及相關部落組織下，凝聚各部落的是他們共同的母親與祖母。我們從一個歷史事件可看出，羌人豪酋的母親或祖母確有作爲部落「精神領袖」的地位。約在西元88年上述滇良家族的「號吾」降於漢帝國；據《後漢書》記載，當時他帶著他的母親及部落人民(種人)八百多戶來降[44]。漢代史家會特別記載他帶著母親前來，顯然因爲號吾自己強調、尊奉其母的地位。四年之後，迷唐——應是號吾異母弟兄之子——受中國招撫入居大小榆谷。他遣送其祖母去見當時的護羌校尉聶尙；據記載，聶尙雖盡力以禮相待，但迷唐仍不滿意，殺了護送其祖母歸來的漢吏，並與其他部落結盟攻打金城郡[45]。這兩個事例都顯示，羌人部落領袖的母親與祖母在部落中有特殊地位。

---

43 多妻制家庭與傳統中國上層社會妻妾共處的家庭不同。多妻制家庭中，妻子們的地位基本上是相等的，她們的子女(或兒子)也有相等的財產繼承權。在有妾的家庭中，正妻的地位遠高於妾，妻受其娘家保護，而妾與其娘家切斷關係。除非有特殊安排，妾之子也無法享有正妻之子那樣的財產繼承權。

44 《後漢書》16/6，〈鄧訓傳〉。

45 《後漢書》87/77，〈西羌傳〉。

以上號吾奉其母降漢，入居塞內，數年後迷唐也奉其祖母降漢；表示這兩位婦人並非同一人。迷唐的祖母與號吾的母親都是滇良之妻，因而此兩個事件也直接說明，滇吾的兒子號吾與迷吾(迷唐之父)出自不同的母親[46]。基於此了解，我們甚至可以詮釋〈西羌傳〉中一段難解的記載。此也就是，該文獻描述聶尚如何以禮對待迷唐的祖母，但迷唐卻因此反叛，並殺了護送其祖母歸來的漢使者。爲何如此？我認爲，迷唐遣其祖母(而非其母)去見當時的護羌校尉聶尚，有與先前奉其「母」歸漢的號吾部落相較勁之意。聶尚與記此事者可能不了解，在分枝性社會結構下，一組組的親兄弟部落與其半堂弟兄叔侄部落間常有無止盡的對抗關係[47]。滇吾部落分裂成東吾、號吾、迷吾等部落後，此兩位女性分別代表號吾部落與迷吾部落兩大支系。當時最強大的迷唐部落屬於迷吾系。顯然迷唐認爲聶尚對他祖母的禮遇不夠，並認爲這是對整個迷吾系部落的侮辱。

基於這樣對羌人部落的認識，我們也能了解另一歷史事件的來龍去脈，同時或能洗刷當時一位漢帝國官員的冤屈。這事件是，滇良的一個兒子「滇岸」曾率眾向當時的護羌校尉竇林投降。據史籍記載，竇林被他的屬下欺騙，而向皇帝報告說是該部落的「大豪」(大首領)來投降。第二年，滇良的另一個兒子「滇吾」也來投降，竇林又向皇帝奏稱這部落的大首領來投降。皇帝覺得奇怪，爲何一部落會有兩個大首領。竇林解釋不清，因此受到嚴厲懲罰。我認爲，若我們了解滇岸、滇吾爲「半弟兄」，則知竇林的屬下並沒有欺騙他。該部落在滇良死後已至少分裂

46　有一點需說明，若依我的假說，迷唐的祖母(迷吾的母親)應來自「迷」家族。但據《後漢書・西羌傳》記載，迷唐祖母之名為「卑缺」；此兩字看不出與「迷」家族有何直接關聯。有一種可能是，漢字迷、卑音近，它們皆為此一本土家族名的不同漢字音譯。另一種可能為，家族符記並未顯現在女子之名中。無論如何，號吾與迷吾出於不同的母親，這一點由相關文獻記載看來毫無疑問。

47　巴費爾德也曾提及，在北亞草原游牧部族中，一組組親弟兄群體常與其堂弟兄群體間有敵對關係。見T. Barfield, *The Perilous Frontier*, 27.

成兩個部落，滇岸部落與滇吾部落，各自行動，各自決定與漢帝國的戰與和；滇岸與滇吾兩人都是「大豪」並沒有錯。

最後，若前述中國歷史文獻資料尚不足充分說明漢代羌人的部落組織，我們還可以近代游牧人類學之民族誌資料作爲佐證。在近代有多妻制的游牧社會中，每一母親與其子(或子女)構成社會人群的基本單位，而家庭的分裂、分衍也造成不同母的「半弟兄」各自獨立[48]。一組同母弟兄組成一個大家庭，弟兄各自娶妻(多妻)、生子但不分家；他們的妻子們，也各自與自己的兒女形成一小戶。這幾個最上層的弟兄們，以最年長的當家，到了最後一位兄弟過世後，這個大家庭便分裂；這時，每一組同母弟兄(及其妻兒)獨立成爲一家庭[49]。沙烏地阿拉伯的阿穆拉貝都因人，未婚兒子們都與他們的母親住在一起，若父母離異而父親再娶，兒子們則與他們的母親自成一戶[50]。東非的Jie族，家戶由一組親弟兄構成。這些弟兄每一個人的妻子們，都與她的子女建立自己的帳房(*ekal*)；到了這一組老兄弟都去世之後，每一個帳房——此時可能內部已包括幾個可成爲*ekal*的次群體(母親與其子女)——都獨立成一家戶。當然，這些新成立的家戶，都是由同母之親弟兄(及其妻兒們)構成[51]。漢代羌人活動的青海東南部地區，近代當地游牧藏族的習俗是，若一個男子娶了兩個妻子便要成立兩個帳房，因爲每個帳房都只能有一個女主人。此時畜產也要分爲兩部分，兩個妻子各自經營畜產以撫養其子女。可作爲對照的是，本地行農業的藏族，若一個人娶了兩個妻子，則兩個妻子都與他在同一住屋中[52]。總之，在有多妻習俗的游牧社會中，母親

---

48 E. E. Evans-Pritchard, *The Nuer*, 192-95, 239-44; Donald Powell Cole, *The Nomads of Nomads*, 62-66.

49 Derrick J. Stenning, *Savannah Nomads*(London: Oxford University Press, 1959); Thomas J. Barfield, *The Perilous Frontiers*, 24-27.

50 Donald Powell Cole, *The Nomads of Nomads*, 66.

51 P. H. Gulliver, *The Family Herds*, 49-57.

52 Robert B. Ekvall, *Fields on the Hoof*, 26.

與其子女經常爲構成該社會的基本人群單位；人類學者認爲這是該等社會中的一般性現象[53]。

部落結構

以上花了不少篇幅說明羌人的部落名稱與人名之構成，以及其內在意涵，目的都在說明其部落結構。基於以上的資料與討論，我們可以略述河湟羌人部落的一般狀況。

在人類學中，「部落」是一個被泛用的名詞，包含許多不同的人類社會組織形式。無論如何，美國人類學者薩林斯(Marshall Sahlins)對部落(tribe)的定義或能代表人類學者的普遍看法；他稱，部落是一種其內部群體間不准相互報血仇的親屬群體或社群[54]。然而，就因爲部落以「親屬血緣」關係爲骨幹，所以其內部常有循此親屬關係的次部落群體，而各次部落群體間也難免有敵對關係——這是「分枝性社會結構」的一種表現。如前所言，相當於「部落」的羌人社會群體，在中國漢晉文獻中皆稱作「種」或「種落」——「種」這個字也隱喻著其成員間有血緣或有共同起源關係。因此羌人的「種」或「種落」便是部落，或更正確的說，指各大小層級的部落。

河湟羌人部落由一些領袖，漢文獻稱之爲「豪酋」，及其「種人」與「附落」構成。豪酋有大豪、中豪、小豪。《漢書》記載，趙充國曾懸賞緝捕犯罪的羌人頭領，依獵得「大豪、中豪、下豪」賜賞金不等[55]。種人應是與豪酋有遠近親屬關係的部落民眾；附落則指與豪酋或此部落主體民眾無親屬關係的「他種」，其原部落可能離散或衰微，因此他們依附於此部落以求生。

53　A. M. Khazanov, *Nomads and the Outside World*, 127.

54　Marshall D. Sahlins, *Tribesmen*, 7-11.

55　其文為：「斬大豪有罪者一人，賜錢四十萬，中豪十五萬，下豪二萬，大男三千，女子及老小千錢。」見《漢書》69/39，〈趙充國傳〉。

以資料較豐富的「燒當種」來說，「燒當種」指一個大範圍的超部落血緣部族群體，其下各級部落均奉「燒當」為始祖。燒當種中的滇良家族是一個大部落，它內部各部落隨著世代變遷。如在滇良過世後，這部落分裂為兩個部落——滇岸部落與滇吾部落。滇吾仍在位時，他的部落中有號吾、東吾、迷吾等三個次部落，分別由其子率領；如前所言，他們應是出於不同母親的半弟兄。滇吾去世後，這部落便分裂成三個部落——號吾、東吾、迷吾等皆成為獨立部落。中國歷史記載雖稱滇良傳位給滇吾，滇吾又傳於東吾，看來有一父子線性傳承，但實際上各部落是獨立行事的。漢帝國曾同時對付號吾、東吾、迷吾等三個部落。同一家族的這些部落有時雖聯合行動，但大多數時候他們自主行動，自行決定與漢帝國的戰、和與降。

以大豪、中豪、下豪這樣的稱法來看，滇良家族之部落組織似乎至少有三層——我們且稱之為部落、次部落與小部落。依上一節對羌人部落名、人名的詮釋，我們或可以作以下推測。一個部落的豪酋(大豪)，或不止娶一個妻子；每一妻及其兒子們(其中一人為首，相當於中豪)率領部分族人(種人)與附屬小部落(附落)形成一次級部落。在此層級下，族人及附屬小部落中也有其頭人(下豪，可能為中豪的弟兄)。當此部落豪酋過世，每一次級部落之豪酋及其親弟兄們，率領其子、親屬、附屬部落、牧團獨立成一新部落。此部落首領之母，便是團結這些親弟兄及他們的兒子、親屬、部眾的「共同起源」象徵。這樣大部落中又有次部落、小部落的組織，便是我在前面一再提及的游牧社會之「分枝性社會結構」。

部落領袖之決策權

這樣的部落群體中，並沒有一個如「單于」的領袖可統合諸羌部落。在漢晉文獻中，滇良家族之部落似乎有一單線的統治者父子世襲——滇良傳予滇吾，滇吾傳予東吾，東吾傳予東號。但這可能是漢人記史者的誤解。以歷史事件來看，當滇吾在與漢作戰時，他的弟兄滇岸部落降於漢帝國。東吾降於漢時，他的弟兄們仍時時對中國掠邊。當東號在位時，他的叔父號吾降於漢，而他的堂弟兄迷唐仍在對中國作戰。顯然，即使在名義上有一主幹部落，但各部落還是自行其事。

更有甚者，大豪滇岸、滇吾等雖能統合部落對外作戰，但其內各次部落及小部落頭領可能仍有相當的自主決策權。我們由史籍記載中可略見其端倪。漢武帝時羌人頭領們來投降，爲隴西太守李廣將軍所殺；當時來降被殺的羌人首領共有八百餘人[56]。西元前63年，先零羌要與漢帝國對抗，共同「解仇、交質、盟詛」結盟的部落豪酋有二百餘人[57]。這個資料顯示，結盟不是幾個大豪就能決定的事，其下層的各中、小豪都要參與其事。這資料也說明，各部落、次部落、小部落間經常相互爲敵、爲仇，所以結盟前要先解除彼此的宿怨舊仇。又如，約在此時稍晚，一位羌人豪酋雕庫來向趙充國告狀說先零部落要作亂，結果因他自己有些部落族人也參與先零部落中，所以他被漢軍扣留[58]。由此可見，一個部落領袖常難以左右其下層頭人的決定。〈西羌傳〉記載，西元87年，當迷吾率著他的部落來投降時，漢帝國負責羌事的將領設下鴻門宴，一次伏殺了八百多位羌人豪酋。這麼多的羌人豪酋同時赴宴，也顯示投降不是大豪、中豪能單獨決定的事。甚至於，以此豪酋數字來看，很可能每一個共同放牧、遷徙的牧團，都有其頭人代表參與此事。在漢文獻中有更直接的證據。西元164年，羌人封僇、良多、滇那等部落酋豪及其部民來降於漢；據載，此回共來了355位豪酋，率領部民約3000帳(落)。我們以此推算，依據分枝性社會結構原則，最下層的豪酋(小豪)所領部民大約是10帳左右——這便是羌人的牧團單位[59]。

56　見《史記》109/49，〈李將軍列傳〉。

57　《漢書》69/39，〈趙充國傳〉。

58　同上。

59　以一牧團10帳計算，3000帳的牧民約有300個牧團，統於300個頭人(小豪)。在

羌人牧民的生存抉擇

被漢代華夏稱作「羌」的人群分布很廣，除了河湟諸羌外，還有今川西康藏地區的山間部落人群，以及河西走廊到天山南路的部分游牧人群，東漢時期又有許多河湟羌人部落被漢帝國強迫遷於帝國的西北邊郡，因此漢代「羌人」的經濟生業與社會組織自然也因時因地而有相當差別。以上所描述、分析的漢代西羌之游牧經濟與社會，主要是以青海東部的河湟羌人部落為例。無論如何，這些被稱為「羌」的人群有一共同的社會政治特質，那便是，在他們中間不易產生廣土眾民的國家與中央化王權——中國歷史文獻對這樣的人群社會常見的描述詞便是「無君」。

對於統於一君的華夏來說，「無君」的詞意近於野蠻、不文明。因此漢代華夏較尊重蒙古草原上統於單于的匈奴，對於「無君」的西羌則十分鄙視。在《英雄祖先與弟兄民族》一書中我曾指出，漢晉時期華夏認為匈奴的祖先為夏后氏(大禹)的後裔「淳維」[60]，或黃帝後裔「始均」，卻認為西羌始祖為秦國的戎人逃奴「無弋爰劍」——由此也可看出他們在華夏心目中的地位高下。

西羌的分枝、分散性部落社會結構，表現在他們與漢帝國的交鋒上便是，羌人各部落只能結為暫時性的部落聯盟，且每一次結盟都要各部落先解除宿仇、交換人質。戰爭一結束，此聯盟即瓦解，各部落又回到為生存資源的爭奪、爭戰之中。在這樣的分枝性社會結構中，每一小社

(續)

此之上，這大約300個牧團又組成數十個小部落，由數十個中豪統領。然後這數十個小部落又組成一個或數個大部落，統於一些更上層的豪酋，如此3000帳牧民便可能有355位豪酋。

60 《史記》110/50，〈匈奴列傳〉。相關討論見於王明珂，《英雄祖先與弟兄民族》，第五章、第八章。

會群體(牧團、小部落)都爲其命運自作抉擇；何時從冬場出來開始春季放牧，何時分裂成更小的群體各自遷徙求生，以及是否與其他部落結盟以對抗另一部落聯盟或漢帝國。這便是爲何，在漢晉文獻中多有數百個羌人豪酋一起向漢帝國投降的記載，而這樣的記載沒有出現在漢文獻對匈奴的描述中。在匈奴，單于或諸王可決定與漢帝國的戰與和；對於西羌，或戰或降是每一牧團與小部落自行作的決定，因此經常來向漢帝國投降的是數百個「豪酋」。

然而，雖沒有國家組織，但並不表示羌人容易對付。事實上，漢帝國爲了「羌亂」付出極大的代價。他們不曾要求開關市、不曾要求和親，沒有「王」可控制各個小部落群體的行動。因此當數百位首領一起來降時，不知何時他們又會叛離；與其作戰很容易殺得他們「一種殆盡」，但那只是牧民們分群、分散各自求生下的假象，不多時各部又集結起來與漢軍對抗。鄙視其「無君」實因漢帝國對西羌社會缺乏了解；對其缺乏了解，也使得漢帝國對於這些西羌部落幾乎是束手無策。西元87年漢軍設鴻門宴，殺了迷吾部落來降的八百多位羌人豪酋。這樣的殺降行動，也表示漢軍將領認爲敵人的「投降」並不能解決問題。因此這個悲劇是一重要表徵、表相，其背後的本相是漢帝國侵入並占領河湟谷地使得羌人失其生計所倚，是部分羌人部落、牧團選擇投降以求生存，是階序化、中央化帝國威權難以了解及控制平等化、分枝化部落社會。

殺了所有來降的羌人首領究竟不常發生，漢帝國對於來降的羌人部落更普遍的處置是強迫遷移，將他們遷到帝國的西北邊郡。在這些地方，原來帝國的邊郡民眾生活便不容易，一個個的羌人部落移入後，本地人群間的農牧資源競爭就更激烈了。在許多羌人與漢民的糾紛中，漢地方官員偏袒漢民常是造成「羌亂」的初因。漢軍來平亂時，不分哪些是「亂羌」而到處侵擾羌人，使得許多羌部落再度結盟反抗或到處流徙，造成更大的動亂。這便是東漢歷史上兩次造成整個帝國西北殘破的所謂「羌亂」，分別發生在永初年間(107-118)與永和年間(134-145)。

有兩點值得注意：一是，所謂「羌亂」並非只是羌人的動亂，而是讓整個帝國西北邊郡及關中地區，無論是羌民、漢民或是歸降的北方草原部族之民，皆被捲入的社會動盪。我們從歷史文獻記載中得知，這些反抗漢帝國的「叛羌」領導群體中有羌人也有漢人。其二，在漢帝國西北邊郡這樣資源貧乏的地區，絕大部分鄉民時時都在饑饉、暴力威脅下，一有動亂就更是無法生存。因此當社會有大動亂不安時，甚至平時，大家都需投入可暫且求生或可得到保護的權勢、武裝團體之中。這也是爲何經常「羌亂」一發生便如滾雪球般擴大的原因。

最後，我們可思考一個問題：同樣是游牧人群，爲何北方草原的匈奴可凝聚在「國家」組織之下，而西北高原河谷游牧的羌人卻經常只在其各級「部落」組織之中？我認爲，此與兩者之自然環境以及游牧經濟生態有關。在環境資源上，匈奴各部落之領域(分地)資源不足以維生，而且這些資源難以預期。因此他們發展出超部落的「國家」，將其經濟生業領域擴張至與漢帝國、西域、烏桓、丁令等地人群相接的地區，因此得以由掠奪、貿易、貢稅等「對外」之輔助性經濟活動中擴張其生存資源。因爲他們向外取得這些輔助性資源的對象是如烏桓、鮮卑、烏孫那樣的大部落聯盟或國家，或如漢帝國那樣的龐大帝國，因此超部落的國家成爲爭取及維護資源的經常性政治組合。

河湟羌人所生存的環境也是一個資源匱乏的地區。由於河湟地區的地理封閉性，以及高山河谷地形，使他們難以發展對外關係以取得遠方的輔助性生活資源。更重要的是，一部落若能控制像大小榆谷那樣的美好河谷，在谷地種麥，在附近的山地游牧、狩獵，生存所需大致無缺。因此其游牧之外的主要輔助性生業，農業、狩獵，使得肥美的河谷、山谷成爲資源可預期而值得傾力保護與爭奪的對象。如此，羌人的資源競爭對手，或向外獲取輔助性資源的對象，都是其他羌部落。如此「部落」成爲保護本身利益及向外取得輔助性資源最重要的群體。部落的分枝性結構(層層的次部落、小部落與牧團等等)及「平等自主」原則，更使得每一小群體都自作抉擇，以求生存或擴張其利益。於是各大小部落爲了爭美好的河谷而爭戰不休，互相掠奪。無止盡的部落戰爭使得各部落互相猜忌、仇恨，在這樣的人類生態下，任何超部落的政治結合都是短暫的。可以說，經常影響羌人部落構成(或大或小)的「外敵」不是漢帝國，而是其他羌人部落；即使在與漢帝國作戰期間也是如此。這也可以說明，相當諷刺且不幸的，漢帝國最後以滅種屠殺來解決「羌亂」的將領段熲，其主力部隊也是羌人部落。

第五章
森林草原游牧的烏桓與鮮卑

除了北方的匈奴與西北河湟的羌人之外，漢代中原帝國的東北方有另一些游牧部族，烏桓與鮮卑。早期他們活動的區域多森林，與匈奴的草原、半荒漠草原及羌人的高原、河谷有相當差別。可以說，他們是出於森林草原的游牧部族。

據中國史籍記載，烏桓與鮮卑都出於東胡；匈奴冒頓單于打敗東胡後，東胡王所領導的部落集團瓦解，烏桓與鮮卑也各奔前程。西元前3世紀的西漢初，烏桓部落活動在西遼河(西拉木倫河)及其支流老哈河一帶，鮮卑部落更在此之北。漢武帝時，約在西元前119年，漢帝國爲了不讓匈奴役使、利用烏桓，而將許多烏桓部落遷到上谷、漁陽、右北平、遼東、遼西等郡塞(長城)外，也就是教來河、老哈河等水域之中、上游地區。此時鮮卑也自北方南移，占居烏桓遷走後空下來的西拉木倫河(西遼河)流域。到了東漢初期的西元1世紀中葉，漢朝廷又將部分烏桓由長城外逐漸遷移到長城內，主要居於遼東、遼西、右北平等郡。鮮卑也在此時跟著南下，擴張其勢力於上谷、漁陽、右北平、遼東、遼西五郡塞外。東漢朝廷利用鮮卑來對付匈奴、烏桓，鮮卑勢力因此坐大。

西元85-87年，雄視北亞的北匈奴耗弱，蒙古高原周邊常受其脅制的各部族、國家起而攻之。西元90年前後，北匈奴各部往中亞遷徙。鮮卑趁此時機西移，占領匈奴之牧地，十餘萬落未遷走的匈奴人也都自稱是鮮卑。因而此時部分的烏桓與鮮卑部族已離開了森林草原地帶，往蒙古草原或長城邊上發展。從此鮮卑也經常成爲中國邊患；鮮卑與南匈奴、烏桓等或相結掠奪漢帝國，或彼此相攻伐。到了西元2世紀中葉，鮮卑部落中出了一位英雄人物檀石槐，將分散在草原上的鮮卑各部統一起來，展開對漢帝國更頻繁的寇掠。以上是中國文獻《後漢書》所見之漢代烏桓、鮮卑歷史。

另外，後來在中國北方建立北魏王朝的鮮卑拓拔氏，據中國文獻記載，此部族出於「大鮮卑山」，是為鮮卑之一部。學者對於拓拔鮮卑之起源與遷徙過程有很豐富的研究，尤其是在「嘎仙洞」鮮卑石室(位於鄂倫春自治旗阿里河鎮北)被發現後，學者皆認為許多相關歷史地理都得到解決[1]。根據鮮卑石室的位置，以及《魏書》所記拓拔氏的遷徙歷史，加上一些考古學證據，學者多認為拓拔鮮卑原住在呼倫貝爾草原的北方，而後遷至呼倫貝爾，再遷到大興安嶺南段之東的遼西赤峰一帶，最後再西遷到河套東北的內蒙古中部；這支鮮卑被稱作西部鮮卑，相對於遼西及大小淩河地區的東部鮮卑[2]。我認為內蒙古中部的拓拔鮮卑與《後漢書・烏桓鮮卑列傳》所描述的鮮卑關係不大；或如林澐所稱，「這一支原是匈奴的鮮卑因為統一了中國北部，便自命為真正的正宗鮮卑，把拓跋氏的起源傳說作為鮮卑的起源傳說了」[3]。

---

1 《魏書》禮志及烏洛侯傳記載，拓拔魏王室的祖先原住在北方之「幽都」，曾在烏洛侯國西北鑿一石室以作為祖廟。後來該部落南遷，因隔遠未再探視。到了世祖時，烏洛侯國遣使朝獻，說那石廟仍在。因此世祖派遣中書侍郎李敞去探石室，在那兒祭告祖先天地，並刻詞紀念。此事及該祭詞見於《魏書》108/10，禮志；事亦見於《魏書》100/88，烏洛侯傳。

2 魏堅主編，《內蒙古地區鮮卑墓葬的發現與研究》(北京：科學出版社，2004)，211-260。在林幹所著《東胡史》中，作者將鮮卑分為東部、西部與拓拔鮮卑；西部鮮卑指的是禿髮鮮卑與乞伏鮮卑等。見林幹，《東胡史》(呼和浩特：內蒙古人民出版社，1989)。孫危則將與鮮卑相關的考古遺存區分為拓拔鮮卑遺存與慕容鮮卑遺存，並認為此兩支鮮卑人都曾由北往南遷(前者路線偏西，後者偏東)，然後西向或更往南方發展。其說見孫危，《鮮卑考古學文化研究》(北京：科學出版社，2007)，頁17-81。

3 林澐，〈序〉，《內蒙古地區鮮卑墓葬的發現與研究》，魏堅主編(北京：科學出版社，2004)，v。

由文獻與考古資料看來，當西元前5世紀游牧剛開始流行在蒙古草原之時(或更早)，內蒙古東北部的森林草原游牧部族便逐步沿著大興安嶺兩側往南遷。這些森林游牧部族居於遼西時，始與漢帝國有了密切接觸，漢帝國之人也因此對他們有較多的了解與記錄。先到的一些部族被華夏稱爲「烏桓」，後來的被稱作「鮮卑」——可能皆因其主要部族的自稱而得名。無論如何，歷史文獻中所稱的「鮮卑」與「烏桓」是長期、長程遷徙的一些部落聯盟，我們很難將這些廣大時空中的部族視爲兩個「民族」或兩個政治體。各部族人群之內涵可能因遷徙、吸納新部族、適應新的環境生態，而經常改變。特別是南下至長城邊郡並與漢帝國有更緊密關係的部族，對於其習讀漢文經書的領袖家族而言，「烏桓」與「鮮卑」這兩個稱號更有新的意涵。在這一章中，我所介紹的主要是遼西森林草原環境中的烏桓與鮮卑，也就是西元前2世紀至西元2世紀中期左右居住在西拉木倫河、老哈河流域的森林草原游牧部族。

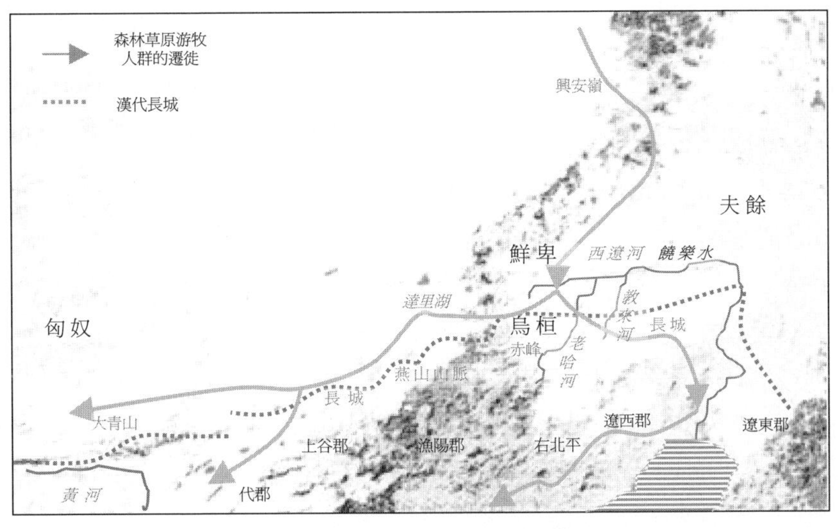

圖5　漢代的烏桓與鮮卑及其遷移

秦漢時期遼西的地理環境

如前所言，烏桓、鮮卑的活動空間在秦漢時期有很大的變動；其遷移趨勢大致是往南到燕山以北的西遼河流域，或再往西進入漠南蒙古草原，或往南進入長城內的華北邊郡。西元100年以後鮮卑部族勢力大增，許多北方草原部族都自稱鮮卑，此也造成中國文獻記載中「鮮卑」分布範圍的擴大。無論如何，烏桓、鮮卑出現於中國文獻記載的時代，他們主要是活動在西遼河流域的森林草原游牧人群——北起西遼河北岸巴林左旗，南到漢長城外，西起大興安嶺南段、七老圖山，東至遼源。在這區域內，主要包括西遼河(西拉木倫河)及其支流老哈河流域，大小淩河流域，燕山山地等地理區。

西遼河與老哈河一帶多沙丘，南岸是著名的科爾沁沙地。沙丘間有草原低地與沖積平原，今屬半農半牧區。西面靠大興安嶺南麓、東麓的地區多森林。南方的燕山地區由中低山丘陵與盆地構成。溫帶乾旱與濕潤區的分界就在燕山北的承德、錦州一線。大小淩河流域夾在努魯兒虎山、醫巫呂山與燕山地區之間，多高山，丘陵起伏。約在西元前6000年至前1500年左右，遼西地區一直有以農業爲主要生計的人群在此活動，留下興隆窪文化、紅山文化、富河文化、夏家店下層文化等遺存。西元前1500年之後，夏家店下層文化的農業聚落逐漸消失。約在西元前11至前8世紀，出現在西遼河與老哈河流域的夏家店上層文化已是半游牧或是混合經濟人群的文化遺存了。環境考古學者認爲，上述遼西地區的古農業文化人群的存在，與本地西元前6000年至前1000年的溫暖濕潤氣候有關；西元前1000年左右氣候變得乾冷，與此對應的便是夏家店文化人群的半農半牧經濟型態[4]。

4 楊志榮、索秀芬，〈中國北方農牧交錯帶東南部環境考古研究〉，見周昆叔、比起夏家店上層文化時期，戰國晚期至漢代(約自西元前3世紀至西元3世紀)，遼西地區的氣候條件是較溫暖濕潤或更乾冷？由考古證據看來，烏桓與鮮卑活躍於東北亞時，遼西的整體環境是較乾冷而不利農業的。西遼河之沖積平原上，今日科爾沁沙地約占有4萬平方公里的面積。環境考古學者指出，科爾沁沙地自全新世(始於距今11000年前後至今日)以來經歷了四次溫暖濕潤、植被發達的時期。其中第三期約在西元前1500年至前800年間，第四期在西元600-1000年之間[5]。也就是說，這其間的西元前800年到西元600年之間是較乾冷的時期。研究者指出，要到西元900年左右，西遼河流域才有另一波的溫暖濕潤期來臨；就是在此環境背景下，遼代契丹人在本地進行農業墾殖。以上古氣候資料，說明烏桓、鮮卑游牧人群及其游牧經濟的出現，是當地人類對於不利農業之環境的一種生態適應。

在此富多元變化的地理環境中，烏桓與鮮卑人的主要經濟生態區是大興安嶺東麓、東南麓與大小凌河、燕山北麓的丘陵森林與草原地帶。漢代鮮卑人的墓葬遺存也多發現在這些地區。除了草原是游牧經濟所倚外，據中國歷史文獻記載，貂、豽、鼲子等動物皮毛是烏桓、鮮卑狩獵所得的特產。貂是林棲性動物，由此亦可見烏桓與鮮卑人的經濟生態區包括部分多溪河、多山地森林的環境。近代與烏桓、鮮卑人經濟生態最類似的可能是圖瓦(薩彥嶺地區)之森林草原牧民。當地牧民也以狩獵爲其重要輔助性經濟活動；在多河流森林之環境中，同樣的，貂類動物是他們行獵的主要對象之一。

(續)

宋豫秦編，《環境考古研究》第二輯(北京：科學出版社，2000)，頁81-88。

5　王青，〈遼金時期科爾沁沙地沙漠考古的幾個問題〉，見周昆叔、宋豫秦編，《環境考古研究》第二輯，頁188-194。

烏桓、鮮卑的游牧經濟

關於烏桓人的生計活動，魏晉人王沈所著《魏書》中有一段簡明的記載稱：

> 俗善騎射，隨水草放牧，居無常處，以穹廬為宅，皆東向日。弋獵禽獸，食肉飲酪，以毛毳為衣……。大人已下，各自畜牧治產，不相徭役[6]。

這一段文字，清楚的說明烏桓人是游牧人群——他們趕著牲畜遷徙以追尋水源與牧草，同時也經常從事狩獵；他們住在向陽的帳幕中，吃的是肉酪，穿的是動物的皮毛；在部落聯盟首領之外，一個個的牧戶、牧團各自游牧經營其畜產，沒有上級能強迫民眾服力役。同一文獻告訴我們，鮮卑的經濟生活與烏桓大致相同。以下我們還是從畜產構成、輔助性生計、季節游牧活動等方面，來詳述烏桓、鮮卑的游牧經濟生活。

畜產構成

關於烏桓與鮮卑之畜產，漢晉文獻記載並不豐富；文獻中很少記載漢軍擄獲這些游牧部族之牲畜種類、數量。然而從有限資料中，仍能確定他們所飼養的牲畜是以馬、牛、羊爲主。根據《後漢書》及王沈《魏書》等文獻記載，在行聘娶時烏桓人以馬、牛、羊作爲禮物，他們對匈奴所輸貢物也是馬、牛、羊；在祭鬼神、祖先時，是「祠以牛、羊」；在他們的部落習慣法中，罪人也是以賠「牛、羊」來贖罪。西元117-119年間遼西鮮卑寇邊，漢軍出擊，幾場戰鬥中漢軍從敵人那兒擄獲

6 《三國志・魏書》30/30，〈烏丸鮮卑東夷傳〉，註引王沈，《魏書》。

的，根據文獻記載，是馬、牛，或牛、羊。西元126-131年間遼東鮮卑寇邊，漢軍幾度出擊擄獲的皆是牛、馬。《後漢書》中有很多漢軍擄獲北方游牧部族牲畜的記錄，其中關於烏桓、鮮卑的書寫，明顯有異於匈奴與西羌之例；對於後二者，《後漢書》多明載牲畜種類、數量，然而對烏桓、鮮卑，《後漢書》則沒有記載漢軍從他們那兒擄獲之牲畜數量。還有便是，漢軍由烏桓、鮮卑那兒有幾次擄獲牲畜記錄中只有馬、牛，而無羊，這也不同於匈奴、西羌被擄獲之牲畜記錄中幾乎皆有羊。

漢晉歷史文獻中缺乏擄獲烏桓、鮮卑牲畜數量之記載，有可能是因爲這些游牧部族所擁有牲畜數量不大，因而漢軍的擄獲也不多。《後漢書》稱這些人「俗善騎射，弋獵禽獸爲事」。西元3世紀王沈所著《魏書》，除了提及他們的游牧、狩獵外，稱烏桓人也從事農作[7]。以上史料皆顯示，烏桓人相當依賴牧業之外的生計活動，特別是狩獵，這自然與當地多森林的環境有關。前面曾提及，匈奴、西羌的牧人都多少從事些狩獵以補充肉食，近代許多游牧人群也是如此。但狩獵若在游牧經濟活動中占的分量過重，則畜牧方面便會相對減損。近代森林草原游牧的圖瓦人便是一個例子；據學者調查，牲畜愈多的圖瓦牧人愈無法從事狩獵。總之，狩獵對森林草原環境中的鮮卑、烏桓之重要性，遠大於它們在匈奴與西羌游牧經濟中所占分量。相對的，鮮卑、烏桓不如匈奴與西羌那樣依賴畜產；或者他們的畜產可能較少，特別是需人力照管的羊。

由一些考古遺存中，我們也可略見漢代西遼河流域住民的經濟生態。此地區已發表的考古墓葬資料中有隨葬動物報導的略有，吉林榆樹老河深墓地、吉林通榆興隆山墓葬、內蒙古林西縣井溝子墓葬、內蒙古巴林左旗南楊家營子墓地、內蒙霍林河流域之科右中旗北瑪尼吐墓葬。近年在內蒙古林西縣井溝子發現春秋戰國墓葬，其時代也可能晚到西漢早期。井溝子墓葬中隨葬的動物，有馴養的馬、牛、綿羊、騾、驢、

7　同上。

狗，以及野生的鹿、獐、狐狸；其中又以馬爲最多，其次是綿羊。遺存中沒有農具，沒有豬；考古學者認爲這是游牧、漁獵的東胡之遺存[8]。西漢中晚期的興隆山墓葬，塡土中發現有馬、牛、羊的碎骨[9]。此墓葬被認爲屬漢書二期文化；該文化分布在平原地帶，有大型半地穴式住房，爲農牧漁獵混合經濟人群之遺存[10]。東漢時之榆樹老河深墓葬，129座墓中12座墓之塡土裡發現有馬牙；另外在墓地中央一坑內葬有3個馬頭[11]。老河深墓葬原被識別爲鮮卑墓，但許多學者相信此應爲夫餘人遺存。約當東漢時期的南楊家營子墓地，已發掘的20座墓，墓內隨葬有馬、牛、羊、狗之肢骨或頭骨，以隨葬羊部分肢體爲最普遍[12]。霍林河流域之科右中旗北瑪尼吐「鮮卑墓葬」，清理的26座墓葬中2座發現有羊距骨，3座有狗頭骨；這些有動物隨葬的都是男性墓[13]。以上墓葬皆不一定與烏桓、鮮卑有關，甚至不一定是游牧或半游牧人群遺存，它們卻明白顯示漢代西遼河流域及其鄰近地區人群的多元經濟生態，以及草食性動物在本地各種人類經濟型態中都占重要位置。

以上考古遺存中以狗隨葬的例子值得注意。王沈《魏書》中稱烏桓人喪禮中有一儀式，以彩繩繫在一犬身上，要牠帶領死者之魂歸於「赤

8 吉林大學邊疆考古研究中心等，〈2002年內蒙古林西縣井溝子遺址西區墓葬發掘紀要〉，《考克與文物》2004年第1期，頁6-18；王立新，〈探尋東胡遺存的一個新線索〉，《邊疆考古研究》第三輯(北京：科學出版社，2004)，頁84-95；陳全家，〈內蒙古林西縣井溝子遺址西區墓葬出土的動物遺存研究〉，《內蒙古文物考古》2007年第2期，頁107-118。

9 吉林省文物工作隊，〈通榆縣興隆山鮮卑墓清理簡報〉，《黑龍江文物叢刊》1982年3期，頁65-69。

10 潘玲、林澐，〈平洋墓葬的年代與文化性質〉，《邊疆考古研究》第一輯(北京：科學出版社，2002)，頁194-203。

11 吉林省文物考古研究所，《榆樹老河深》(北京：文物出版社，1987)，頁18。

12 中國科學院考古研究所內蒙古工作隊，〈內蒙古巴林左旗南楊家營子的遺址和墓葬〉，《考古》1964年1期，頁36-43、53。

13 烏蘭察布博物館，〈科右中旗北瑪尼吐鮮卑墓群〉，內蒙古文物考古研究所編，《內蒙古文物考古文集》第一輯，頁397-405。

山」。然後將狗與馬殺死，象徵著牠們與主人一起踏上最後旅程。狗在其喪葬文化中的特殊「引路」角色，可能與在當地多山地森林之環境中，牠們爲人們狩獵時的夥伴與助手有關。最後這歸於赤山的旅程，似乎也表現烏桓人生前經常騎著馬帶著狗行於山林間的景像。從漢文獻記載及考古遺存看來，這兒早期森林游牧部族與匈奴、西羌相比，其牲畜中羊所占份量可能較少，且養狗比較普遍。這都符合森林草原牧民的經濟生態；野獸多因此不宜養太多的羊，又因森林中動物多，狩獵在其生計中占重要地位。無論爲了保護牧畜或打獵，人們都要借重狗。近代民族誌資料顯示，由於狩獵在森林草原游牧人群之生計中有相當重要性，因此協助狩獵的狗也在人們日常生活與文化中有特殊地位。

季節移牧與狩獵、農作

關於漢代西遼河流域游牧人群的季節移牧形態，漢晉文獻中透露的訊息也很少。然而基於對本地自然地理與資源環境的了解，並參考近代森林草原游牧人群的經濟生態，我們可以略推知其移牧季節性。

烏桓與鮮卑都是森林草原游牧人群。除了游牧外，他們也在山林中狩獵，在河谷種植穀類作物。《後漢書》描述烏桓的經濟生產活動，首先便稱他們「俗善騎射，弋獵禽獸爲事」，跟著才提及他們「隨水草放牧」。該文獻又稱，烏桓人以鳥獸等動物的懷孕、生產、育幼來分辨一年的季節，這也顯示他們的日常生計與動物關係十分密切，因而他們對鳥獸(包括馴養及野生種)的生物性有相當的認識。另外王沈《魏書》也提及，烏桓人以春天布穀鳥鳴爲開始耕種的徵候，並稱他們的土地宜種「青穄、東牆」，又稱「東牆」是一種像是蓬草的植物，有穀實如葵子，每年十月成熟。史籍也記載他們能自己釀酒，但不會做酒麴，他們所食的米常要從漢帝國獲得[14]。以上這些文獻資料都說明烏桓人並非純

14 《三國志・魏書》30/30，〈烏丸鮮卑東夷傳〉，註引王沈《魏書》。

粹的游牧人群，他們習於種植穀類作物，以穀物爲糧，或用來釀酒。同樣是森林草原環境的唐努山、薩彥嶺一帶，唐代活動於此的黠戛斯部族也從事畜牧，以及種「穄」；史籍稱他們用穄來作爲飯食，也用以釀酒。由以上這些記載看來，農業與狩獵在烏桓、鮮卑人的生計中之地位，遠比它們在匈奴、西羌中來得重要。也因此，在描述烏桓、鮮卑之游牧季節韻律時，我們必須同時說明他們與此配合的狩獵與農業活動。

冬天，與所有北亞游牧人群一樣，漢代遼西一帶牧民須在避風向陽的冬場裡過冬。冬場通常在一個避風山谷的向陽坡上；「以穹廬爲宅，皆東向」，便是指帳幕紮在向陽的地方。考古學家似乎曾發現過一個早期遼西游牧人群的「冬場」。內蒙古巴林左旗南楊家營子遺址，有漢代游牧人群的墓葬與日常生活遺存。此遺址位於一道土嶺的南側澗溝崖邊，遺物僅有陶片與一些動物骨骼，多數被燒過，被砸裂，幾乎沒有一塊是完整的。除了一灰坑外，無任何實質建築物遺痕。此遺址的位置選擇，很符合游牧人群的冬場——能遮風的低窪地，向陽位置可得到最大光熱，上方高坡受風面的雪覆蓋薄，宜於冬季放牧。

史籍記載鮮卑之特產，「貂、豽、鼲子，皮毛柔蝡，故天下以爲名裘」。西元49年，遼西烏桓大人率眾來對漢帝國朝貢，其貢品中除牛、馬外，還有弓，以及老虎、豹、貂等動物皮毛。另一條史料記載，王莽當政時漢帝國曾要烏桓勿對匈奴繳「皮布稅」[15]。這些資料都說明，上好的動物皮毛是烏桓、鮮卑人狩獵所得之特產。這些動物多爲林棲性動物；顯然烏桓、鮮卑之所以有這些特產，與遼西及其鄰近周邊地區多河流、多山地森林的環境有關。近代中俄邊境之圖瓦地區，森林草原牧民也以狩獵爲其重要輔助性經濟活動。在此多河流森林之環境中，同樣的，貂類動物是他們行獵的主要對象之一。最宜獵貂、松鼠、野兔等小

15 《漢書·匈奴傳下》。

型動物的季節是深秋到初冬[16]；此時獵人較容易從雪上留下的蹤跡來追獵這些動物。林中有動物可獵，又有秋季收穫儲存下來的穀物，漢代遼西森林草原牧民的冬天似乎不若匈奴、西羌那樣艱辛。

老河深墓地部分墓葬有鐵製的钁、鍤、鐮等農作工具隨葬，這些農作工具出於男性墓也出於女性墓[17]。西豐西岔溝墓葬出土有鐵製的钁、鋳、鋤，以及磨石盤與杵形研磨器[18]。巴林左旗南楊家營子墓葬，在一女性墓中出土一鐵斧或鏟。這些遺存顯示，漢代遼西及其鄰近地區許多人群皆農牧兼營。此可與《後漢書》記載烏桓人種「青穄、東牆」等資料相互印證。「青穄」應是黍類作物，這一類作物生育期短，又特別耐旱，與野草競爭力強而可粗種，無需薅草，這是最宜於游牧人群種植的糧食作物之一。

關於本地游牧、狩獵人群如何種「穄」，較晚的唐末五代時人對此有些觀察記載。當時原居於灤河流域(河北的東北部)的奚人，有一支遷到延慶一帶的長城外居住。這兒北距西遼河及老哈河流域不遠，漢代時應也是烏桓人活動的地區。住在本地的奚人除了射獵、畜牧外，也種植「穄」。史籍對此的記載爲：

> 頗知耕種，歲借邊民荒地種穄，秋熟則來穫。窖之山下，人莫知其處。爨以平底瓦鼎，煮穄為粥，以寒水解之而飲[19]。

這是說，他們在偏荒之地種穄，到了秋天成熟時再來收割；顯然這是不需或很少需要照料的粗放農作。他們不將收穫的穀物藏於住所，而是埋藏在山下——這也說明他們是不定居的游牧、游獵人群。類似儲存

16 Sevyan Vainshtein, *Nomads of South Siberia*, 175-181.

17 吉林省文物考古研究所，《榆樹老河深》，頁18-37。

18 孫守道，〈匈奴西岔溝文化古墓群的發現〉，《文物》1960年8-9期，頁27-28。

19 《新五代史・四夷》，附錄第三。

穀物的辦法，也見於薩彥嶺一帶的圖瓦人；近代當地牧民也將收成後大部分的穀藏在窖穴中。據人類學者報導，此種窖穴多挖在乾燥、細實的黏土中。人們在地面挖出肚深寬、口小的甕罐狀地穴，將穴壁與底抹平。藏入穀物後，上面覆上乾草及以土作掩蓋，以免被他人發現。有需要時，就將穀物掘出。這樣的藏穀窖穴一般就挖在田地附近[20]。

鮮卑以「季春月」大會於饒樂水(西拉木倫河)上，相聚宴樂並舉行婚禮；季春是漢曆三月(陽曆四月)，這應是他們出冬場的時節。從事農作的遼西及其鄰近地區漢代牧民，出冬場進入春草場之時段也應是他們從事翻土、播種的季節。以下我仍以薩彥嶺附近森林草原牧民之農事活動為參照，嘗試了解烏桓、鮮卑牧民之農業活動。20世紀上半葉之圖瓦牧民約在四月底至五月初間出冬場；畜產愈多的牧民，愈需要早點出發，畜產少的可以晚一點出冬場。五月初進入春場後，他們約要花上7-15天整地播種；田地通常就在春場附近。六月初大麥播種完成後，整個阿烏爾開始移往夏草場[21]。黍類種植在中國北方一般是五月播種，九月收成。唐代活動在唐努山、薩彥嶺一帶的黠戛斯，中國史籍記載，「穄以三月種，九月穫」；換成陽曆來說，約是在四月播種，十月收成。這個記載中的春種時節，應是早了一些。西遼河流域比起薩彥嶺、唐努山之間的圖瓦地區，在緯度上低了約十度。我們可以估計烏桓、鮮卑從事春耕的時期應在陽曆四月，也就是文獻所稱他們聽到布穀鳥鳴便從事農作之時節。

夏季，薩彥嶺附近圖瓦牧人多駐牧於溪河邊；這兒草較豐富，牛也容易喝水。他們溯溪河而上，往山中去，紮營在陰涼的山谷中。這兒源源的融雪滋潤土地，因此牲畜所需之牧草豐美，水源充足。八月他們又

---

20 Sevyan Vainshtein, *Nomads of South Siberia*, 157.

21 Sevyan Vainshtein, *Nomads of South Siberia*, 84-85. 我在內蒙古呼倫貝爾盟新巴爾虎右旗所見，當代蒙古牧民出冬場是在三月中旬左右。這應是有乾草供應，並有現代工具、技術協助下的出冬場；漢代牧民不可能如此。

驅著牲畜下移，到接近田邊的秋草場，在此停留並收割作物。到了第一場降雪時，他們再移往冬場。冬場一般在山區的向陽谷地，這兒也接近獵貂的地方[22]。多溪河的西遼河流域及鄰近地區，漢代游牧人群也應是在山間溪谷分散放牧；此也說明爲何他們的部落「大會」是在春季，而非如匈奴在夏五月。約在九月至十月，森林草原游牧人群下移到秋場。秋場或與春場爲同一地，接近田地，因此他們可順便收割青穄與東牆，牲畜也可吃收割後的禾稈及穀皮等。

貿易與掠奪

漢代西遼河流域及鄰近地區的游牧人群，雖兼事農作與狩獵以補不足，但他們仍時時覺得匱乏。由兩個趨勢我們可以看出此種游牧經濟之不足或不穩定。其一，漢代時先是烏桓與鮮卑不斷往南遷徙，後來大部分的烏桓以及部分鮮卑移到漢帝國邊塞內外居住，大部分的鮮卑則轉而西向，占居匈奴的草原故土(內蒙古中南部)。也就是說，無論是居於中國邊塞內外，或是進入廣闊的蒙古草原，都是他們追求較安全或較佳生活的選擇。其二便是，據中國史籍記載，烏桓與鮮卑彼此掠奪，其內部各「大人」所率部落聯盟也經常相互劫掠，他們也分別或聯合劫掠漢帝國邊郡與匈奴。

關於鮮卑對漢邊郡的騷擾、劫掠，東漢時人應劭曾有一生動細膩的描述。他稱：

> 鮮卑隔在漠北，犬羊為群。無君長之帥，廬落之居，而天性貪暴，不拘信義。故數犯障塞，且無寧歲。唯至互市，乃來靡服。苟欲中國珍貨，非為畏威懷德……劫居人，鈔商旅，噉人牛羊，略人兵馬。得賞既多，不肯去，復欲以物買鐵。邊將不

22　Sevyan Vainshtein, *Nomads of South Siberia*, 85-87.

聽，便取縑帛聚欲燒之。邊將恐怖，畏其反叛，辭謝撫順，無敢拒違[23]。

這個記載雖充滿對異族的輕鄙，但看來應是出於書寫者的親臨觀察。由此描述可知，鮮卑或對漢帝國犯邊，或以此勒求賞賜，或與漢人作買賣。這些從漢帝國獲取物資的行爲常併行，因而他們被視爲「天性貪暴，不拘信義」。我們從另一些資料中也可見，鮮卑對漢帝國之貿易與劫掠經常是混合著進行。西元117年，遼西鮮卑來寇，漢邊郡守軍與烏桓聯手將他們擊退，並擄獲其牛、馬以及「財物」。西元119年鮮卑掠邊，漢軍與南匈奴共同出擊，擄獲其牛、羊與「財物」。西元126年，漢軍出塞追擊來寇的遼西鮮卑，「獲其輜重二千餘種」。同年遼東鮮卑也來進犯漢帝國，漢軍出擊得勝，除了擄獲其牛、馬等牲畜外還有「什物」。相對的是，漢軍打敗來寇之匈奴、西羌的戰利品記錄中皆只有牲畜，而沒有「財物」。這些什物、財物可能爲鮮卑掠自漢帝國，也可能爲他們自身所有。無論如何，此皆顯示鮮卑進寇中國，與匈奴、西羌所爲有相當不同；無論是掠奪或貿易，他們都對「財貨」十分感興趣。

以此看來，鮮卑遠道而至漢帝國邊郡，其意並非完全在於掠奪，而更像是不錯過任何能獲得物資的機會。他們對於貿易、交換特別感興趣，甚至在掠奪的時候也常以商品爲對象。漢晉文獻多記載匈奴、西羌掠奪漢地的馬、牛、羊，但較少有關於烏桓、鮮卑掠牲畜的記載。前面

---

23 《後漢書》48/38，〈應劭傳〉。本文可譯為白話如下：鮮卑生活在漠北，整天與狗、羊等動物在一起。他們不受國君及地方官的統轄，也沒有固定的聚居村落。他們天性既貪而又殘暴，不守信義。因此經常來侵犯我們的邊塞，這些邊塞地區沒有一年不受其災。只有在讓他們來與漢人作買賣時，他們才肯降服。他們只想得到漢帝國的珍寶與物產，並非是畏懼我們的國威或感念我們的德業。他們劫掠村落中的百姓，搶路上的商旅，吃別人的牛羊，又擄去馬匹、武器。從漢帝國得到賞賜時，不肯離開，又強要以這些賞賜來換鐵。若守邊的將領不聽他們的，他們便將一些布帛衣物堆起來作勢要燒。邊將們恐怕事情鬧大了他們會聚兵反叛，只好道歉安撫，順著他們的意，不敢拒絕其需索。

曾引述，東漢末應劭稱鮮卑常「劫居人，鈔商旅，噉人牛羊，略人兵馬」。另外，西元135年烏桓寇雲中，截奪了商人的牛車千餘輛。這些都顯示，可供貿易的財貨在他們的生計中有相當重要性。遼西的地理位置處於多元經濟生態的邊緣；其南與其東為農業、工藝製造發達的漢帝國與高句麗，其北為多種類型的混合經濟人群(奚、室韋、靺鞨等)，其西為草原游牧的匈奴各部。這樣的位置，利於他們居間溝通有無。特別是遼西及其迤北森林地區所產的動物皮毛，更為鄰近游牧及定居社會上層所珍愛。烏桓、鮮卑等經掠奪、貿易或受賜，由漢帝國得到的物資主要是絹帛、米糧，及金屬工具、藝品與鐵。

烏桓與漢帝國間更有一種緊密的交換關係；漢廷允許他們居於邊塞內或附近，允許他們與漢民互市，並給予一定的生活物資補助，以換得烏桓配合漢軍保邊塞或打擊其他游牧部族的軍事服務。這也算是一種「貿易」。此種關係完全改變烏桓的游牧經濟；在相當定居的混合經濟下，他們愈來愈成為漢晉時期東北方華夏邊緣的一部分。留居在遼西及移居燕山、灤河、大小凌河地區的鮮卑人也是如此，他們和漢帝國「邊人」的關係愈來愈密切。

由於較重視與漢的互市關係，烏桓對漢帝國之掠邊事件較少。相對於此，鮮卑各部對漢帝國的劫掠較多。我們可以由遼西地區游牧部族(主要是鮮卑)劫掠漢帝國事件的發生季節，來說明它們所顯示的人類經濟生態意義。特別是，檀石槐統一鮮卑各部的三十年間，曾發動多次對漢帝國的劫掠；比較在此(檀石槐統一鮮卑)之前與此後鮮卑的掠奪，以及比較鮮卑與匈奴、西羌劫掠漢帝國之同異，我們可以從中得到一些對這些游牧部族的新理解。

表7顯示，西元45至145之百年間，鮮卑對漢帝國邊郡之劫掠多發生在夏、秋、冬三季，而特別集中於8-11月(陰曆)之間。12月至來年3月間是外出劫掠最少的季節。以此而言，這仍是游牧人群配合游牧季節韻律的外出劫掠。第四章中，曾提及羌人對漢帝國的劫掠(見頁162表6)；

表7　史籍所見鮮卑入寇漢帝國之發生季節

季節／年份	春			夏			秋			冬			發生地區	資料來源
	1	2	3	4	5	6	7	8	9	10	11	12		
45								*					遼東	《後漢書》1下/1下
97								+					肥如	《後漢書》4/4
101												+	右北平、漁陽	《後漢書》4/4
106				+									漁陽	《後漢書》4/4
115								+					遼東	《後漢書》5/5
117				+									遼西	《後漢書》5/5
118								+					代郡	《後漢書》5/5
										+			上谷	
119							+						馬城	《後漢書》5/5
121				+									遼東	《後漢書》5/5
								+					居庸關	
											+		玄菟	
122										+			雁門、定襄	《後漢書》5/5
											+		太原	
124						+							玄菟	《後漢書》5/5
							+						高柳	
126								+					代郡	《後漢書》6/6
127		+											玄菟	《後漢書》6/6
128									+				漁陽	《後漢書》6/6
129											+		朔方	《後漢書》6/6
132									+				遼東	《後漢書》6/6
133								+					代郡	《後漢書》6/6
145						+							代郡	《後漢書》7/7
156							+						雲中	《後漢書》7/7
158												+		《後漢書》7/7
159		+											雁門	《後漢書》7/7
						+							遼東	
163					+								遼東	《後漢書》7/7
166						+							北邊九郡	《後漢書》7/7
169											+		并州	《後漢書》8/8
171											*		并州	《後漢書》8/8
172												+	并州	《後漢書》8/8
173												+	幽州、并州	《後漢書》8/8
174												+	北地	《後漢書》8/8
175					+								幽州	《後漢書》8/8
176													幽州	《後漢書》8/8
177				+									三邊	《後漢書》8/8
												+	遼西	
178											*		酒泉	《後漢書》8/8
179												+	幽州、并州	《後漢書》8/8
180										+			幽州、并州	《後漢書》8/8
181										+			幽州、并州	《後漢書》8/8

*號者代表知其發生季節而不知月份。

西元前42至西元101年之間，羌人對漢帝國邊郡、邊塞的劫掠多發生在7-10月，在季節上比鮮卑的對外掠奪早了一個月。這應是由於在河湟高原游牧地區，由於高度效應，秋冬來得較早。另外我們也可以看出，鮮卑較西羌有能力在冬季與夏季發動對漢帝國的掠邊行動。我們知道夏季是發展牧群的季節，冬季是守成季節(讓牲畜可度過寒冬)，皆不宜於集合人力對外劫掠。這一點或表示，西羌謹守各小游牧群體(家庭、牧團)的游牧生計韻律，而鮮卑(與烏桓)則在其經常性之部落聯盟下，較有能力從畜牧之外的對外貿易、掠奪中獲得生存資源。

上面的統計表也顯示，西元156至181年檀石槐統一鮮卑各部期間，鮮卑對漢帝國的劫掠模式有明顯的改變；多在夏、冬兩季，反而秋季——傳統上游牧人群劫掠定居人群聚落的季節——發生得極少。這表示在檀石槐時期，鮮卑已統轄在類似「國家」的政治組織下，因此他們對漢帝國的掠奪是「戰略性」軍事行動，而得以不依循(或刻意違反)游牧季節韻律。

烏桓、鮮卑的部落社會

由於東漢時烏桓與鮮卑皆有相當多部眾進入塞內居住，因此漢晉史籍對其家庭、部落以至社會習俗都有豐富的記載。這些記載主要是關於烏桓；對於鮮卑，《後漢書》與王沈《魏書》都稱他們「言語、習俗與烏桓同」。以下由家庭、牧團、部落與部落聯盟等，來介紹烏桓、鮮卑的社會組織。

家庭　首先，關於烏桓的家庭，漢晉史籍有以下描述：

> 貴少賤老，其性悍驁，怒則殺父兄，而終不害其母，以母有族類，父兄以己為種，無復報者故也……。其嫁娶皆先私通，略將女去，或半歲百日，然後遣媒人送馬牛羊以為聘娶之禮。壻

> 隨妻歸，見妻家無尊卑，旦起皆拜，而不自拜其父母。為妻家僕役二年，妻家乃厚遣送女，居處財物，一出妻家。故其俗從婦人計，至戰鬥時，乃自決之[24]。

「家庭」是人類最基本的社會單位，游牧人群自不例外。家庭成員有共同的畜產，在日常生計活動上分工合作。婚姻創造一個家庭。按以上記載，此家庭的形成有一過程。男子將自己喜歡的女子擄來，經過一段時間的夫妻生活後，才同返岳家。由於同部落各牧團民眾經常有機會相聚，因此這樣的掠奪婚可能是跨部落進行的。以上文獻資料又稱，烏桓人的母親受其族人保護，亦顯示母親來自於他「族」，也就是其他部落。如此先有夫妻之實，然後在半年或一年後再完成婚禮，這樣的婚姻在人類社會中並不罕見。通常是爲了保證女子有生育能力，因此在妻子懷孕後再完成此婚姻。在這樣的社會中，一般而言，家庭生計中很需要工作人力，所以女人在婚姻中的主要角色是生下「生產者」[25]。烏桓男

24 《三國志·魏書》30/30，〈烏丸鮮卑東夷傳〉，註引王沈《魏書》。以上文句可意譯為：「他們看重年少的人，不尊重老者。個性驃悍固執，動起怒來，連自己的父親、兄弟都會遭其毒手，但他們絕不敢加害母親，因為母親有族人為她報仇，而自己的父兄與自己同族，因此無人為他們報仇。……他們的嫁娶習俗是，男方先將欲娶的女子搶來，小倆口過著夫妻生活。過了半年或百日之後，男方送牛、馬、羊到女方家裡作為聘禮。這時女婿隨著妻子到岳家，岳家的人不論尊卑，他都要時時行禮敬拜，而他對自己的父母卻未如此。男子留在妻家做僕役般的工作兩年，妻家才以豐厚的嫁粧送女兒出閣；此時女兒女婿的新居帳房、屋內財物，都出於妻家。所以他們的習俗是許多事都聽從婦女之見，只有戰鬥的事由男人自己決定。」

25 Jack Goody, *Production and Reproduction: A Comparative Study of the Domestic Domain* (Cambridge: Cambridge University Press, 1976). 此書中人類學者Jack Goody比較東非與印度兩種不同的生產方式(鋤耕與犁耕)下，女人的社會地位與角色。半游牧的東非部落中，女人是生產家庭勞動力的人；在印度農耕社會中，女人所生的不只是生產者也是合法繼承者。因此在東非半游牧社會中，女性的生育力較重要；在印度農村社會，女性不只要能生育還要守貞節(保證子嗣血統純正)。在婚姻與女性之社會角色上，烏桓、鮮卑顯然接近東非的半游牧社會。

子在婚姻過程中要到岳家服務一兩年，其社會意義應是彌補該家庭女子出嫁之人力損失；這也顯示「人力」在他們的生計中十分吃緊。此種婚姻習俗亦強化部落間之關係。有緊密婚姻聯繫的部落，彼此也常存在親密而又緊張的關係。因此婚姻並不是「兩個人的事」，而涉及部落間的諸多恩怨情仇。此也說明爲何他們不敢傷害自己的母親，因這會引起母親之「族」(部落)的報仇行動。

由岳家提供新夫妻的帳幕與內部家當，在某種意義來說，表示女性是此「帳」(家戶)的主人。在多妻婚的游牧社會中，此社會價值特別強烈；母親是一帳的主人，子女不會住在非其生母的帳中[26]。這樣的社會習俗，也強化同母之親兄弟姊妹間的聯繫。

牧團　西元49年，遼西烏桓大人郝旦等922人率眾來降於漢帝國。漢朝廷封其「渠帥」81人爲王侯。在此例中，顯然渠帥81人之下還有八百多位下級豪長。以此計算，每一渠帥平均領有下級豪長約10人左右。此下級豪長應便是牧團的領袖。也就是說，渠帥所統領的相當一部落；一部落又由10個上下的牧團所構成。我們沒有資料可估算一烏桓牧團約有多少人，只能以北亞游牧社會之牧團(阿烏爾)來略推想烏桓之牧團。

第一章中曾提及，牧團主要由一家庭或有親屬關係的幾個家戶構成；這是游牧生計中，在家庭之上最基本的生產互助群體。牧團成員一年中大多數時期一起遷徙游牧。有時人們對此有更嚴格定義，如圖瓦牧人稱，阿烏爾(*aal*)是其牲畜同欄餵養、混合放牧的人群。薩彥嶺附近圖瓦牧人之阿烏爾，主要是父母與他們的已婚子女或弟兄之家庭共同構成，因而這也是親屬群體。圖瓦牧人的阿烏爾大小差別很大；據報導，少則2-3帳，或多達15-20帳。「阿烏爾」一詞各地發音或有差異，但此社會組織廣泛存在於西亞、中亞、北亞各游牧部族中，如圖瓦人、土庫

26　見本書第一章，頁33-35。

曼人、哈薩克人、卡拉卡爾帕克人[27]，以及各蒙古支系人群。20世紀前半葉，據前蘇聯學者之觀察報導，蒙古游牧社會之阿烏爾一般是2-5帳，有些地區可能在5-8之間，或有8-12帳的阿烏爾。阿爾泰山附近的哈薩克人，阿烏爾由3-8帳構成。1830年代末，哈薩克斯坦兩千多個阿烏爾的統計資料顯示，移牧中的阿烏爾通常由3-5帳組成[28]。

西元49年來降的烏桓部族，中國史籍資料中無該「部」之總人口數，因此我們難估算其牧團之組成戶數或人口數。然而另有一歷史資料勉強可用；據《三國志》記載，西元237年，右北平郡之烏丸單于及遼西烏丸「都督率眾王」，率領他們的部眾五千餘人來降，曹魏政權封其渠帥二十餘人(或曰三十餘人)爲王[29]。馬長壽將此「渠帥」當作「邑落小帥」，如此計算出一烏桓「邑落」渠帥領有「一百幾十人至二百幾十人」[30]。我們若以西元49年來降的烏桓一「渠帥」領有十個牧團來計算，那麼一牧團便是十餘至二十餘人；若以一戶5口計算，約爲3-5帳[31]。雖然以上兩個烏桓部族相差約200年，但所得烏桓牧團戶數與19至20世紀上半葉之北亞游牧人群一般的牧團戶數相當。

最後仍需強調的是，遼西及鄰近地區的環境相當多元化，漢代生息

27 Sevyan Vainshtein, *Nomads of South Siberia*, 243.

28 同上，頁98-99。

29 《三國志・魏書》28/28，〈毌丘儉傳〉。《魏略》，則稱封其渠帥三十餘人為王；見《三國志・魏書》30/30，〈烏丸鮮卑東夷傳〉引《魏略》。

30 馬長壽，《烏桓與鮮卑》，頁112-113。

31 內田吟風指出，烏桓族一「落」約有二十餘口，由2-3戶(穹廬)之人所構成。也就是說，他認為「落」便是牧團。對此，我同意林幹之說——中國文獻中的「落」指的是帳落或戶。再者，內田吟風所根據的是《魏書・武帝紀》所載，曹操征烏丸，「胡、漢降者二十餘萬口」。同一事件在《魏書・烏丸傳》中之記載：「其餘遺迸皆降，及幽州、并州柔所統烏丸萬餘落，悉徙其族居中國。」內田氏因此得到烏丸之一落約為二十餘口。我認為此計算值得商榷。因前者二十餘萬口是「胡、漢降者」，而後者之萬餘落指的是「幽州、并州柔所統烏丸」，兩者無法確定為一，更何況前者中還包括許多漢人。內田吟風之著作，見〈烏桓族に關する研究〉，《滿蒙史論叢》，第四卷，頁51-52。

於斯的烏桓與鮮卑各部族，可能在牧、獵、農等生計活動上有不同倚重。因此其牧團大小及結構也會有差異，並因季節而有相當變化。

部落與部落聯盟　漢晉文獻中所稱烏桓、鮮卑的「邑落」相當於許多游牧社會中不同層級的部落。有時這些文獻作者單以「邑」指一個部落，「落」則指構成「邑」的最小單位，帳落。文獻中所稱的「部」，則是部落聯盟。中國文獻對烏桓之部與邑落有一段描述：

> 常推募勇健能理決鬥訟相侵犯者為大人，邑落各有小帥，不世繼也。數百千落自為一部，大人有所召呼，刻木為信，邑落傳行，無文字而部眾莫敢違犯。氏姓無常，以大人健者名字為姓。大人已下，各自畜牧治產，不相徭役[32]。

這是說，數百至上千帳的牧民聚爲一個部落聯盟，聯盟中每個部落(邑落或邑)都有其領袖。東漢末年，上谷郡附近最強大的烏桓大人難樓，擁有部眾九千餘落(帳落)；遼西附近烏桓大人丘力居有部眾五千餘落；遼東地方烏桓大人蘇僕延，也有千餘落部眾；右北平的烏桓大人烏延，則有八百餘落。這些「落」都指的是其所統領之牧戶帳落。這些一帳帳的牧戶，又構成一層層的牧團與大小部落，也就是邑落。被漢帝國封作王侯的「渠帥」，如西元49年遼西烏桓大人郝旦等922位頭領率眾來降的例子，當時受漢帝國之封的81位「渠帥」，應是其部落聯盟中次於統領聯盟之「大人」的最上級部落首領。

32　《三國志・魏書》30/30，〈烏丸鮮卑東夷傳〉，註引王沈，《魏書》。我將這段文字譯之如下：「勇敢、有威信能處理決斷部眾間糾紛訴訟的人，經常被公推為部落大人，部落內的邑落各有小統領，這些領導職位都無法世襲。數百帳落或上千帳落自成一部落聯盟。部落大人若有事召集部眾，便以刻上符號的木牌為信物傳遞命令，雖然沒有文字，但部眾不敢不聽命。家族沒有固定的姓氏，常以有威望的著名部落大人之名為家族名。部落大人以下，各人群自行游牧經營畜產，平等相處，沒有誰能強迫他人納稅服役。」

許多帳落、部落構成部落聯盟，其領袖爲「大人」。如前所言，東漢末年擁有部眾九千餘落的難樓，有部眾五千餘落的丘力居等等，都是如此的烏桓部落聯盟大人。約當同時，檀石槐統領下的鮮卑分爲東、中、西等三部，各由大人統領。也就是說，此時他建立了一個超越部落聯盟的鮮卑政治體，但在此政治體內仍以三個部落聯盟來分而治之——從右北平以東至遼東、濊貊爲東部大人之域，轄有20餘邑；右北平以西至上谷爲中部大人之域，轄有十餘邑；上谷以西至敦煌、烏孫爲西部大人所轄，也有二十餘邑。由此可見，鮮卑也有部落聯盟(部)、部落(邑)等組織。

平日，部落聯盟領袖(大人)之功能在於解決部落爭端。王沈《魏書》記載，在部落聯盟內盜牛馬者，若不聽阻止可被大人處死。各牧團、部落相鬥出了人命，自行報仇解決。只有在相互報血仇不止時，才請部落聯盟大人來調停。被判定有錯的一方，要出牛羊作爲賠命財，如此血仇才能解決[33]。由這些描述看來，烏桓之社會秩序主要仍在各級部落、牧團內維持，只有當部落無法解決問題時，才由聯盟大人來處理。如此我們也能理解，中國文獻所記載部落聯盟大人的另一個職責：追捕從一部落叛逃出來且無其他部落肯收容的人或群體，並將他們放逐在荒漠地區。這些文獻所載烏桓部落聯盟大人的主要職責——處置部落無法制止的盜牛馬者，調解報血仇不止的部落間糾紛，追捕並放逐不屬任何部落的「叛徒」——皆在解決跨越部落邊界的失序。

中國歷史文獻稱，烏桓人殺自己的父兄並不算犯罪，又稱他們動怒時會殺自己的父親、兄弟，但絕不敢加害自己的母親，因爲母親有族人替她報仇，而父兄則無人替他們報仇。許多學者認爲這描述的都是「母系氏族社會」的現象。我認爲，此反映的是仍是部落聯盟大人不干涉各部落或牧團內部的事。譬如，若一部落中某人殺了他的父兄而取得「渠

33 《三國志・魏書》30/30，〈烏丸鮮卑東夷傳〉，註引王沈，《魏書》。

帥」或牧團頭領地位，這是該部落內的事，部落聯盟大人無從過問。而在該部落或該牧團內，這弒父兄者已取得權位，自然無人可以爲其父兄報仇。但母親來自其他部落，弒母易造成部落間的仇報，因而需要部落聯盟大人或渠帥的介入。

從以上分析可知，漢代遼西及鄰近地區的烏桓與鮮卑社會可能包括幾個主要層次：家庭——牧團——部落(邑落)——部落聯盟(部)。以游牧與農作、狩獵等生計活動來說，家庭與牧團是最主要的社會群體。此即漢晉文獻所稱，除了大人有其政治威權外，其下之部落渠帥等並無役使牧民的力量。在一部落聯盟中，民眾以其「牧團」直接參與聯盟之活動；此也說明爲何西元49年遼西烏桓大人郝旦來降於漢時，連同他自己共有922位頭領率眾前來。

由大人所率的烏桓、鮮卑各部落聯盟活動，在中國漢晉文獻記載特別多。漢武帝時，部分烏桓部族便移居緊鄰中國邊塞的地區，爲漢帝國守邊而得到賞賜與生活物資貼補。在西漢末時，烏桓常掠奪漢帝國邊郡。西元49年左右，北匈奴遷往北方與西北，南匈奴降於漢帝國。此時漢朝廷採取以貴重財貨與生活物資補給來安撫北邊各游牧部族的策略，並聯合這些受補給的部落來共同打擊突犯漢帝國邊郡的游牧部落。在此策略下，漢帝國將一些烏桓部族安置於其北邊各郡，並鼓勵他們招徠更多族人，由漢帝國補給其衣食所需；他們則幫漢帝國偵察北方邊境，並協助攻擊匈奴、鮮卑。約在此時，部分鮮卑部族也南向附漢，同樣以提供衛邊禦敵等軍事服務而得漢帝國的賞賜。據史籍記載，當時鄰近東北邊郡的青、徐二州，每年經常付給鮮卑錢二億七千萬。

這些南移的烏桓與鮮卑，皆在其大人領導下，以「部」——部落聯盟——爲單位與漢帝國互動。此顯示，遼西及其鄰近地區之游牧人群在與漢帝國互動時，部落聯盟是他們藉以突破「長城資源界線」而獲取生存資源的重要政治組織。這樣的「部落聯盟」不同於匈奴的「國家」，因前者幾乎全藉著「大人」之個人能力與統御魅力來維持，各部落渠帥並沒有太多政治權力；而匈奴的國家則有王廷僚屬，以及層級化的地方長官。烏桓、鮮卑之部落聯盟又不同於西羌各部落「解仇、交質、盟詛」下所締結的部落聯盟；前者爲經常性組織，且大人有其統御部眾的威權，而西羌之部落聯盟則是爲了應付戰爭的暫時性結盟。西羌各部落只是聯合在部落聯盟領袖之領導下對漢軍作戰，但滇吾等聯盟領袖並不能處置作戰之外的跨部落事宜，當然更不能干涉其他部落內的事了。不僅如此，甚至一個羌人小部落長也無法干涉其下各牧團所作的決定[34]。

以上根據中國歷史文獻所重建的烏桓、鮮卑游牧經濟與社會，主要是他們在遼西及鄰近地區游牧時的情形，或他們初移來漢帝國之塞邊時仍然如此。在他們愈來愈依賴長城內的資源後，情況必然有很大的改變。如第一章中所說，當一個游牧部落與定居城鎮、國家的關係愈來愈密切時，由於涉外關係變得既多且複雜，代表牧民對外交涉的各級領袖之政治威權也會被強化。檀石槐這樣能統御各部鮮卑的領袖，便是由此「時勢」所造出來的英雄。中國史籍記載，在檀石槐時代之後，鮮卑各部落聯盟大人開始世襲，也就是他們的政治統御威權及地位可以傳給子孫。除了以上背景外，漢帝國中央化王權與階序化的臣僚統御組織，自然也是烏桓、鮮卑的領袖們可仿效的。漢朝廷以自身的觀念對待來降的烏桓、鮮卑首領，譬如封他們的渠帥爲王侯，如此也可能強化各級領袖的威權。

34 在第四章中曾舉一個例子，先零部落聯合其他部落與漢軍對抗，此時一位罕、幵部族的頭領雕庫來向漢帝國輸誠，但他自己有部分部落族人卻仍加入先零部落的聯軍之中。

第六章
游牧部族與中原北疆歷史

游牧部族社會在春秋戰國時形成於黃河流域之北及青海東部，他們與華夏帝國相生相成——早期混合經濟人群南下爭資源，促成華夏以帝國來保護南方資源，而華夏帝國隔斷南方資源又迫使北方人群全面游牧化。例外的是西北方的青海河湟，此地人群的游牧化與華夏帝國的形成基本無關。在秦漢帝國時期，北方與東北方的游牧人群以不同的政治社會組織，一方面行其游牧，一方面設法突破華夏帝國的經濟封鎖線。西北方河湟的羌人，則以其本地游牧之政治社會組織來抵抗漢帝國的入侵。不同的經濟生態、生存策略，造成我們在歷史上見到的匈奴「國家」，烏桓、鮮卑的「部落聯盟」，以及西羌的「部落」。

這些出於不同地理環境的游牧人群，在漢代四百餘年間以不同的方式與華夏帝國互動，其過程與最終下場也相當有異。草原游牧的匈奴一部分往歐亞草原中、西部遷徙。留在蒙古草原上的各部族中又有一部分(南匈奴)南下依於長城，在長城外游牧，並與漢帝國在政治、經濟上密切往來，相對的他們與漠北草原游牧部族的關係日益疏淺，匈奴因此分爲南北兩大部。森林草原游牧的鮮卑各部更傾向於往南、往西發展；他們一方面進入漠南的蒙古草原，爭奪草原上的游牧資源，一方面努力突破長城資源封鎖線以得到南方資源。西北的羌人，在漢帝國對其一再的征伐與強迫遷徙下，部分移徙關中或近邊塞地區以農牧混合經濟生存於新資源環境，河湟至青藏高原東緣的羌人則仍在無止盡的部落戰爭之中。這樣的局面，在漢代以後重覆發生，至於明代。

以下先略述由於北方游牧部族突破長城封鎖線，從魏晉到隋唐時期華夏帝國發生的質變。接著，將說明漢代以後中原帝國與其周邊游牧部族互動之歷史，然後藉此討論中國北邊與西疆的一些人類生態與歷史變遷問題。

魏晉隋唐的中原王朝與炎黃子孫

除了軍事征伐外，爲了徹底解決這些邊疆紛擾，漢帝國允許或強迫部分游牧部族移居帝國北疆邊郡之內或附近，以便就近羈管或要他們替帝國守邊。如此，華夏北方的資源邊界在某種程度上對這些北族開放。遷入北方諸郡的游牧部族仍聚族而居。爲了應對周遭世界，部落領袖的威權大增，同時這些部落領袖家族也愈來愈像北方的華夏鉅姓門閥。他們一方面有游牧部落組織力量的支持，另一方面又從華夏士大夫那兒習得一些治國興邦之術，因而得在亂世中吸收許多需要保護與餵養的流離百姓，建立割據一方的政權。如此，在東漢帝國滅亡之後的亂世中，匈奴之裔建立前趙、北涼、夏，其支裔羯人建立後趙，移居關中的羌人建後秦，氐人建立前秦、後涼、仇池等國。在北邊建國最多的是鮮卑；慕容氏建立前燕、後燕、南燕，段氏建遼西，禿髮氏建南涼，乞伏氏建西秦。最後統一華北的北魏拓拔氏與北周宇文氏，也都出於鮮卑。在傳統中國史上稱此爲魏晉南北朝時期(西元220-589)。

魏晉南北朝是中國歷史上秦漢「華夏帝國」轉變爲隋唐「中原王朝」的關鍵時期。這個帝國性質的轉變，主要是部分的匈奴、西羌、鮮卑部族遷於塞內，他們吸取華夏文化中揉合儒、法的禮儀教化與治術，配合原有之游牧部落與部落聯盟等組織概念，嘗試建立兼治長城內外之民的政權。如此，當統一帝國再度出現時，新成立的隋唐帝國在王室血緣上、在對待長城之北游牧部族的策略上，都與秦漢帝國有相當的不同。許多歷史學者早已指出隋唐帝國王室中有北族血源，唐太宗與北族結盟以安定長城南北的關係，唐帝國廣開與北方草原及西域間的貿易往來，帝國內歷任宰相也多有出身北方草原部族者——這些都顯示唐帝國已不只是一個由華夏建立的帝國王朝，而是一個接納、混合各方傳統的新王朝，我們可稱之爲「中原王朝」。

當然，隋唐及此後各個中原王朝之民，主要還是華夏或漢人。然而「華夏」的內涵在魏晉南北朝至隋唐時期也有很大的變化。許多學者都曾指出，魏晉南北朝時期北族之漢化，因此華夏或漢民族中吸納了許多來自長城以北及西北的游牧部族之民。我認爲，一個更具意義但被忽略的變化是在華夏或漢族的祖源記憶上，他們由「黃帝之裔」成爲「炎黃子孫」。在《英雄祖先與弟兄民族》一書裡，我曾說明在華夏認同的形成過程中，一個祖源歷史記憶——黃帝爲打敗其主要對手炎帝的英雄祖先——成爲凝聚華夏認同最重要的同源記憶[1]。因此，由漢代到魏晉南北朝，絕大多數的華夏家族都自稱是黃帝之後，只有少數門閥家族——如博陵崔氏——自稱爲炎帝之後。司馬遷在《史記》中稱匈奴統治者的始祖(淳維)是黃帝之後[2]；這顯示，司馬遷認爲北方草原的尊貴家族也應是黃帝之裔。根據唐代達奚安儼的墓銘記載，這個以「達奚」爲姓的鮮卑家族也自稱其祖源爲黃帝子裔昌意、始均[3]。成於魏晉的《後漢書》提及西羌是姜姓之族，三苗的後裔[4]。在漢、魏晉之歷史文獻中，「炎帝姜姓」是相當普遍的歷史記憶，因此進入關中的羌人大姓家族應很容易藉此自稱爲炎帝後裔。然而，他們仍然自稱爲黃帝後裔；此更說明漢晉時「炎帝」並非普遍受人們攀附的英雄祖先。

隋唐時自稱爲炎帝神農氏後裔的貴胄家族逐漸多起來。修於唐代的

1　王明珂，《英雄祖先與弟兄民族》，頁66-73。

2　《史記》中稱：「匈奴其先祖夏后氏之苗裔也，曰淳維。」在中國文獻記憶中，夏后氏(禹)是黃帝之裔，因而根據此說匈奴便是黃帝之裔。

3　員半千，〈蜀州青城縣令達奚君神道碑〉，《全唐文》165。

4　《後漢書》87/77，〈西羌傳〉。

《周書》記載鮮卑宇文氏之祖先由來，稱「其先出自炎帝神農氏，爲黃帝所滅，子孫遯居朔野」[5]。根據此記載，北周王室可能自稱爲炎帝後裔。至少，根據寫於唐代天寶年間的宇文琬墓誌來看，這個代郡武川的宇文家族自稱是炎帝之裔[6]。文獻資料所見唐代出身北方草原之士族自稱炎帝後裔的雖然不多，大多數家族仍自稱是黃帝子孫[7]，然而以下史料顯示，在華夏的祖源記憶中將炎帝與黃帝並列應逐漸普遍。《新唐書》記載，唐代武后曾問臣下道，各世族說起本家族由來都說是炎帝、黃帝的後裔，難道上古沒有一般老百姓(指炎、黃之外的各姓族)嗎[8]？這是如今中國人自稱「炎黃子孫」的淵藪。元代蒙古史家脫脫主持編修的《遼史》中，作史者認爲遼之王室爲炎帝後裔，又稱天下統治家族皆爲炎、黃之後，以此合理化契丹之遼入主中原之事，同時也隱喻著當時元朝蒙古統治政權之正當性。攀附炎帝爲本族群祖源，中古時期許多北族以此別於自稱黃帝之後的華夏家族；華夏逐漸普遍接受「炎黃子孫」記憶，也表示此時華夏認同中已容納許多來自華夏域外的族群。

隋唐至於清代，無論入主中原者是蒙古、契丹、女真或是華夏，所建立的皆是中原王朝[9]。中原王朝有其一般的性質，如建立於儒法傳統

5 《周書》1/1，〈帝紀〉。

6 〈宇文琬墓誌〉，見《八瓊室金石補正》，唐29。

7 譬如，即使是入居塞內的鮮卑宇文家族，也並非都自稱是炎帝子孫，如北周時居於固原一帶的宇文氏，此家族宇文猛之墓銘稱「其先顓頊之苗裔」。見羅豐，《胡漢之間：「絲綢之路」與西北歷史考古》(北京：文物出版社，2004)，頁38。

8 其文為：「諸儒言氏族皆本炎、黃之裔，則上古乃無百姓乎？」見《新唐書》125/50，〈張說傳〉。

9 在近代民族主義下的中國民族史書寫中，北魏、遼、金、元、清等政權常被視為「異族」在中原建立的政權；西方的中國史家更直接稱之為「外來王朝」(foreign dynasties)或「征服王朝」(conquer dynasties)。事實上這些出身游牧部族的中原統治者，在其政權穩定後並非將中原當作其搜括財富與殖民的對象，而是在中原豪門與舊官僚的協助下恢復帝國原有的資源體系，並同時維繫北方各種游牧部族的秩序。因此「外來王朝」與「征服王朝」之名均非妥當。由中原與北方游牧部族的資源邊界歷史來看，我們可以將這些兼統草原、森林草原

上的官僚體系與治民之術，也有其各個時代的王朝特色，如遼、金、元、清等王朝兼治草原部族的組織機構。無論如何，長城以南的資源領域是各王朝的基礎；所有的中原王朝統治者所為，簡單的說，都在維護、擴張此資源領域，並在內部行資源階序分配。以北方來說，長城仍是中原王朝的資源界線。即使是在遼、金、元、清等時期，王朝統治者仍將許多北方游牧部族隔於此資源界線之外，也因此不斷有新的北方游牧政治群體崛起，嘗試突破此資源界線。

漢代以後游牧部族與中原帝國的互動

長城邊緣地帶

漢與魏晉南北朝之後，蒙古草原上的游牧部族幾度建立起統合整個草原的大汗國，以此施壓於綠洲城邦及長城以南的中原帝國而獲得資源。然而此種統合趨勢以及由此建立的大汗國，也不斷受到其內部各個部落群體獨立自主力量的挑戰。特別是，靠近長城因而經常得藉著互市、貢賜從長城內獲得資源的部族，與草原西部、北部的游牧部族之間經常發生分裂；此歷史發展一如南北匈奴的分裂。

隋唐時期突厥汗國的建立、擴張與分裂，大致循著匈奴的途徑。西元6世紀中，突厥首領土門(伊利可汗)，在漠北建立汗國。至土門之子木杆可汗在位時，突厥汗國已將其資源領域範圍擴張至蒙古草原的各方邊緣，透過與邊緣外各種國家、部族的互動，來獲得支持此政治體的必要資源。然而在木杆可汗之後，中原之北的東突厥與西部突厥部落分裂而敵對，兩者漸行漸遠。經濟生態上各有所倚重——前者與中原王朝關係密切，後者與內亞定居城邦及各游牧、半游牧部族有共生關係——應是兩者分裂的基本原因。西突厥後來為唐所破(西元659年)，東突厥統

(續)

與南方農業人群的王朝視為一種新的資源體制設計與嘗試。

治蒙古地區，對唐帝國叛服無常[10]。

唐帝國亡後，五代十國時期中原北邊又陷於各地方政權的割據與混戰中。此時契丹之部落聯盟崛起於西遼河流域，積極發展農牧，吸納漢人移民[11]——這都與拓跋鮮卑興起的模式相同。到了其名王耶律阿保機時，建國爲遼，治下包括契丹、漢與部分蒙古草原部族。北宋一直受遼國的軍事威脅，只有以每年供應遼銀、布匹等物以求免。後來原居於契丹之北森林草原帶上的女真興起，建國爲金；其興起模式亦如拓跋鮮卑，以及建立遼國的契丹人。大金國在十餘年間滅了遼，以及北宋，成爲統一華北的中原王朝。後來原臣服於金的蒙古逐漸統合草原上的游牧部族，並往南爭奪資源。此時作爲中原王朝繼承者的大金王國成爲長城資源界線的維護者，阻止草原部族的入侵。

西元12世紀時的蒙古，依《蒙古秘史》記載，當時草原上的情況是「天下擾攘，互相攻劫，人不安生」。成吉思汗統一大漠南北建立蒙古帝國後，建立各種制度結合草原上各游牧部族的力量，向四方擴張資源界線。蒙古帝國的資源領域雄心是前所未有的；經過多年的四方征伐，他們建立起包括四大汗國的蒙古帝國，然而不久四大汗國形同獨立。在南侵方面，他們於1234年滅了金朝，1276年滅了南宋，蒙古大汗成爲中原帝國的統治者。然而此時長城之北的游牧人群並非皆能享受由南方流入的資源，相反的，另一些「邊界」讓許多牧民生活更貧困。這些「邊界」一則是爲了凝聚力量、防範各部相攻掠所訂定的萬戶、千戶、百戶體制。這個類似匈奴帝國下諸部落「各有分地」的制度，將牧民固定在各級領袖的領地內，擅離者會被處死。還有一種「邊界」則是帝國統御下被強化的社會階級界線。由皇帝、大汗至各級領袖形成世襲的層層階級，享受優渥的資源，牧民則負擔沉重的差役、賦稅。這兩種邊界，如

10 《隋書》84/49，〈北狄・突厥傳〉。《新唐書》215上/140上，〈突厥傳上〉；215下/140下，〈突厥傳下〉。

11 林幹，《東胡史》，頁167-173。

前所言，在匈奴帝國中即已存在，但在元代蒙古帝國治下由於統御技術進步而更深化。蒙古帝國解體後，草原上各部落草場領域之界線由於各部間的爭戰而有很多變化，但基本上仍透過貴族間的妥協而穩固存在。因爲只有各部落貴族領域間的邊界確定，才能讓有移動能力的牧民無所脫逃。也因此，社會內的階級邊界不因蒙古帝國解體而消失，明清時期草原上的社會階級區分與資源分配問題更嚴重。以此而言，長城之北原來由於人之「移動力」所造成的社會平等自主特質消失殆盡，而與長城之南定居農民的階級社會愈來愈無差別。

蒙元統治不及百年而結束(1279-1368)，絕大多數的蒙古部族退回草原。在明代他們仍如歷史上的草原游牧部族，不斷企圖突破中原帝國的資源封鎖線。在15世紀末至17世紀初之間，蒙古草原上大略分爲漠南、漠北(喀爾喀蒙古)、漠西(衛拉特蒙古)等三大部。漠南與漠北蒙古合稱東部蒙古，相對於西方的衛拉特蒙古(瓦剌部)，漠南又是東部蒙古的核心地區。明代東部蒙古中屢出雄才大略的大汗，如達延汗、俺答汗等。他們雖能短暫的統一東西及大漠南北，但終由於各部「平等自主」、「自作抉擇」之部落本質，以及缺乏共同敵人與利益而難以穩固結合。更由於東蒙古大汗的政治威權依賴不斷對明王朝發動戰爭並由長城之南獲得資源來滋養，因而與較依賴與西域、中亞往來獲得利益的漠西衛拉特蒙古(瓦剌)難以同心協力。特別是，漠南蒙古與明帝國在大多數時段皆維持和平互市關係。漠南的俺答汗(1507-1582)在位時期，他先以武力逼迫明帝國開邊市貿易，而後以和平貿易來突破長城資源封鎖線——這都是南匈奴以來所形成之歷史本相下的作爲。然而俺答汗亦有突破此歷史本相的創舉：他接納進入漠南謀生的漢人逃兵、難民，給予他們牛羊、耕具、農地，在土默特地區開發農區鼓勵墾殖[12]。在此發展

12　蒙古族簡史編寫組，《蒙古族簡史》(呼和浩特：內蒙古人民出版社，1985)，頁155。

下，漠南蒙古與漠北喀爾喀蒙古諸部間的差異愈來愈大。明代廣開邊市貿易對蒙古草原造成的另一個影響是，透過物資的流動、交換與再分配，更強化了蒙古牧民社會中的階級分化[13]。

明末，松花江流域森林草原帶的建州女真崛起，其南侵與建國模式仍如過去的遼、金等國——先以部落聯盟的組織力量南下，而後吸納各方部族及漢人移民、謀士，在此過程中其政治形式逐步變化，終於建立起混合草原國家、部落聯盟與漢式政權特色的後金汗國，而後南侵入關結束明代王朝，開創清朝統治之業。滿人所建的清朝中原帝國，仍與歷朝的中原帝國一樣，統治者所行的主要是保護、壟斷、分配、剝削帝國內各種資源的事。對於北方的草原部族，清朝在元代至明代蒙古之部、萬戶、千戶基礎上建立盟旗制度，此可說是森林草原之部落聯盟傳統的延伸，滿清皇帝也是最高的盟主。如此，長城內外已成爲一體；長城的邊界意義已逐漸消失。

清代另外兩個發展趨勢也使得長城邊界漸泯。一是，長城內外的貿易往來更爲密切；各級蒙古王公經常帶著蒙古商隊來京做買賣，沿長城地帶許多商業城鎮興起。更有許多漢商深入蒙古地區，他們帶入的物資與消費習慣，以及借貸、利息、抵押等商業法則，更使得長城內外在經濟上成爲一體。另一個發展趨勢則是部分內蒙古地區的農業化。明代蒙古俺答汗以來便有許多漢民貧農逃出關外，在內蒙中南部一帶開墾；清代進入這些地區的漢民愈來愈多，許多地方成爲農區或半農半牧區。部分原來的蒙古牧民也成爲農人、商人與工藝勞動者。長城沿邊的農業化、工商業化與城鎮的興起，都使得游牧者更受制於社會階級、消費習慣、利息抵押、勞工薪資等等規範而失去其移動性。

13　關於這方面，林幹《東胡史》的第十三章，〈元明清三代的蒙古〉，有很好的分析說明。

河湟與西北邊郡

青海東部河湟地區的高原河谷，如前所言，在游牧經濟的起源以及漢代游牧人群與漢帝國間的互動等方面，都與長城外的蒙古草原以及東北的森林草原有些不同。秦漢時期沒有長城隔絕漢與羌，這也顯示對中原帝國而言西北的河湟、河西都是可擴展的邊疆，而非應排除於資源邊界外的異域。

東漢時居於河湟的羌人一般稱作「西羌」，遷於洮河以東關隴一帶(約指今甘肅、寧夏中南部與陝西西部)的羌人被稱爲「東羌」。魏晉南北朝時期，甘肅、寧夏及陝西西部的「東羌」聚居於羌村，他們從事農作，信仰佛教，與鄰近漢村民眾差別漸泯[14]。部族豪酋家族子弟更習讀經書，講求儒家人倫名教，自稱是「有虞氏苗裔」、「周王子晉之後」或「夏后氏之後」，也就是黃帝子孫。在戰亂中，西北邊郡的羌人有時配合漢軍與匈奴、鮮卑及其他羌部作戰，或在難以生存時相結逃離漢帝國邊郡，或與漢帝國內的邊緣勢力(難民與盜匪)相結而在關中到處流竄掠奪。甘肅、寧夏、陝北等地的農民原來生活便很艱苦，稍有自然災難或戰亂人們便要設法相聚互保，或投靠能給予保護的地方強權。由於從外地遷來的羌、氐、匈奴等部族多聚族而居，他們的領袖豪族平常便有保護其族人的力量，因此在亂世時很容意吸引許多無助的民眾投入其群體中。當其勢力壯大時，便在西北邊地建立起王國政權，割據一方；所謂五胡十六國，許多皆爲西北邊郡的「五胡」所建。

東漢至魏晉南北朝發生在河湟及漢帝國西北邊郡的歷史，形成一個歷史軌跡。也就是，河湟與帝國西北邊郡的歷史命運密切相聯；其過程大約是，河湟羌人入侵或被移徙於帝國西北邊郡→他們聚族而居並逐漸

14　馬長壽，《碑銘所見前秦至隋初的關中部族》(1965；桂林：廣西師範大學出版社，2006)，頁68-86。

漢化→其豪強招納流亡、擴張勢力並建立割據一方的政權。後來許多的歷史發展都循此軌跡，因此，也形成一種歷史本相。

隋唐時，華夏稱甘肅西南之洮河流域至川西北的諸游牧部落爲「党項」，認爲他們是漢代羌人之裔，所以也稱之爲「党項羌」。《新唐書》記載，党項「以姓別爲部，一姓又分爲小部落，大者萬騎，小數千，不能相統」。也就是說他們有層層的部落組織，但各部落間難以產生統一全體的領導中心。該文獻又稱党項部落中沒有法令、沒有賦稅，各部落間常相互劫掠以及報血讎；這也表示在應對資源不足的問題時，本地人群傾向於以對內分配、爭奪來解決。這一切都與漢代西羌的情況沒有差別。隋至唐初，有些党項族落經常掠奪中原王朝的西北邊郡。除了征討驅逐外，隋唐帝國將一些歸順的党項族落移入西北邊郡以便轄控[15]；此作爲也和東漢帝國對付羌人的方法類似。

西元7世紀，吐蕃興於藏南並北向擴張。在此王國的發展過程中，最關鍵的步驟便是吞併青藏高原東緣的蘇毗、党項、吐谷渾。吐蕃之所以能迅速擴張，並對唐帝國之西北造成嚴重威脅，主要原因便是能凝聚這些被泛稱爲「羌」的游牧或半游牧部族；利用他們常用於內鬥的武力侵入唐帝國西北疆，以分配掠得的物資來強化此軍事聯盟的凝聚。唐帝國恐党項、吐谷渾部族爲吐蕃所用，因此讓大量党項部族移入今日甘肅、寧夏、內蒙、陝西等地。西元8世紀中葉，內徙的党項各部常相結爲亂，他們或成爲東侵的吐蕃軍劫掠的對象，或加入吐蕃軍以掠奪唐帝國州縣，或加入唐軍以對抗吐蕃[16]。總之，因党項羌爲處於吐蕃與唐之間的許多分散部族，這些部族各自選擇有利於己的生存之道。在如此亂局中，特別宜於党項羌各大姓家族勢力發展。這些相當漢化的大姓家族，各自招徠族人，吸納各方流離亡叛，盤據一方；此情況又與魏晉南北朝

15　周偉洲，《早期党項史研究》（北京：中國社會科學出版社，2004），頁30-62。

16　有關党項在隋唐五代的遷徙與其他活動，參考周偉洲，《唐代党項》（桂林：廣西師範大學出版社，2006）。

時期陝甘一帶的羌人豪族類似。

西元9世紀時，在立國約歷200年後吐蕃各部「種族分散，大者數千家，小者百十家」[17]，主要原因爲無力消弭內部因資源不足而生的部落戰爭，也無力約束各大小部落的「移動力」——不只是空間上的移動，也包括「認同」上的變遷——與自作抉擇的能力。在東邊，進入陝甘、寧夏等地的羌人部族，如漢晉時期的羌人一樣，很快的溶入中原王朝西北疆的政治、經濟與族群文化中，相反的，他們與吐蕃的關係反而日益疏淺[18]。亂世利於舉族(部落)遷來關隴的羌人豪酋擴張其權勢，唐末五代時期夏州党項李氏便是如此的地方豪強。西元10世紀末至11世紀，該家族的李繼遷擴張其勢力，其孫李元昊建國大夏(1038-1227)。在宋與夏之爭奪下，許多原來行游牧或農牧混合經濟的党項羌部族或成爲大夏治下之民，或被宋帝國移入邊境州縣內。被移入宋、夏農墾區內的党項族漸成爲定居農人，留在青海東部與鄰近甘肅地區的党項羌人則仍行游牧或農牧混合經濟，此與漢代羌人的結局相同。

所以，到了宋代一切又回到原點。除了在青海地區曾短暫出現領域小的确厮囉政權(996-1065)外，高原河谷游牧地區沒有再出現過較大的政治體。居住於河湟以及今日「朵」(約指青海東南部說安多語的藏族地區)、「康」(約指川西大渡河流域及鄰近岷江上游地區)過去被泛稱作「羌」的各部落，在深受吐蕃文化影響後，被中原帝國之人泛稱爲「番」或「西番」，然而他們經常在相互侵奪、復仇的部落、村寨戰爭中，仍有如漢代之西羌，並沒有太大改變。

17　《宋史》492/251，〈吐蕃傳〉。

18　關於吐蕃王朝侵入唐帝國西北等地及其後來的衰亡，拉鐵摩爾有與此相似的見解。他指出，吐蕃擴張性軍事行動的核心力量來自其王國東北邊緣的党項、吐谷渾等部，而非來自藏南的拉薩一帶。也因此，當入侵唐土的党項、吐谷渾各部與唐及北亞草原游牧部族關係日密時，他們與吐蕃政教中心拉薩的關係也漸行漸遠，這情勢終造成吐蕃一統局勢的瓦解。見Owen Lattimore, *Inner Asian Frontiers of China*, 219-224.

從以上這些歷史中我們可以得知，河湟與關隴有非常密切的關係。關隴移民常隨中原帝國之軍政勢力進入河湟，占居谷地，造成河湟變亂。河湟有亂，便有大量河湟部族入侵或受迫遷入關隴，並造成關隴之政治社會動盪。在關隴之亂世中，容易出現割據一方的地方軍閥或王國政權[19]，部分此種政權之建立者其祖源爲河湟之族。河湟與關隴有如此密切關係，然而歷史上平「羌」或討「番」的將領往往來自於關隴。這些將領，如漢代的段熲與民國時期之西北軍閥馬步芳，他們都深知羌人(或朵康之人)自爲其主、相互掠伐的部落特色，因此能利用各部落間的矛盾，聯合或吸納一些部落來打擊其他部落。

游牧國家興衰：歷史循環論

由於在歷史上北方草原游牧部族多次組成龐大的草原帝國，更有部分游牧國家得以征服中原而成爲中國史上所謂的「征服王朝」，因而許多學者嘗試建立一種歷史循環論來說明這些游牧國家之興衰，以及其與中原帝國治亂之間的關聯。以下舉兩位學者之說爲例。

20世紀上半葉曾在中國北方居留近30年的拉鐵摩爾，在其名著《中國的內亞邊疆》一書中曾提出如此看法：

> ……約兩千年來，由前漢到十九世紀中，內亞與中國的整體歷史可說是由兩個循環圈——草原上部落分立與統一的循環，以及中國王朝一統與崩潰的循環——所構成，兩者模式相異，但在歷史過程上又彼此相互牽動[20]。

19 如魏晉時「五胡」在西北建立的各個小政權，唐代西北關隴集團，宋代的西夏，民國時的西北軍閥。

20 Owen Lattimore, *Inner Asian Frontiers of China*, 512.

在草原帝國興衰方面，他以機動力(mobility)與財富(wealth)之此長彼消，來解釋其歷史變化。他指出，一個游牧政治群體征服並統治中國，他們便逐漸失去草原部族優勢，也就是失去移動所帶來的機動戰鬥力，並安於農業定居生活。然而對定居農業人群的剝削達到某一程度時，他們不是亡於內部叛亂，便是亡於新興北方游牧部族的入侵。中原強大王朝的出現，可以控制並壟斷財富資源，讓北方游牧部族成為其附庸。而這些居於北方的附庸部族失了財富，反而得其游牧機動力優勢，他們藉此力量威脅中原王朝，於是以機動力來榨得財富的事重覆發生。他指出，清代滿洲政權是此歷史循環的尾聲；清朝政權善用「旗制」來分散蒙古草原部族，劃分並限定其領域，如此也削弱了其移動力。同時失去機動力的牧民，在其王公與中國商人的合作下更成為商業與高利貸的祭品[21]。基於此，他又提出一個游牧政權興衰的四階段論。在第一階段，他們利用游牧武力控制與定居人群間的貿易。第二階段，以游牧部族武力來維持一個混合國家，從定居農人、商人、工匠那兒獲得貢稅。第三階段，此政權統治階層陷入維持戰力與享受貢賦的兩難之中；最後他們與保有戰力的游牧部族愈來愈疏遠。第四階段，也就是在建國後第三或第四世代時，此政權統治者已無法掌握軍事優勢與權力，於是國家分裂，外圍部族叛離[22]。

拉鐵摩爾還提出一貯積區(reservoir)概念。他以「貯積區」來指稱遼西、內蒙、甘肅與華夏帝國相接鄰之域，也就是長城沿線的邊緣地帶。他認為，不但典型的北方草原游牧社會源出於此邊緣地帶的農牧混合經濟人群，後來在歷史上統一北方草原或更南下統一中原的部族，也多出於此地域。因而「貯積區」可視為他所稱的兩個歷史興衰循環圈——北亞游牧世界與中原帝國——的發展關鍵。草原帝國與部分中原

21　同上，頁76-80。

22　同上，頁520-521。

帝國之興由此，其敗亡也由此。他指出，整體來說純草原游牧是充滿變數且不穩定的，因此草原部族經常脫離純游牧南下到草原邊緣的混合經濟地區覓求資源。便因如此，「貯積區」成爲各種典範與秩序(如北方草原帝國與南方中原王朝)的邊緣或邊緣交疊之處，歷史變遷與戰爭大多由此產生。出於此地區的混合經濟政權，由於有兼管定居農業與游牧社群的經驗，常能建立起兼領中原與草原的大帝國[23]。

巴費爾德的著作《危厄邊疆：游牧帝國與中國》，可說是續拉鐵摩爾《中國的內亞邊疆》一書後，研究中國北疆各種游牧與定居人群政治體之互動最宏觀且最有體系的著作。首先，作者指出，北方草原游牧部落帝國之凝聚，極依賴他們與統一中原王朝政權間的互動；一方崩潰，另一方也隨之解體。其緣由是，草原游牧帝國之凝聚需要有外來物資的挹注；外來物資在游牧政權中的層級分配，可強化各層級的領導威權。中原王朝也需要統一的北方游牧政權，與此政權妥善打交道可以穩定其北疆。第二，與此相關的，他認爲草原游牧帝國從中原王朝得到物資通常有兩種策略，「外邊疆策略」與「內邊疆策略」——前者指的是以武力入侵，從中原王朝獲得物資；後者指的是游牧部族(如匈奴呼韓邪單于所部)勢力弱時他們歸順中原王朝，入居邊塞，利用中原王朝之貼補而恢復勢力[24]。

第三，中國歷史上諸「外來王朝」的興起，其背景常是草原游牧帝國與中原王朝皆潰解之時代，且其興起過程循一定模式。這模式是，在北方混亂局勢中，三波游牧部族力量相繼進入華北，逐步建立起「外來王朝」。首波常爲草原部族，如南北朝時期的劉聰、石勒等所建前趙、後趙政權，他們有很強的戰鬥力，其部落組織也利於軍事聯盟的凝聚。然而他們長於戰事與征服，卻不擅於占有廣大土地及統領眾民的治術。

23 同上，頁514-549。

24 Thomas J. Barfield, *The Perilous Frontier*, 49-67, 229-230.

因此，這樣的北方小王朝常是短命的。取代它們的第二波王朝則不同。它們興起於中原的邊緣地帶，如河西走廊及西遼河流域，遠離北方割據政權相攻伐而烽火連天之地。在此他們學習如何在一個小政治體中發展一套二元體系，以分別管理定居農民及游牧部族。這樣崛起於邊緣終而入主中原的政權，最成功的多出於東北的遼河流域，如南北朝時慕容鮮卑所建的前燕、後燕，及宋代時契丹所建的遼等。然而他們無法統一華北，其勢力也因內鬥而削弱。第三波的外來部族常原爲第二波外來政權下的屬國，也出於東北地區，如南北朝時最後開創北魏政權的拓拔鮮卑，以及宋代建立金朝的女真部族。他們質鄙無文，但有強大戰鬥力。在取代第二波外來政權後，他們採用前政權的二元統治制度，並迅速擴張勢力統一華北。巴費爾德也指出，蒙古人所建的元帝國不同於以上「外來王朝」。在統御體系上，蒙元雖有二元體系但不若滿洲「外來王朝」那樣依賴漢人官僚。最後在面臨政權存亡危機時，蒙元也不若滿洲「外來王朝」那樣極力維護其中國領域，而是很快的退回草原。繼起的明王朝，其對付北方草原部族的策略也不同於從前各中原王朝。明王朝寧忍受多股草原部族勢力掠邊侵擾而不願對草原部族聯盟妥協，也因此讓這些草原部族聯盟難以維持(因無法獲得必要資源)，更無法繼續發展爲草原帝國。然而在明末中原政權瀕危時，最後入主中原的仍是崛起於滿洲的清人[25]。

基於對游牧經濟生態與相關資源環境的了解，以上兩位學者都對古代中國周邊各種類型游牧政權與中原帝國間的互動模式有精闢的分析。拉鐵摩爾關於游牧國家興衰之說，頗似14世紀阿拉伯世界著名歷史學者伊本卡東(Ibn Khaldun)所論。在西方，伊本卡東常被認爲是最早嘗試探索人類社會與政治組織變遷模式的歷史學者。在其名著《歷史導論》(*The Muqaddihah*)中，他認爲在沙漠中行駱駝游牧的貝都因人爲阿拉伯

25　同上，頁100-101、219-231。

世界最純正、勇敢並有優良品德的人群。他強調貝都因人在艱苦環境中培養出的堅忍、勇敢奮進之精神，強調他們有純正的血緣，以及共同血緣所強化的群體情感(group feeling)；這些，使他們得以獲得財富並建立王朝。第一代統治者仍以家族內之群體情感爲重，能保護群體利益。第二代統治者在繁榮、奢華的定居環境中成長，他們開始排除親戚及族人，信任與自己無親緣的部屬、隨從。第三代統治者之奢侈開銷繼續增加，相對的，軍事力量減弱，眾叛親離，甚至開始依賴他族武力的保護，最後終造成王朝的崩潰[26]。拉鐵摩爾也指出定居與財富讓一個游牧王朝腐化；然而他認爲財富讓建立王國的游牧部族失去機動力，而機動力是一游牧部族得以戰勝定居政權的主要優勢。相對的，伊本卡東一再強調的部族「群體情感」，並未出現在拉鐵摩爾的論述中。

拉鐵摩爾提及草原帝國與中原王朝兩個興衰循環圈，也注意到此兩個循環圈似有些關聯，但他終究並未言明。在巴費爾德的著作中，他以人類學者所見游牧社會之分枝性結構來解釋草原帝國與中原帝國之興衰互動關係。游牧社會之分枝性結構，使得他們得以視敵對群體的大小而彈性調整部族聚合的規模；當中原帝國一統時，草原部族也需凝聚爲對等的政治群體才能從中國得到所需物資。從中原帝國得到的物資，在游牧政治體中由上而下的層層賜予、分配，可強化游牧政權之結構[27]。相對的，當中原帝國分崩離析時，草原上的大游牧汗國便難以存在了。巴費爾德也同意拉鐵摩爾之說，認爲草原邊緣地區是孕育游牧國家的溫床，這種草原邊緣主要是遼河流域的滿洲地區。

26 Ibn Khaldun, *The Muqaddihah: An Introduction to History*, trans. by Franz Rosenthal, ed. & abr. by N. J. Dawood(Princeton: Princeton University Press, 1969).

27 Thomas J. Barfield, *The Perilous Frontier*, 17-18.

歷史本相與表相

以上兩位學者的草原與中原帝國歷史循環論，大致符合我們所知的歷史事實，然而亦無法否認，其間有些不符規律的異例。這樣的歷史循環規律即使存在，也是史家之選擇、歸納所得；它本身並不能說明其爲何「存在」，它也不能說明相關「歷史事件」爲何發生，更不用說，它無法解釋循環規律與歷史事件間的關係。

我認爲，歷史事件，無論它們符合或不符合一些歷史發展模式，都是一些歷史表相(historical representations)，它們產生於一些歷史本相(historical reality)；更正確的說，它們產生於在某種歷史本相下人們的企圖與行動抉擇。歷史本相與表相之關係，如法國社會學者布迪厄所言之社會本相與表相(表徵)的關係——表相在本相中產生(the representations of reality)，本相也因表相而存在(the reality of representations)[28]。歷史事件(表相)雖深受一些歷史本相影響，但在「人」的行動抉擇下，它們不盡然應和歷史本相，有時也違逆並修飾歷史本相。在如此對歷史的認知下，歷史研究的一個要旨是在對歷史事件的重建與探索中，嘗試認識造成歷史事件的歷史本相，以及更重要的，「人」在歷史本相(對個人而言也是社會現實本相)下的順服、違逆等行爲抉擇。

由此角度來看，自戰國至於明清，北方游牧世界與中原間所發生的歷史事件都是一個歷史本相的產物——這個歷史本相便是華夏(或中原

28　我們可以舉個簡單的例子。在一個大男人主義盛行的社會中，女性的社會邊緣性是一社會本相(social reality)。因而在此社會中，許多人都常有污辱或不尊重女性的言談舉止；這便是在本相中產生的表相(the representations of reality)。這樣的言談舉止，作為社會表徵或表相，又強化了女人在此社會中的邊緣地位；這就是本相因表相而存在或更被強化(the reality of representations)。

之人)的北方資源界線或邊界。在本書第二章中，我說明由殷商到西周時期，移動化、畜牧化及武裝化人群出現在黃土高原的北方邊緣地帶，並向南爭奪宜於農牧之地。與此相應的是南方華夏認同逐漸形成，華夏諸國相聚以維護或擴張其領域資源。華夏向北擴張其資源領域，並築長城以維護此領域，如此更促成華夏資源邊界外的北方混合經濟人群投入游牧生計之中。這條東西緜延的資源界線(長城是其具體表徵)，造成中原帝國與其北方、東北方諸游牧部族間之互動，各方沿此界線展開歷兩千餘年爭奪與維護生存資源的歷史。

漢帝國與北方游牧部族間發生的戰爭、和親、貿易、移民等事件，是此種歷史本相形成後最早發生的一些歷史事件，也便是我所稱的歷史表相。在本書第三、四、五章中，我分別說明蒙古草原、河湟高原河谷、遼西森林草原，三種不同環境下的游牧部族如何組成不同的游牧社會政治組合——匈奴的國家、西羌的部落、鮮卑與烏桓的部落聯盟——以突破華夏或中原帝國的北方資源邊界，或以之應對華夏資源邊界的擴張。

游牧國家、部落與部落聯盟

在人類歷史上，爲何有些人群只建立雞犬相聞的小社會，有些卻建立起橫跨大洲的世界性帝國？爲何蒙古草原上的匈奴部落能組成經常性的國家，而河湟游牧部落連組成部落聯盟都有困難？人類的「理想國」究竟該多大，或多小？曾有人類學者對人類領域性(human territoriality)提出一種生態性解釋，他們認爲人類群體領域的產生，是由於在此生存資源豐富且可以預期，控制這些資源可使生存得到保障，一人群因此願付出代價來利用及保衛此一領域[29]。在游牧社會研究中，學者也注意到

29 Rada Dyson-Hudson & Eric Alden Smith, "Human Territoriality: An Ecological Reassessment," *American Anthropologist* 80(1978): 21-41.

一部落或部落聯盟的領域規模大小，在於其必須能滿足及保障牧民四季游牧所需的資源[30]。

在本書第一章中，我說明游牧是一種難以自給自足的生計方式，游牧人群相當依賴游牧之外的輔助性經濟來源，而各種輔助性經濟活動又涉及不同的空間領域需求，因而又涉及與不同的「外人」互動。因此游牧人群的政治組合與經濟領域規模，經常非由游牧生產活動來決定，而相當程度的取決於其輔助性經濟。漢代匈奴、西羌與鮮卑(以及烏桓)，便各自在其特有的輔助性經濟與相關空間領域下，形成不同的游牧社會政治組織。以匈奴來說，蒙古草原上缺乏農業而狩獵所得又極有限，各部落之游牧領域(分地)資源不足以維生且難以預期與掌握，因此他們發展出超部落的國家，以將其經濟生業區域(領域)擴張至與漢帝國、西域諸國、烏桓、丁令等地人群鄰接之地，透過掠奪、貿易、徵貢稅等活動向外擴張其生存資源。對蒙古草原上的游牧人群而言，這些是較穩定且能預期的生存資源。因爲他們透過掠奪(戰略性掠奪)、貿易向外取得主要輔助性資源的對象是如烏桓、鮮卑、烏孫那樣的大部落聯盟，或如漢帝國那樣的龐大帝國，因此超部落的國家成爲爭取及維護資源的常態性政治組合。

然而，匈奴的國家有其內在矛盾。對牧民而言，「國家」讓他們由貿易、掠奪等輔助性生計中得到些生存資源，然而他們的游牧本業卻因「國家」而受到極大的損害。它破壞了游牧經濟中分散、分群(segmentation)、平等自主(egalitarianism)原則，以及人力運用的平衡。後來，這樣的政治結構只賴對外壓搾、掠奪所得之奢侈品，經層層分配、賞賜來維持其國家權力體系。在許多學術研究中，我們經常讀到游

30 Emanuel Marx, "The Ecology and Politics of Nomadic Pastoralists in the Middle East," in Wolfgang Weissleder ed., *The Nomadic Alternative: Modes and Models of Interaction in the African-Asian Deserts and Steppes*(The Hague: Mouton Publishers, 1978), 58-60.

牧帝國對於周鄰定居國家予取予求的歷史[31]。事實上，游牧國家並不是在任一方面都占有優勢。游牧人群的經濟生產及其社會結構間有緊密而又敏感的關係，而且都受某些結構性原則影響——其中「分散」可能是最重要的結構原則。由匈奴的例子來看，過度集中(中央化)的政治體制及由此產生的對外政策，顯然嚴重影響了游牧經濟與社會的分枝性(或分散性)，也影響游牧生產活動的人力配置。這是匈奴國家政治體最大的弱點，也部分解釋爲什麼匈奴一再受創於大量的牲畜被擄或死於天災，在它的內部不時有部落分裂活動，同時他們又需要在戰爭中擄取畜產、人民。

河湟地區的高原河谷環境，使得一部落如能控制像大小榆谷那樣的美好山谷，在谷地種麥，在附近的山地游牧、狩獵，生存所需大致無缺。因此其游牧之外的主要輔助性生業——農業、狩獵、掠奪(生計性掠奪)——使得一個美好的河谷成爲資源可預期而值得傾力保護與爭奪的對象。如此一個河湟西羌部落的資源競爭對手，或他們向外獲取輔助性資源的對象，都是鄰近覬覦、爭奪美好河谷的其他西羌部落，也因此，部落成爲保護人們及其生存資源最重要的政治社會組織。部落的分枝性結構及平等自主原則，更使得每一小群體都有能力自作重要抉擇，以在此環境中求生存。於是各大小部落爲了爭美好的河谷草場爭戰不休，無止盡的部落戰爭使得各部落互相猜忌、仇恨。在這樣的經濟生態下，任何超部落的政治結合都是短暫的。可以說，造成及影響羌人社會政治結群的最重要外敵不是漢帝國，而是其他羌人部落，即使在與漢帝國作戰期間也是如此。這也說明，爲何漢帝國可以利用羌人部落來攻擊或防禦另一些羌人部落。

兩漢時期的烏桓與鮮卑，在輔助性經濟、游牧社會組織與領域觀念

31 如巴費爾德認為，匈奴的國家構造足以對付漢帝國的軍事壓力，因此漢帝國對匈奴的征伐大多徒勞無功。見氏所著*The Perilous Frontier*, 51-59.

上顯然又不同於匈奴及西羌。遼西及其鄰近地區在環境上富多元變化，因此也孕育多元的人類經濟生態。一般而言，在人群生計的穩定性與資源可預期性上，本區之北的農牧混合經濟地區，不如宜牧的西方蒙古草原，也不如南方較溫暖而宜農的遼東與遼南地區。因此烏桓與鮮卑各部族經常由北方遷至遼西，再由此往南、往西遷徙。也因此，不同時間、空間中的烏桓與鮮卑，其經濟生業有相當差別。各地部族之經濟基礎差異，使得他們無法像匈奴各部落一樣組成領域廣大的國家。他們也不同於西羌部落那樣固守一部落領域，而是經常向外遷移，尋找宜於農牧之地與貿易、掠奪的機會。在此情境下，部落聯盟是一非常有效的組織機制。與匈奴國家相同，烏桓、鮮卑部落聯盟之主要功能爲對外獲得資源。與匈奴國家不同的是，此部落聯盟對內的控制不十分嚴格，它並不維持部落內的秩序，而讓內部各游牧或半游牧群體能自作重要的生計抉擇。這樣的部落聯盟，能避免「國家」對其內部群體移動力的限制與羈絆，又在共同追求外在資源的行動中減少「部落」內鬥造成的耗損。更大的長處是此種部落聯盟的包容力與轉變力；它能將純游牧的部族與半農半牧甚至純農耕的人群結合在一起，它也因著內部群體成員與外在資源環境的變化而轉型。因此，不同時期、地區的烏桓與鮮卑，在成員內涵與政治社會組織形式上有相當差別。東漢至魏晉時，有些鮮卑部落聯盟吸納大量漢人農民、士人，有些吸納大量的草原游牧部族；其部落聯盟或轉變爲游牧國家，或轉變爲仿漢式的北方政權。

在漢代以後的中國歷史上，蒙古草原上不斷出現一些大型游牧汗國，東北森林草原地區各部族也經常形成游牧部落聯盟，河湟及朵康地區之河谷、溪谷中各部落一直爭戰不休。以上所見循環、重複發生的一些歷史事件，似乎顯示某些環境、人類生態與社會組織之「本相」難以被改變。蒙古草原、遼西森林草原與青藏高原河谷，皆各有其環境特質；在此環境與情境中，人們在游牧經濟、輔助性經濟策略以及社會組織上的選擇，以及與中原帝國間的互動，似乎也循著一定軌跡。以此而言，人類生態(human ecology)也是一種歷史本相。

歷史本相的延續與變遷

如此，我們可以了解一些歷史。在北方蒙古草原上，一個接一個的游牧國家興起，而後發生內部分裂；其模式經常是接近長城的部族與其他部分發生分離——南北匈奴的分裂、東西突厥的分裂、內外蒙古的分裂。在東北的森林草原地帶，一個個的游牧部落聯盟崛起，它們南下或轉而西進，蛻變爲草原國家或中原式政權，或成爲兼統草原與中原的帝國。在河湟及青藏高原東緣，諸部落各擁其河谷盆地與山間溪谷，相互猜疑、防範與彼此爭奪。在吐蕃王國時期，他們曾加入吐蕃爲其精銳前鋒。無論是入侵或被移徙於帝國西北邊郡，當他們一進入陝甘、寧夏等地，便如漢晉時期的羌人一樣，溶入本地社會，並造成或加劇王朝西北疆的混亂局面，其領袖或因此成爲割據一方的「西北軍閥」。所有這些歷史事件，都因應著兩個歷史本相而生。一是，蒙古草原、東北森林草原與西北高原河谷等地不同的人類經濟生態；二是，更基本的，中原王朝所維持的資源邊界。

這便是我所提及的，一些歷史本相在漢代已形成；後來的歷史發展，大致便是此本相下的一些表相。作爲「表相」的歷史事件，產生於歷史本相下人們的行動抉擇。這樣的歷史表相，它們不只是強化並延續歷史本相，同時也逐漸修正、改變歷史本相。因此，漢代以後長城兩邊的歷史並非沒有變化；更不能說，作爲歷史表相的各個歷史事件不重要。相反的，每一個歷史事件——被歷史所記載的以及不被記載的——都強化、修飾或改變歷史本相，端視歷史上的行爲者對現實本相的順服、修正或違逆。這樣的觀點不同於歷史循環論；它強調，歷史中「人」的行動抉擇，也就是「人」突破環境、經濟生態、社會組織等種種「結構」邊界的意圖與作爲，能逐漸改變歷史本相。

在個人或群體追求安定、有保障的生存動機與行動抉擇下，許多跨越邊界、違逆現實本相的事件發生，但不爲歷史所記載。因爲歷史記載本身是一種歷史本相下的表相，它傾向於以定性化、模式化的書寫(如正史、方志、族譜等文類)，創造能強化此本相的歷史記憶(如正史、方志、族譜等文類產生的文本，分別強化中原帝國、郡縣與家族等現實本相)。然而個人突破種種邊界的行動抉擇，偶然也出現歷史文獻記載中，如在長城邊緣，戰國時燕人衛滿率眾入於遼東，漢代北方邊郡鉅室人家的奴僕聽說游牧生活好而紛紛逃往匈奴[32]，漢至魏晉大量「五胡」部族滲入長城內，明清時期更多的窮困漢人農民出關外、走關東[33]，清代漢商深入蒙古草原；又如唐太宗由中原皇帝兼任草原共主(天可汗)，蒙古俺答汗鼓勵部眾與漢人農民共同開發墾殖土默特平原，清雍正帝寫《大義覺迷錄》斥責狹礙的血緣正統主義，元代蒙漢史家認爲統天下者無論來自草原或中原皆爲炎黃之後，清代許多川西的羌人自稱祖上爲來自「湖廣」的漢人，或說是吐蕃名門之後。便是如此，許多人跨越種種邊界、突破歷史與現實本相的作爲，創造了一些異類的歷史表相，逐漸改變歷史本相。

19世紀末至20世紀初，滿洲已是關內移民者的新天堂，近長城的蒙古草原與長城內成爲一體，在西北或西部，由關隴到河湟或由川西到朵康都呈現一片漢、藏、回之間的漸變光譜，其間並無明顯的民族與文化界線。便在如此之歷史本相下，中國接受世界性民族主義之洗禮而進入其近現代時期——中華民族及基於此之民族國家，成爲歷史演進下的新歷史本相。

32　《漢書・匈奴傳》有如下記載：「邊人奴婢愁苦，欲亡者多，曰：聞匈奴中樂，無奈候望急何。然時有出塞者。」見《漢書》94下/64下，〈匈奴傳下〉。

33　色音，《蒙古游牧社會的變遷》(呼和浩特：內蒙古人民出版社，1998)，頁33-65，202-208。

結語
邊界・移動・抉擇

有卓越移動能力的游牧人群以及他們與定居人群互動的歷史，對我們了解「過去」與「現在」有何啓示？中國北方游牧人群的出現，歷史上他們與長城內定居農業帝國的互動，對我們了解由「過去」到「現在」的變遷有何啓示？

啓示不同於理解；理解產生自「解釋」(explanation)，而我期望，啓示得自於「詮釋」(interpretation)。歷史解釋，建立在對歷史事件的重建與其因果關係安排上，由此歷史(記憶與敘事)產生其現實意義。歷史詮釋則將歷史事件(包括歷史書寫)作爲一種表徵，分析產生此表徵的社會本相，以及人在其間的情感與意圖。對歷史不同的理解與解釋，產生對歷史(所謂史實)的爭議，因此也常導致各自堅持其歷史的人群間的矛盾與衝突。而我所稱的歷史詮釋，並不爭論表相式的歷史事實，而期望從表相中了解本相，此也是一種啓示知識(knowledge of revelation)。希望知識能讓我們了解「過去」，因而對我們所處之「現在」有多一些的認識，也期望能因此化解人群間的衝突與敵意。以下從邊界、移動與抉擇三方面，說明對漢代北亞游牧人群與漢帝國間的互動之新詮釋可能給我們帶來的啓示。

邊界

我們每一個人都被範定在層層的邊界之中。最主要及最基本的是我們所存在的空間，對於人來說，是得以生存的資源環境邊界：過於乾旱的沙漠，荒寒的凍原，不宜植物生長的高原，野獸噬人的森林，難以立足的沼澤。層層的自然環境因素都對人造成種種「邊界」。在這些自然環境邊界內，人透過種種辦法來利用有限的資源，同時也設法突破自然環境對人類造成的邊界。在人類歷史上，自新石器時代馴養動物與種植作物以來，人類便在擴張其可利用的資源邊界。而其中一個鉅大的突破，便是利用草食性馴養動物的游牧。約自西元前1000年開始，人們先是利用馬、牛、羊，後來又利用駱駝、旄牛、駝馬、馴鹿，讓人類活動的足跡廣布於農人難以利用的歐亞草原，並逐步深入沙漠、凍原，攀上高山、高原。

其次，以種種生計手段利用環境資源，人類普遍以「結群」方式來分配、爭奪與保護資源領域，這又造成了一種「邊界」。這些共享與保護資源的人類社會群體，如家庭、家族、部落、部落聯盟、國家，也造成家族與家族間、部落與部落間、國家與國家間的「邊界」。再來便是，在家庭、部落與國家內部還有一些次群體，因此他們間又有些「邊界」。如在游牧社會之多妻家庭中，每一妻子與其親生子女形成一次群體，而與家庭中其他的母親/子女群體有所區別。部落中常含有更小的部落，通常也是一家族部落；部落與部落間，小部落與小部落間，皆以各自的「祖先」來團結與區分。如此便形成大的外層邊界內，又有其內層邊界。

各個人類群體內還有性別與階級邊界。男性與女性有別。在以男性為主體的社會中，男女身體之別被強化為性別「邊界」，如此區別男女間的勞動分工、社會權力與資源分享。人類社會中又常有王室、貴族、武士、平民、奴隸，或征服者與被征服者，老本地人與外來者，等等之區分。經常，透過一些歷史記憶，王室、貴族、武士等為征服者之後裔，平民或奴隸為被征服者之後裔。即使在今日「公民社會」，在共享公民權力的人群中，「歷史」仍造成意識形態上的邊界，以區分誰是社會主流(主要民族或族群)，誰是社會邊緣(外來新移民、原住民與少數民族)。

種種邊界的維持，也是維持一種秩序。邊界維持賴於人類各種社會政治組織、制度、意識形態及其施於個人的威權，這是將個人約束在「邊界」內最現實的情境與力量。邊界維持又賴於支持此社會政治秩序的歷史記憶；相信「歷史」，生活在「歷史」中，也讓我們接受「歷史」所造成的社會人群邊界。種種人群邊界的維持，又賴於神話、宗教信仰。神話將一層層邊界外的人群世界妖魔化，讓本群體的英雄祖先神聖化，因此邊界讓人恐懼而又崇敬——邊界使得聖潔與污穢成爲一體兩面。宗教，特別是護衛神信仰，以神作爲人群資源邊界的守護者，讓人們不敢暴露在本族之神守護的邊界之外，所謂「神不歆非類，民不祀非族」[1]。邊界與秩序之維持，又賴於社會普遍接受的一些歷史敘事模式與道德規範；這些規範人們的社會性書寫與行動的文化，產生合宜的、遵從種種邊界的文本與行爲。

移動

漢代中原北方與西北的匈奴、西羌與烏桓、鮮卑，其社會或多或少存在以上種種人群邊界，但他們間的差別也是很明顯的。以資源空間邊界而言，匈奴國家「邊界」遠大於西羌部落的「邊界」。而相較於匈奴與西羌來說，烏桓、鮮卑的資源邊界極不穩定。以社會階級而言，匈奴社會中的邊界也強於西羌、烏桓與鮮卑。然而這些游牧社會最值得注意的不是「邊界」，而是人們在其間的「移動」與因此導致的邊界跨越。匈奴、西羌、鮮卑與烏桓等，他們跨越邊界的能力與方式也有別。

游牧人群的移動力，主要來自於其主要財產(牲畜)都長了腳，來自

1 《左傳》僖公十年。

於其生產方式不固著於土地，來自其「作物」隨時可收割(牲畜隨時可食)無需等待秋收。生存於資源不確定的環境中，這樣的移動力是必要的。人畜在空間上的移動力，也讓他們有能力突破其他社會「邊界」，或因此造成社會群體認同上的「移動」。譬如，爲了維持邊界，定居國家社會強調軍人勇敢奮進的戰場道德，而匈奴卻是「不羞潰走」、「其困敗則瓦解雲散矣」。又如，以禮義約束私利，讓社會君臣、長幼階序邊界得以維持，但根據《史記》記載，匈奴是「苟利所在，不知禮義」。在漢史籍記載中，匈奴之衰常由於國家無法約束部落的徙離，或相互攻伐，這也表示各部落的移動力讓他們得以突破單于政治威權所設下的「邊界」。

《後漢書》對西羌的描述爲，他們沒有君、臣階序，沒有哪個部落能統領其他部落；部落強大了便分化成幾個部落，弱小的便加入其他部落。可見其社會階級邊界極爲模糊，部落邊界也常改變。史籍記載，漢代羌人豪酋所統領的部落人眾常在數年間倏然起落，這顯示加入或脫離一個部落，也就是跨越部落邊界，對本地游牧人群來說更是平常的事。相對於匈奴部落「各有分地」，西羌各部落的資源邊界常是不安全、不穩定的；野心勃勃的部落隨時想突破邊界，奪取鄰近部落美好的河谷。可以說，西羌牧民的「移動力」，或說突破邊界的動機與能力，遠大於匈奴牧民——比起匈奴，他們更不尊重政治威權，更不爲社會規範所拘(殺人償死，無它禁令)。他們如此不受「邊界」所拘的部族文化，使得東漢帝國將他們移於西北邊郡以便羈縻的策略徹底失敗；羌人部落到處移動流竄，釀成整個帝國西部州郡殘破的大禍。

匈奴以「國家」來維持及擴張其勢力所及的資源邊界，西羌以「部落」來維持與爭奪各個河谷的資源邊界。然而游牧人群的「移動力」常造成匈奴國家衰敗，或造成西羌部落解體。這樣內在各部落人群之「移動力」帶來的不穩定，也見於烏桓與鮮卑。然而烏桓與鮮卑的「部落聯盟」，是一種容許某種程度「移動」(加入或遷出)的組織。部落聯盟在空間上移動(由北往南或往西遷)以追求更有利的資源情境，並納入新盟友(草原游牧者或華夏邊緣農民)。因資源空間及成員的改變，其部落聯盟也常隨之轉變爲草原國家，或成爲統治華北的華夏式政權。以上幾種「移動」，使得烏桓、鮮卑成爲最成功的邊界穿越者。

抉擇

歷史告訴我們，漢帝國如何出塞北伐匈奴，匈奴單于如何率眾南侵；歷史也告訴我們，西羌先零、燒當等部落的興衰，以及羌人大豪迷唐等勢力之起落。這些歷史敘事中的「國」、「種落」、「匈奴」、「鮮卑」等群體符號，以及「英雄」符號如漢武帝、檀石槐等，以及英雄從事的戰爭與南匈奴附於漢帝國等事件，構成我們的歷史知識。這樣的知識所忽略的是，許多的個人與小社群在社會情境中的行動抉擇。他們不是「匈奴」、「鮮卑」，也不是「英雄」，其所爲常被歷史忽略，然而他們的行動抉擇卻常造成歷史變遷。

我們若暫且拋開那些國家、民族、部落、英雄，回顧前面幾章的歷史，那是「人」的抉擇，讓李陵、貳師與漢富室奴僕投入匈奴，讓匈奴南侵兵團中不斷有個人、部落投入漢帝國之中，讓一個約10戶的西羌牧團自行決定該與漢軍作戰或投降，讓十餘萬帳的匈奴牧民變成鮮卑，讓檀石槐引進漁業來彌補農牧生產之不足，讓俺答汗接納漢人逃兵、難民在土默特行農墾。

這許多人的抉擇突破種種「邊界」，使得「邊界」成爲「邊緣」。邊緣，指的是一種人群認同與文化邊界模糊的情境。邊界模糊，反使得人群認同與區分在此變得十分重要，因而與認同相關的歷史與文化受人們爭議、誇耀、攀附、模仿。便在如此的邊緣情境中，入於長城的部分鮮卑貴族自稱「炎帝」之裔，北朝時的華夏士族學鮮卑語及彈琵琶，出身西羌的後秦君長自稱黃帝子孫並崇尚孝道，出於鮮卑的北魏孝文帝在族人中行華夏化政策。便是親近人群間的相互歧視、誇耀與模仿，在北族與華夏之生活與文化交融中，華夏的族群邊界發生變遷——結合黃帝與炎帝的「炎黃子孫」概念在魏晉到隋唐間逐漸萌芽。但它並未完全取代「黃帝之裔」概念；直到近代中國民族主義之興時，「黃帝後裔」與「炎黃子孫」兩個概念仍並存而不悖。這兩個概念內涵有別——前者代表「邊界」明確的華夏認同，後者是較能包容「邊緣」的華夏認同。

不是所有的人，或人群，都有同等的抉擇以跨越邊界的能力。在許多情形下，如前所言，社會群體組織、制度讓人們困於邊界之中，而對自身命運缺乏抉擇能力。社會威權、獎懲、規訓，都讓人們畏懼、屈服而難作突破邊界的抉擇。但更普遍的是接受社會所建構的神話、宗教、歷史知識、道德規範、輿論等等，人們因此安然處於種種社會邊界內；信仰與知識將現實變得理所當然，人們也因此安於自己的宿命。

以此而言，我們對北亞游牧人群與漢帝國互動的歷史可有一種新理解。這並非一個孰勝孰負的歷史，也非一個狼與龍爭的歷史。而是，被隔絕於華夏資源邊界外人群集結爲種種政治群體，以分享、競爭本地資源，或嘗試突破華夏資源邊界。游牧經濟中的「移動力」，讓他們得有卓越的戰力。然而畢竟，游牧經濟中的要素「移動」配合著「抉擇」，每一個基本游牧群體都需對「移動」自作抉擇。匈奴國家——國家組織其內部階序——嚴重妨礙基本游牧群體在其日常游牧生計中對「移動」自作抉擇的能力。終於各個游牧群體的「移動」與「抉擇」造成匈奴內部分裂。

西羌不同於匈奴，一個相當小的牧團對其與漢帝國間的戰與和都能自行抉擇，因此所有應付漢軍的部落結盟都是短暫、不穩定的。漢軍很容易打敗這樣的羌人部落聯盟，但漢軍的「勝利」並不能讓羌人降服與歸順。因爲漢軍只是打敗了迷唐、滇零等羌人豪酋，但許多部落、牧團與這些豪酋間的關係只是暫時性的依附；他們可以選擇離去，加入另一個部落聯盟，再投入另一場戰爭。因此這是一場沒有勝方的戰爭。漢帝國將許多羌人部落移入關隴，也就是企圖以華夏帝國內既有的層層「邊界」將羌人約束在帝國秩序之中。然而最終，羌人的「移動」與「抉擇」反而瓦解帝國西北疆一切的邊界與秩序。

烏桓在東漢以後在中國文獻典籍之中消聲匿跡，唐代的鮮卑士族多成爲炎黃子孫。一般認爲，其「民族」被漢化而入於華夏。然而從另一角度，在長程歷史上，烏桓、鮮卑一波波的南遷、西遷，其部落聯盟也不斷納入新成員，並因此改變其社會本質。以現代話語來說，不堅守鄉土、民族與文化等「邊界」，讓他們有能力跨越長城、滲透草原，打破胡漢之間以及草原之胡與東胡之間的邊界，並在魏晉至隋唐時爲華北社會注入新血。

雖然，如本書第六章所言，東漢以後森林草原、蒙古草原、西北高原河谷各游牧人群的經濟生態、社會組織，以及其與中原帝國的往來互動，皆大致循著漢代至魏晉六百餘年所經歷及所締造的「模式」。但若我們注意「社會結構」與「歷史發展模式」中細微的符號變化，也就是構成社會、造就歷史的「人」之情感、意圖與其行動抉擇，我們可以發現，也可以理解，到了明清時期所有中原北方游牧與定居人群的邊界都已成爲模糊的邊緣。

認知的邊界、移動與抉擇

漢帝國將領設下鴻門宴一次伏殺八百多羌人豪酋，魏晉時一個鮮卑貴族自稱黃帝子孫或炎帝之裔，匈奴呼韓邪單于對漢稱臣並將其部落南移至長城邊；我們應如何描述、理解這些歷史事件？史家或指出此肇因於羌人叛服無常，或稱此顯示鮮卑之漢化，或稱漢帝國終於贏得與游牧帝國間的戰爭。在另一種歷史觀點下，歷史學者指出漢帝國對羌人的殘酷與霸道，說明鮮卑以一外族建立統治中國的征服王朝，或稱南降的匈奴只是換個策略來掠取漢帝國的資源。這些多少只是讀史者各據立場，各據其認同，對事件表相的描述與批評。這樣的描述、解釋、批評所構成的歷史記憶，再度強化各種認同「邊界」。

因此種種「邊界」不只是存在於被研究者之間，也存在於書寫、研究者之間。不同社會文化背景的學者，如歐美漢學家與中國學者，對同一歷史與社會文化現象有不同的描述與理解。對同一社會文化現象，不同學科之學者間也存在著明顯的認知「邊界」。我們可以用凹凸鏡來作一比喻。我們所見的文本與表徵，皆如一個凹凸鏡面上所呈現有些扭曲的「表相」，我們永遠無法全然了解鏡下被觀察的物體，也就是「本相」。這凹凸鏡，便是我們的社會文化、知識訓練背景所造成的認知偏見，一種扭曲物體本相的鏡片。研究漢代北亞各種游牧人群，學者所根據的基本史料——漢魏晉時的幾部中國正史——也是如此，它們也是凹凸鏡面上的表相；此凹凸鏡，同樣的，便是漢晉華夏史家的社會文化認同與其知識背景。如此，由漢代史家到今之研究者，大家都帶著凹凸鏡來觀察一個本相，其所見、所描述永遠只是鏡面所見的「表相」，那麼我們如何可能了解事實本相？

在本書中，以及在我其他著作中，我所嘗試的一個方法便是「移動」——移動這個凹凸境，突破各個學科的邊界，從不同的學科角度觀察鏡面上表相的變化，如此我們或能對鏡下的物體本相有多一點的了解，同時我們也可以對此「凹凸鏡」的性質有些了解[2]。對漢晉中國史料亦然。漢晉中國史料之珍貴在於，它們描述了三種游牧人群與華夏帝國的互動。也就是說，若游牧經濟及游牧人群與漢帝國間的互動是一本相，我們可將漢晉史家所描述的匈奴、西羌、烏桓與鮮卑，以及他們與漢帝國間發生的事件，都當作是鏡面上的「表相」；比較史籍對這些游

2　這自然是指我們自身的社會文化與學科偏見，如人類學家的田野方法，中國讀史、寫史者心目中的正史與方志，一般人認知中的歷史與神話，等等。接受這些概念，對它們的本質毫無所知，人們便不知不覺的戴上凹凸鏡來認識其所觀察的世界。

牧人群不同的描述，分析他們爲何與漢帝國間有不同的互動模式、發生不同的事件，便像是左右移動著凹凸鏡片，由鏡面變化來觀察、了解下面的「本相」。

透過如此以及其他方法，我所強調的反思性研究也便是：希望藉著對情境、結構與人在其間之情感、意圖與行動抉擇的了解，創造對我們所處「情境」有反思力因而有「抉擇」能力的知識人[3]。

3　此處我所稱的情境，對個人而言也是其處境(positionality)，也是歷史與社會現實的交匯點。

參考書目

一、中文古籍

令狐德棻等(唐)，《周書》(北京：中華書局，1971)。
司馬遷(漢)，《史記》(北京：中華書局，1959)。
李延壽(唐)，《北史》(北京：中華書局，1974)。
———，《南史》(台北：台灣中華書局，1972)。
房玄齡等(唐)，《晉書》(北京：中華書局，1974)。
林寶(唐)撰，岑仲勉校，《元和姓纂四校記》(台北：中央研究院歷史語言研究所，1991)。
范曄(劉宋)，《後漢書》(北京：中華書局，1965)。
員半千(唐)，〈蜀州青城縣令達奚君神道碑〉，見《全唐文》165(北京：中華書局，1987)。
班固(漢)，《漢書》(北京：中華書局，1962)。
班欽索南查巴(藏，16世紀)，《新紅史》，黃顥譯(西藏人民出版社，2002)。
脫脫(元)，《宋史》(北京：中華書局，1977)。
———，《金史》(台北：台灣中華書局，1981)。
———，《遼史》(台北：台灣中華書局，1981)。
陳壽(晉)，《三國志》(北京：中華書局，1959)。

歐陽修、宋祁(宋)，《新唐書》(北京：中華書局，1975)。
魏收(北齊)，《魏書》(台北：鼎文書局，1975)。
魏徵(唐)，《隋書》(北京：中華書局，1973)。
宋濂(明)《元史》(台北：世界書局，1986)。
〈宇文琬墓誌〉，見《八瓊室金石補正》(南京市：江蘇古籍出版社，1998)。
《蒙古秘史》，校刊本，額爾登泰與烏雲達賚校(張家口：內蒙古新華書店，1980)。

二、中日文參考文獻

中國社會科學院考古研究所，《青海柳灣》(北京：文物出版社，1984)。
中國社會科學院考古研究所甘肅工作隊，〈甘肅永靖張家嘴與姬家川的發掘〉，《考古學報》1980年第2期：187-220。
中國科學院考古研究所內蒙古工作隊，〈內蒙古巴林左旗南楊家營子的遺址和墓葬〉，《考古》1964年第1期：36-43、53。
內田吟風，〈匈奴史雜考〉，《北アジア史研究・匈奴篇》(京都：同朋舍，1988〔1975〕)。
———，〈烏桓鮮卑之源流——初期社會構成〉，《北アジア史研究，鮮卑柔然突厥篇》(京都：同朋舍，1988〔1975〕)。
———，〈烏桓族に關する研究〉，《滿蒙史論叢》，四卷(京都：彙文堂書店，1939)。
內蒙古文化工作隊，〈毛慶溝墓地〉，《鄂爾多斯式青銅器》(北京：文物出版社，2006)。
內蒙古文物考古研究所，〈涼城崞縣窯子墓地〉，《考古學報》1989年第1期：57-80。

內蒙古自治區文物考古研究所，《和林格爾漢墓壁畫》(北京：文物出版社，2007)。

王立新，〈探尋東胡遺存的一個新線索〉，《邊疆考古研究》第三輯(北京：科出版社，2005)。

王尙義，〈歷史時期鄂爾多斯高原農牧業的交替及其對自然環境的影響〉，《歷史地理》第五輯(上海：上海人民出版社，1987)。

王明珂，〈鄂爾多斯及其鄰近地區專化游牧業的起源〉，《中央研究院歷史語言研究所集刊》65本2分(1994)：375-434。

———，〈遼西地區專化游牧業的起源——兼論華夏邊緣的形成〉，《中央研究院歷史語言研究所集刊》67本1分(1996)：195-238。

———，《羌在漢藏之間：一個華夏邊緣的歷史人類學研究》(台北：聯經出版公司，2003；簡體中文版，北京：中華書局，2008)。

———，《華夏邊緣：歷史記憶與族群認同》(台北：允晨出版公司，1977；簡體中文版，北京：社會科學文獻出版社，2006)。

———，《英雄祖先與弟兄民族：根基歷史的文本與情境》(台北：允晨文化公司，2006；簡體中文版，北京：中華書局，2008)。

王青，〈遼金時期科爾沁沙地沙漠考古的幾個問題〉，見周昆叔、宋豫秦編，《環境考古研究》第二輯(北京：科學出版社，2000)。

王涤瑕，〈榆科見聞記〉，《康導月刊》1938年4卷1期。

四川省編輯組，《四川省阿壩藏族社會歷史調查》(成都：四川省社會科學院出版社，1985)。

田廣金，〈匈奴墓葬的類型和年代〉，《內蒙古文物考古》1982年第2期：8-17。

田廣金、郭素新，〈北方文化與草原文明〉，《內蒙古文物考古文集》第二輯(北京：中國大百科全書出版社，1997)。

伊克昭盟文物工作站，〈補洞溝匈奴墓葬〉，《鄂爾多斯式青銅器》(北京：文物出版社，1986)。

伊克昭盟文物工作站、內蒙文物工作隊，〈西溝畔漢代匈奴墓地〉，《鄂爾多斯式青銅器》(北京：文物出版社，1986)。

吉林大學邊疆考古研究中心等，〈2002年內蒙古林西縣井溝子遺址西區墓葬發掘紀要〉，《考古與文物》2004年第1期：6-18。

吉林省文物工作隊，〈通榆縣興隆山鮮卑墓清理簡報〉，《黑龍江文物叢刊》1982年第3期：65-69。

吉林省文物考古研究所，《榆樹老河深》(北京：文物出版社，1987)。

吉迪(Gideon Shelach)，〈對中國東北赤峰遺址的格局進行考察的初步報告〉，《考古與文物》2002年第2期：43-50。

———，〈西元前1000年以來中國東北地區牧業生活方式的興起——區域文化的發展及其與周鄰地區的互動〉，《邊疆考古研究》第三輯(北京：科學出版社，2005)。

江上波夫，〈匈奴の住居〉，收於氏著《エウラシア古代北方文化》(東京：山川出版社，1948)。

———，〈匈奴の奇畜，駃騠、騊駼、驒騱に就きて〉，《エウラシア古代北方文化》(東京：山川出版社，1948)。

———，〈匈奴の經濟活動:牧畜と掠奪の場合〉，《東洋文化研究所紀要》年第9期(1956)：23-63。

色音，《蒙古游牧社會的變遷》(呼和浩特：內蒙古人民出版社，1998)。

西北大學文化遺產與考古學研究中心等，〈新疆巴里坤東黑溝遺址調查〉，《考古與文物》2006年第5期：16-26。

周偉洲，《吐谷渾史》(桂林：廣西師範大學出版社，2006)。

———，《唐代党項》(桂林：廣西師範大學出版社，2006)。

林幹，〈匈奴城鎮和廟宇遺跡〉，《匈奴史論文選集1919-1979》(北京：中華書局，1983）。
———，〈匈奴墓葬簡介〉，《匈奴史論文選集1919-1979》（北京：中華書局，1983）。
———，《匈奴通史》（北京：北京人民出版社，1986）。
———，《東胡史》（呼和浩特：內蒙古人民出版社，1989）。
林澐，〈中國北方長城地帶游牧文化帶的形成過程〉，《燕京學報》2003年第14期：95-145。
———，〈序〉，魏堅，《內蒙古地區鮮卑墓葬的發現與研究》（北京：科學出版社，2004）。
李逸友，〈略論和林格爾東漢墓壁畫中的烏桓和鮮卑〉，《考古與文物》1980年第2期：109-112。
青海省文物考古隊、海南藏族自治州群眾藝術館，〈青海貴德山坪台卡約文化墓地〉，《考古學報》1987年第2期：255-274。
青海省文物考古隊等，〈青海湟源縣境內的卡約文化遺跡〉，《考古》1986年第10期：882-886。
青海省文物管理處考古隊，〈青海省文物考古工作三十年〉，《文物考古工作三十年》（北京：文物出版社，1979）。
青海省社會科學院藏學研究所編，《中國藏族部落》（北京：中國藏學出版社，1991）。
青海省湟源縣博物館等，〈青海湟源縣大華中庄卡約文化墓地發掘簡報〉，《考古與文物》1985年第5期：11-34。
青海省編輯組，〈果洛藏族社會歷史調查〉，《青海省藏族蒙古族社會歷史調查》（西寧：青海人民出版社，1985）。
———，《青海省藏族蒙古族社會歷史調查》（西寧：青海人民出版社，1985）。
俞偉超，〈江陰佘城城址的發現與早期吳文化的探索〉，《古史的考古學探索》（北京：文物出版社，2002）。

———，〈關於卡約文化的新認識〉，《青海考古學會會刊》1981年第3期：11-23。

南卡諾布著，索朗希譯，《川康牧區行》（成都：四川民族出版社，1988）。

南玉泉，〈辛店文化序列及其與卡約、寺窪文化的關係〉，見俞偉超主編，《考古類型學的理論與實踐》（北京：文物出版社，1989）。

孫守道，〈匈奴西岔溝文化古墓群的發現〉，《文物》1960年第8/9期：25-32。

孫危，《鮮卑考古學文化研究》（北京：科學出版社，2007）。

陝西省考古研究所、榆林市文物管理委員會辦公室，《神木大保當：漢代城址與墓葬考古報告》（北京：科學出版社，2001）。

烏恩，〈殷至周初的北方青銅器〉，《考古學報》1985年第2期：135-156。

———，〈論匈奴考古研究中的幾個問題〉，《考古學報》1990年第4期：409-36。

———，〈論夏家店上層文化在歐亞草原古代文化中的重要地位〉，《邊疆考古研究》第一輯（北京：科學出版社，2002）。

烏恩岳斯圖（烏恩），《北方草原考古學文化研究》（北京：科學出版社，2007）。

———，《北方草原考古學文化比較研究：青銅時代至早期匈奴時期》（北京：科學出版社，2008）。

烏蘭察布博物館，〈科右中旗北瑪尼吐鮮卑墓群〉，見內蒙古文物考古研究所編，《內蒙古文物考古文集》第一輯（北京：中國大百科全書出版社，1994）。

班欽索南查巴，《新紅史》（西藏人民出版社，2002）。

馬長壽，《北狄與匈奴》（北京：三聯書店，1962）。

———，《烏桓與鮮卑》（桂林：廣西師大出版社，2006〔1962〕）。

———，《碑銘所見前秦至隋初的關中部族》（桂林：廣西師大出版社，2006〔1965〕）。

馬鶴天，《西北考察記青海篇》（南京：新亞細亞學會，1936；台北：南天書局，1987影印本）。

高東陸，〈略論卡約文化〉，《考古學文化論集》（北京：文物出版社，1993）。

高東陸、許淑珍，〈青海湟源莫布拉卡約文化遺址發掘簡報〉，《考古》1990年第11期：1012-1016、1011。

宿白，〈東北、內蒙古地區的鮮卑遺跡——鮮卑遺跡輯錄之一〉，《文物》1977年第5期：42-54。

張榮祖，〈中國乾旱地區陸棲脊椎動物生態地理〉，見趙松喬主編，《中國乾旱地區自然地理》（北京：科學出版社，1985）。

許新國、格桑本，〈卡約文化阿哈特拉類型初探〉，《青海考古學會會刊》1981年第3期：24-29。

陳全家，〈內蒙古林西縣井溝子遺址西區墓葬出土的動物遺存研究〉，《內蒙古文物考古》2007年第2期：107-118。

鄂爾多斯博物館，《鄂爾多斯青銅器》（北京：文物出版社，2006）。

項春松、李義，〈寧城小黑石溝石槨墓調查清理簡報〉，《文物》1995年第5期：4-21。

馮恩學，《俄國東西伯利亞與遠東考古》（長春：吉林大學出版社，2002）。

新疆維吾兒自治區叢刊編輯組，《哈薩克族社會歷史調查》（烏魯木齊：新疆人民出版社，1987）。

———，《塔吉克族社會歷史調查》（烏魯木齊：新疆人民出版社，1984）。

楊志榮、索秀芬，〈中國北方農牧交錯帶東南部環境考古研究〉，見周昆叔、宋豫秦編，《環境考古研究》第二輯(北京：科學出版社，2000)。

楊建華，〈東周時期北方系青銅文化墓葬習俗比較〉，《邊疆考古研究》第一輯(北京：科學出版社，2002)。

———，〈歐亞草原經濟類型的發展階段及其與中國長城地帶的比較〉，《考古》2004年第11期：84-90。

董新林，〈魏營子文化初步研究〉，《考古學報》2000年第1期：1-68。

靳楓毅，〈夏家店上層文化及其族屬問題〉，《考古學報》1987年第2期：177-208。

靳楓毅、王繼紅，〈山戎文化所含燕與中原文化因素之分析〉，《考古學報》2001年第1期：43-72。

寧夏文物考古研究所、中國社會科學院考古所寧夏考古組、同心縣文物管理所，〈寧夏同心倒墩子匈奴墓地〉，《考古學報》1988年第3期：333-355。

蒙古族簡史編寫組，《蒙古族簡史》(呼和浩特：內蒙古人民出版社，1985)。

趙越，〈內蒙古額右旗拉布達林發現鮮卑墓〉，《考古》1990年第10期：890-893、928。

劉衡如等，〈視察道爐甘德白瞻雅江七縣報告書〉，《新西康》第1卷第2-3期；收入趙心愚、秦和平編，《康區藏族社會調查資料輯要》(成都：四川民族出版社，2004)。

劉觀民、徐光冀，〈內蒙古東部地區青銅時代的兩種文化〉，《內蒙古文物考古》1981年創刊號：5-14。

編寫組，《巴里坤哈薩克自治縣概況》(烏魯木齊：新疆人民出版社，1984)。

黎瑤渤，〈遼寧北票西官營子北燕馮素弗墓〉，《文物》1973年第3

期：2-28。

潘玲，《伊沃爾加城址和墓地及相關匈奴考古問題研究》(北京：科學出版社，2007)。

遼寧省博物館文物隊等，〈朝陽袁台子東晉壁畫墓〉，《文物》1984年第6期：29-45。

謝劍，〈匈奴政治制度的研究〉，《中央研究院歷史語言研究所集刊》第41本(1970)：231-271。

魏堅，《內蒙古地區鮮卑墓葬的發現與研究》(北京：科學出版社，2004)。

———，《內蒙古中南部漢代墓葬》(北京：中國大百科全書出版社，1998)。

———，〈河套地區戰國秦漢塞防研究〉，《邊疆考古研究》第六輯(北京：科學出版社，2008)。

羅豐，《胡漢之間：「絲綢之路」與西北歷史考古》(北京：文物出版社，2004)。

蘇北海，《哈薩克族文化史》(烏魯木齊：新疆大學出版社，1989)。

護雅夫，〈二四大臣——匈奴國家の統治機構の研究〉，《史學雜誌》80卷1期(1971)：43-60。

———，〈匈奴的國家〉，《史學雜誌》59卷9期(1950)：1-21。

三、西文參考文獻

Adams, R. "The Mesopotamian Social Landscape: a View from the Frontier," in *Reconstructing Complex Societies*. Edited by C. B. Moore, Supplement to the Bulletin of the American Schools of Oriental Research No. 20(1974): 1-13.

Andrews, Roy Chapman. *Across Mongolian Plains*(New York: D. Appleton and Co., 1921).

Asad, Talal. "Equality in Nomadic Social Systems? Notes towards the Dissolution of an Anthropological Category," in *Pastoral Production and Society*. Edited by L'Equipe écologie et anthropologie des sociétés pastorals(Cambridge: Cambridge University Press, 1979).

Bacon, Elizabeth E. *Central Asians under Russian Rule: A Study in Culture Change*(Ithaca, NY: Cornell University Press, 1966).

———. "Types of Pastoral Nomadism in Central and Southwest Asia," *Southwestern Journal of Anthropology* 10.1(1954): 49-51.

Barfield, Thomas J. *The Central Asian Arabs of Afghanistan: Pastoral Nomadism in Transition*(Austin: University of Texas Press, 1981).

———. *The Perilous Frontier: Nomadic Empires and China*(Cambridge, Massa-chusetts: Basil Blackwell Inc., 1989).

———. "The Hsiung-nu Imperial Confederacy: Organization and Foreign Policy," *Journal of Asian Studies* XLI.1(1981): 45-61.

Barth, Fredrik. "Introduction," in *Ethnic Groups and Boundaries*. Edited by Fredrik Barth(London: George Allen & Unwin, 1969).

———. "Segmentary Opposition and the Theory of Games: A Study of Pathan Organization," *Journal of the Royal Anthropological Institute* 89(1959): 5-21.

———. *Nomads of South Persia: The Basseri Tribe of the Khamseh Confederacy*(Prospect Heights, Illinois: Waveland Press, 1961).

Bonte, Pierre. "Segmentarite and Pouvoir chez es éleveurs nomads sahariens, Elément d'une problematicque," in *Pastoral Production and Society*. Edited by L'Equipe écologie et anthropologie des sociétés pastorals(Cambridge: Cambridge University Press, 1979).

Bourdieu, Pierre. *Distinction : A Social Critique of the Judgement of Taste.* Translated by Richard Nice(London : Routledge & Kegan Paul, 1984).

Boyle, Katie, Colin Renfrew and Marsha Levine. *Ancient Interactions: East and West in Eurasia*(Cambridge, UK: McDonald Institute for Archaeological Research, 2002).

Bulliet, Richard W. *The Camel and the Wheel*(New York: Columbia University Press, 1990〔1975〕).

Burnham, Philip. "Mobility and Political Centralization in Pastoral Nomads," in *Pastoral Production and Society*. Edited by L'Equipe écologie et anthropologie des sociétés pastorals(Cambridge: Cambridge University Press, 1979).

Chang, K. C. *The Archaeology of Ancient China.* Fourth Edition(New Haven: Yale University Press, 1986).

Cole, Donald P. *Nomads of the Nomads: The Āl Murrah Bedouin of the Empty Quarter*(Arlington Heights, Illionois: Harlan Davidson, Inc.).

Cribb, Roger. *Nomads in Archaeology*(Cambridge: Cambridge University Press, 1991).

Cryaznov, Mikhail P. *The Ancient Civilization of Southern Siberia.* Translated by James Hogarth(New York: Cowles Book Co., 1969).

Dahl, Gudrun & Anders Hjort. *Having Herds: Pastoral Herd Growth and Household Economy*. Stockholm Studies in Social Anthropology. No.2(Stockholm: Liber Tryck, 1976).

Dahl, Gudrun. "Ecology and Equality: The Boran Case," in *Pastoral Production and Society*. Edited by L'Equipe écologie et anthropologie des sociétés pastorals(Cambridge: Cambridge University Press, 1979).

Di Cosmo, Nicola. "The Economic Basis of the Ancient Inner Asian Nomads and Its Relationship to China," *Journal of Asian Studies* 53.4(1994): 1092-1126.

———. *Ancient China and its Enemies: the rise of nomadic power in East Asian history*(Cambridge, New York: Cambridge University Press, 2002).

Downs, J. F. & Robert B. Ekvall. "Animal Types and Social Types in Tibet," in *Man, Culture, and Animals*. Edited by Anthony Leeds & Andrew P. Vayda(Washington D. C.: American Association for the Advancement of Science, 1965).

Dyson-Hudson, Rada & Nevelle Dyson-Hudson. "Nomadic Pastoralism," *Annual Review of Anthropology* 9(1980): 15-61.

Dyson-Hudson, Rada & Eric Alden Smith. "Human Territoriality: An Ecological Reassessment," *American Anthropologist* 80(1978): 21-41.

Eberhard, Wolfram. *Conquerors and Rulers*(Leiden: Brill, 1952).

Ekvall, Robert B. *Cultural Relations on the Kansu-Tibetan Border*(Chicago: The University of Chicago Press, 1939).

———. *Fields on the Hoof: Nexus of Tibetan Nomadic Pastoralism* (Prospect Heights, Illinois, Waveland Press, Inc., 1968).

Epstein, H. "Cattle," in *Evolution of Domesticated Animals.* Edited by Ian L. Mason(New York: Longman House, 1984).

Evans-Pritchard, E. E. *The Nuer: a description of the modes of livelihood and political institutions of a Nilotic people*(New York and Oxford: Oxford University Press, 1940).

Galaty, John G. and Philip Carl Salzman eds. *Change and Development in Nomadic and Pastoral Societies*(Leiden: E. J. Brill, 1981).

Gilbert, Allan S. "On the Origins of Specialized Nomadic Pastoralism in Western Iran," *World Archaeology* 15.1(1983): 105-119.

Goldschmidt, Walter. "A General Model for Pastoral Social Systems," in *Pastoral Production and Society*. ed. by L'Equipe écologie et anthropologie des sociétés pastorals(Cambridge: Cambridge University Press, 1979).

Goody, Jack. *Production and Reproduction: A Comparative Study of the Domestic Domain*(Cambridge: Cambridge University Press, 1976).

Greenfield, Haskel J. "The Origins of Milk and Wool Production in the Old World," *Current Anthropology* 29(1988): 573-593.

Grenard, Fernand. *Tibet: The Country and its Inhabitants*(London: Hutchinson & Co., 1904).

Grousset, René. *The Empire of the Steppes: A History of Central Asia*. Translated by Naomi Walford(New Brouswick, New Jersey: Rutgers University Press, 1970〔1939〕).

Gulliver, P. H. *The Family Herds: A Study of Two Pastoral Tribes in East Africa, the Jie and Turkana*(London: Routledge & Kegan Paul Ltd., 1955).

Hesse, Brian. "Slaughter Patterns and Domestication: the Beginnings of Pastoralism in Western Iran," *Man* (N.S.) 17(1982): 403-417.

Irons, William. "Political Stratification among Pastoral Nomads," in *Pastoral Production and Society*. Edited by L'Equipe écologie et anthropologie des sociétés pastorals(Cambridge: Cambridge University Press, 1979).

Jagchid, Sechin & Paul Hyer. *Mongolia's Culture and Society*(Boulder, Colorado: Westview Press, 1979).

Jagchid, Sechin & van Jay Symons. *Peace, War and Trade along The Great Wall: Nomadic-Chinese Interaction through Two Millennia* (Bloomington, Indiana: Indiana University Press, 1989).

Khazanov, Anatoly M. *Nomads and the Outside World.* Second edition. Translated by Julia Crookenden(Madison, Wisconsin: The University of Wisconsin Press, 1994).

Khaldun, Ibn. *The Muqaddihah: An Introduction to History.* Translated by Franz Rosenthal. Edited & abr. by N. J. Dawood(Princeton: Princeton University Press, 1969).

Koster, H. A. "The Ecology of Pastoralism in Relations to Changing Patterns of Land Use in the Northwest Peloponnese"(Ph.D. thesis, University of Pennsylvania, Philadelphia, PA, 1977).

Krader, Laurence. *Socail Organization of the Mongol-Turkic Pastoral Nomads*(The Hague : Mouton, 1963).

Kuzmina, Elena E. "Origins of Pastoralism in the Eurasian Steppes," Chapter in *Prehistoric steppe adaptation and the horse.* Edited by Marsha Levine, Colin Renfrew & Katie Boyle(Cambridge, UK: McDonald Institute for Archaeo-logical Research, 2003).

Lattimore, Owen. *Inner Asian Frontiers of China*(Oxford: Oxford University Press, 1988〔1940〕).

Lees, Susan H. & Daniel G. Bates. "The Origins of Specialized Nomadic Pastoralism: A Systemic Model," *American Antiquity* 39(1974): 187-193.

Levine, Marsha, Colin Renfrew and Katie Boyle ed. *Prehistoric Steppe Adaptation and the Horse*(Cambridge, UK: McDonald Institute for

Archaeological Research, 2003).

Levy, Thomas Evan. "The Emergence of Specialized Pastoralism in the Southern Levant," *World Archaeology* 15.1(1983): 15-36.

Lha-mo, Ren-chen. *We Tibetans*(London : Seeley Service & Co. Ltd., 1926).

Lynch, Thomas F. "Camelid Pastoralism and the Emergence of Tiwanaku Civilization in the South-Central Andes," *World Archaeology* 15.1(1983): 1-14.

Marshall, Fiona. "Origins of Specialized Pastoral Production in East Africa," *American Anthropologist* 92(1990): 873-894.

Marx, Emanuel. "The Tribe as a Unit of Subsistence: Nomadic Pastoralism in the Middle East," *American Anthropologist* 79(1977): 343-363.

———. "The Ecology and Politics of Nomadic Pastoralists in the Middle East," in *The Nomadic Alternative: Modes and Models of Interaction in the African-Asian Deserts and Steppes.* Edited by Wolfgang Weissleder(The Hague: Mouton Publishers, 1978).

Mason, I. L. "Camels," in *Evolution of Domesticated Animals.* Edited by Ian L. Mason(New York: Longman House, 1984).

McGovern, William M. *The Early Empires of Central Asia, A study of the Scythians and the Huns and the part they played in world history: with special reference to the Chinese sources*(Chapel Hill: The University of North Carolina Press, 1939).

Perevolotsky, Avi. "Herder-Farmer Relationships in the Tropical Desert of Piura: The Role of Uncertainty and Variable Environment," in *Arid Land Use Strategies and Risk Management in the Andes.* Edited by David L. Browman(Boulder & London: Westview Press, 1987).

Průšek, Jaroslav. *Chinese Staatelets and the Northern Barbarians in the*

Period 1400-300 B.C.(Dordrecht, Holland: D. Reidel Publishing Company, 1971).

Robertshaw, P. T. & Collett D. P. "The Identification of Pastoral Peoples in the Archaeological Record: an Example from East Africa," *World Archaeology* 15.1(1983): 67-78.

Rosen, Steven A. "Notes on the Origins of Pastoral Nomadism: A Case Study from the Negev and Sinai," *Current Anthropology* 29 (1988): 498-506.

Sahlins, Marshall D. "The Segmentary Lineage: An Organization of Predatory Expansion," *American Anthropologist* 63(1961): 322-345.

———. *Tribesmen*(Englewood Cliffs, New Jersey: Prentice-Hall, Inc., 1968).

———. *Stone Age Economics*(New York: Aldine Publishing Co., 1972).

Salzman, P. C. "The Proto-State in Iranian Baluchistan," in *Origins of the State*. Edited by Ronald Cohen and Elman R. Service (Philadelphia: Institute for the Study of Human Issues Publish, 1978).

———. "Inequality and Oppression in Nomadic Society," in *Pastoral Production and Society*. Edited by L'Equipe écologie et anthropologie des sociétés pastorals(Cambridge: Cambridge University Press, 1979).

Scott, Margaret I. "A Study of the Ch'iang, with Special Reference to Their Settle-ments in China from the Second to the Fifth Century A.D." (Ph.D. diss., University of Cambridge, 1952).

Shahrani, Nazif. *The Kirghiz and the Wakhi of Afghanistan*(Seattle: University of Washington Press, 1979).

Sherratt, A. "Plough and Pastoralism: Aspects of the Secondary Products Revolution," in *Patterns of the Past: Studies in Honour of David Clarke*. Edited by Isaac Hodder and N. Hammond(Cambridge: Cambridge University Press, 1981).

Silverman, Marilyn & P. H. Gulliver. *Approaching the Past: Historical Anthropology through Irish Case Studies*(New York: Columbia University Press, 1992).

Smith, P. E. & T. C. Young. "The Evolution of Early Agriculture and Culture in Greater Mesopotamia: a Trial Model," in *Population Growth: Anthropo-logical Implications*. Edited by B. Spooner (Cambridge, Mass.: MIT Press, 1972).

Spooner, B. "Towards a Generative Model of Nomadism," *Anthropological Quarterly* 3(1971): 198-210.

Stenning, Derrick J. *Savannah Nomads: A Study of the Wodaabe Pastoral Fulani of Western Bornu Province Northern Region, Nigeria* (London: Oxford University Press, 1959).

Sweet, Louise E. "Camel Raiding of North Arabian Bedouin: A Mechanism of Ecological Adaptation," *American Anthropologist* 67(1965): 1132-1150.

Swilder, W. W. "Some Demographic Factors Regulating the Formation of Flocks and Camps among the Brahui of Baluchistan," in *Perspectives on Nomadism*. Edited by W. Irons and N. Dyson-Hudson(Leiden: Brill Press, 1972).

Vainshtein, Sevyan. *Nomads of South Siberia: The Pastoral Economies of Tuva*. Translated by Michael Colenso(Cambridge: Cambridge University Press, 1980).

Vreeland, Herbert Harold. *Mongol Community and Kinship Structure*. 3rd edition（New Haven: HRAF Press, 1962）.

Wang, Ming-ke. “The Ch’iang of Ancient China through the Han Dynasty: Ecological Frontiers and Ethnic Boundaries”(Ph.D. diss. Cambridge, Mass.: Harvard University, 1992).

Weissleder, Wolfgang ed. *The Nomadic Alternative: Modes and Models of Interaction in the African-Asian Deserts and Steppes*(The Hague: Mouton Publishers, 1978).

Yu, Ying-shih. *Trade and Expansion in Han China*(Berkeley: California University Press, 1967).

Zeuner, Frederick E. *A History of Domesticated Animals*(London: Hutchinson of London, 1963).

Benson, Linda and Ingvar Svanberg. *China’s last Nomads: the History and Culture of China’s Kazaks*(Armonk, N.Y.: M.E. Sharpe, 1998).

索引

二劃

丁卡人(the Dinka) 51, 52

三劃

凡虛坦因(Sevyan Vainshtein) 7, 34, 58, 81, 133

土庫曼人(the Turkmen) 58, 224

山羊 24, 27, 29, 30, 32, 35, 48, 75, 125, 130

山牧季移(transhumance) 35, 37

四劃

分枝性結構(segmentary structure)；分枝性家族結構(segmentary lineage structure) 9, 66, 118, 157, 160, 161, 165, 202, 244, 248

巴涉利人(the Basseri) 64

巴斯(Fredrik Barth) 2, 48, 56, 63

巴費爾德(Thomas J. Barfield) 1, 9, 147, 150, 156, 159, 195, 242, 243, 244, 248

扎奇斯欽(Sechin Jagchid) 9

牛 ii, 1, 20, 21, 22, 23, 25, 26, 27, 28, 29, 30, 31, 32, 34, 35, 36, 37, 41, 43, 51, 56, 59, 70, 75, 79, 83, 89, 93, 94, 95, 96, 97, 98, 101, 102, 104, 105, 125, 127, 129, 131, 132, 133, 134, 139, 141, 149, 152, 160, 162, 165, 170, 171, 173, 174, 175, 176, 178, 179, 180, 181, 183, 189, 210, 211, 214, 216, 217, 218, 221, 222, 226, 235, 254

五劃

北方青銅器文化 81, 85, 86, 88, 89

半游牧人群(semi-nomads) 28, 37, 86, 140, 212

卡扎諾夫(Anatoly M. Khazanov) 7, 12, 32, 108, 133

卡拉卡爾帕克人(the Karakalpaks) 58, 223

卡約文化 83, 85, 88, 89, 101, 102, 103, 105, 106, 107, 173, 179, 188, 267, 268, 269

卡爾梅克蒙古族(the Kalmuck) 58

古立弗(P. H. Gulliver) 3

布里雅特蒙古族(the Buryats)　58, 67
平等自主(egalitarian)　2, 12, 45, 69, 71, 84, 89, 95, 99, 100, 117, 137, 146, 152, 164, 166, 182, 202, 235, 247, 248
打草　35, 36, 40
本相(reality)；歷史本相(historical reality)　xi, 6, 11, 13, 114, 158, 159, 163, 164, 201, 235, 238, 245, 246, 249, 250, 251, 253, 260
生計性掠奪(subsistence raids)　12, 147, 248
田廣金、郭素新　86, 92, 265

六劃

伊凡斯佩恰(E. E. Evans-Pritchard)　51
吉爾吉斯人(the Kirghiz)　29, 31, 49, 58
多夫家庭(polyandrous family)　53
多妻家庭(polygynous family)　53, 254
戎狄　80, 85, 88, 92, 93, 100, 111
艾克佛(Robert B. Ekvall)　20, 32, 35, 56, 57

七劃

克什克騰旗　vi, 15, 27, 125
努爾人(the Nuer)　48, 51
抉擇　1, x, xi, xii, 13, 33, 38, 43, 60, 72, 95, 134, 137, 157, 158, 161, 164, 200, 201, 203, 235, 239, 245, 248, 249, 250, 253, 257, 258, 259, 261
決策權　x, 39, 189, 198, 199
辛店文化　101, 103, 104, 106, 268

八劃

事件　5, 6, 10, 13, 110, 113, 114, 116, 129, 152, 158, 163, 164, 186, 188, 194, 195, 199, 219, 224, 245, 246, 249, 250, 251, 253, 257, 259, 260
拉鐵摩爾(Owen Lattimore)　8, 9, 78, 80, 85, 108, 239, 240, 241, 242, 243, 244
東胡　11, 98, 100, 149, 159, 205, 206, 212, 234, 236, 259, 265, 267
果洛藏族, 36, 57, 61, 62, 267
林幹, 118, 126, 130, 135, 140, 141, 150, 155, 156, 206, 224, 234, 236, 266
林澐　81, 87, 205, 211, 267
牧團　ix, xi, 39, 43, 52, 54, 55, 56, 57, 58, 59, 60, 61, 63, 64, 67, 68, 69, 71, 72, 84, 95, 137, 153, 154, 157, 159, 161, 171, 185, 190, 198, 199, 201, 202, 210, 221, 222, 223, 224, 225, 226, 227, 228, 257, 258
狗　22, 26, 28, 47, 96, 97, 98, 101, 102, 104, 126, 131, 165, 212, 218
(社會)階序化(stratification)　45, 61, 84, 95
表相(表徵)(representation)；歷史表相(historical representation)。亦見「事件」　xi, 6, 10, 13, 114, 158, 159, 164, 201, 245, 246, 250, 251, 252, 260

長城　iii, vi, xi, 9, 12, 79, 81, 87, 89, 93, 100, 104, 107, 111, 114, 124, 129, 142, 143, 144, 150, 159, 163, 164, 165, 166, 205, 207, 208, 215, 227, 228, 229, 230, 231, 233, 234, 235, 236, 237, 241, 246, 250, 251, 253, 257, 259, 267, 270
阿烏爾　55, 58, 59, 60, 138, 216, 223
阿穆拉貝都因人（Āl Murrah Bedouins）　xii, 38, 50, 52, 55, 64, 65, 67, 196

九劃

哈薩克人（the Kazakhs）　58, 224
狩獵　iii, ix, xi, 12, 22, 23, 28, 30, 38, 41, 46, 47, 49, 71, 73, 75, 76, 77, 89, 92, 94, 98, 101, 102, 103, 118, 119, 121, 124, 131, 139, 144, 153, 181, 185, 202, 209, 210, 211, 213, 214, 215, 217, 227, 248
紅原　vi, 15, 25, 32, 70
若爾蓋　vi, 15, 20, 25, 32, 36, 62
迪柯斯摩（Nicola Di Cosmo）　10, 82, 83, 84, 85, 95

十劃

夏家店上層文化　83, 86, 88, 89, 96, 97, 98, 99, 208, 209, 268, 270
家內分工　44
家庭　ix, xi, 3, 16, 17, 29, 31, 32, 37, 38, 39, 40, 42, 44, 45, 49, 52, 53, 54, 55, 56, 57, 58, 59, 60, 62, 68, 71, 84, 95, 96, 127, 129, 130, 137, 140, 142, 149, 154, 157, 158, 159, 170, 171, 194, 196, 221, 222, 223, 227, 254
氣候　18, 20, 34, 35, 38, 49, 50, 77, 80, 86, 87, 88, 90, 91, 101, 105, 107, 108, 110, 119, 124, 132, 134, 135, 138, 162, 168, 178, 208, 209
烏恩　81, 86, 92, 96, 118, 126, 135, 140, 141, 268
脅迫性政治威權（cohesive powers）11, 84, 117
馬　ii, iii, v, 6, 9, 10, 20, 21, 22, 23, 25, 26, 27, 28, 29, 30, 31, 32, 33, 35, 36, 39, 47, 49, 51, 59, 62, 68, 69, 70, 75, 79, 80, 81, 83, 85, 86, 89, 93, 94, 96, 97, 98, 99, 101, 102, 104, 105, 106, 107, 109, 114, 118, 125, 126, 127, 129, 131, 132, 133, 134, 136, 139, 143, 144, 146, 147, 149, 152, 165, 170, 171, 172, 173, 174, 176, 177, 178, 179, 180, 181, 183, 185, 210, 211, 213, 214, 217, 218, 220, 221, 222, 224, 226, 231, 237, 240, 254, 263, 268, 269
旄牛　22, 23, 29, 30, 31, 48, 75, 170, 171, 175, 176, 180, 254

十一劃

動物性　ix, 4, 21, 22, 24, 25, 27, 28, 33, 72, 98
國家　ii, x, xi, 8, 9, 10, 11, 12, 13, 34, 43, 61, 66, 69, 70, 71, 72, 82, 107, 111, 113, 114, 115, 116, 117, 118, 122, 132, 136, 137, 139, 141, 147, 149, 151, 152, 153, 155, 156, 157,

158, 159, 160, 161, 163, 164, 166, 167, 185, 186, 188, 200, 201, 202, 205, 221, 227, 228, 229, 233, 236, 240, 241, 243, 244, 246, 247, 248, 249, 250, 251, 254, 255, 256, 257, 258, 271
婚姻　50, 62, 189, 191, 193, 222
專化游牧業(specialized nomadic pastoralism)　11, 75, 77, 79, 89, 90, 109, 111, 265
掠奪　ix, xi, 9, 12, 33, 46, 49, 50, 51, 66, 71, 73, 83, 89, 94, 108, 118, 128, 129, 140, 146, 147, 149, 151, 152, 153, 160, 161, 163, 166, 172, 178, 181, 182, 184, 185, 187, 188, 202, 203, 206, 217, 218, 219, 221, 222, 227, 237, 238, 247, 248, 249, 266
措哇　56, 57, 61, 62
採集　iii, ix, 12, 41, 42, 46, 47, 49, 71, 73, 75, 76, 79, 89, 104, 139, 145, 153, 158
混合經濟　47, 77, 78, 80, 89, 92, 94, 95, 96, 98, 99, 100, 101, 110, 111, 141, 166, 167, 208, 212, 219, 229, 239, 241, 246, 249
移動性　72, 89, 98, 107, 108, 109, 117, 123, 132, 139, 154, 163, 236
部落　ii, iii, ix, x, xi, xii, 9, 12, 13, 16, 21, 31, 34, 36, 38, 39, 43, 50, 51, 52, 55, 56, 57, 60, 61, 62, 63, 64, 66, 67, 68, 69, 70, 71, 72, 95, 100, 111, 115, 116, 118, 119, 121, 122, 125, 127, 129, 134, 135, 136, 137, 145, 147, 148, 150, 152, 153, 154, 155, 156, 157, 158, 159, 161, 162, 163, 164, 166, 167, 168, 169, 172, 175, 177, 178, 179, 180, 181, 182, 183, 184, 185, 186, 187, 188, 189, 190, 191, 192, 193, 194, 195, 196, 197, 198, 199, 200, 201, 202, 205, 206, 210, 217, 221, 222, 223, 225, 226, 227, 228, 229, 230, 233, 234, 235, 236, 238, 239, 240, 242, 246, 247, 248, 249, 250, 254, 255, 256, 257, 258, 259, 267
部落聯盟　ii, xi, 12, 13, 69, 71, 111, 115, 116, 118, 137, 154, 155, 159, 167, 182, 186, 192, 200, 202, 207, 210, 221, 225, 226, 227, 228, 229, 230, 234, 236, 246, 247, 249, 250, 254, 256, 258

十二劃

喀爾喀蒙古族(the Khalkha)　35, 55, 58
斯基泰(Scythian)　80, 83, 87, 88, 96, 107
森林草原　xi, 6, 7, 9, 11, 13, 18, 30, 46, 58, 82, 111, 115, 119, 120, 121, 124, 125, 142, 205, 207, 208, 209, 211, 213, 214, 216, 217, 229, 233, 234, 236, 237, 246, 249, 250, 259
華夏　iii, 5, 6, 9, 11, 13, 73, 86, 90, 93, 100, 101, 107, 109, 110, 111, 114, 129, 147, 158, 159, 166, 167, 168, 182, 200, 207, 229, 230, 231, 232, 238, 241, 245, 246, 257, 258, 259, 260

華夏邊緣 vi, 5, 6, 11, 13, 20, 90, 97, 105, 108, 110, 159, 166, 168, 219, 257, 265
貿易 iii, ix, xi, 9, 12, 13, 25, 29, 33, 41, 46, 49, 50, 69, 71, 73, 79, 83, 89, 94, 108, 118, 121, 124, 128, 140, 150, 151, 152, 153, 158, 160, 166, 181, 182, 202, 217, 218, 219, 221, 231, 235, 236, 241, 246, 247, 249

十三劃

塔吉克(the Tajik) 48, 269
新巴爾虎右旗 vi, 15, 17, 215
農業 ii, iii, vi, 1, 2, 5, 12, 16, 17, 18, 19, 20, 21, 23, 31, 35, 42, 43, 44, 45, 46, 48, 49, 52, 54, 60, 67, 69, 71, 73, 75, 76, 77, 78, 79, 80, 83, 84, 86, 87, 88, 89, 90, 91, 93, 94, 95, 96, 99, 101, 102, 103, 104, 105, 106, 108, 110, 111, 118, 119, 121, 125, 133, 140, 141, 142, 143, 149, 151, 153, 154, 160, 162, 166, 168, 169, 170, 171, 173, 176, 178, 180, 183, 196, 202, 208, 209, 214, 216, 219, 233, 236, 241, 242, 248, 253

十四劃

圖卡納人(the Turkana) 37
圖瓦(Tuva) 7, 30, 34, 46, 49, 58, 86, 133, 209, 211, 214, 216, 223
福拉利人(the Fulani) 29
綿羊 24, 27, 28, 29, 30, 31, 35, 48, 75, 98, 130, 171, 211
蒙古草原 6, 7, 9, 13, 30, 34, 47, 75, 81, 82, 111, 115, 119, 125, 126, 130, 133, 135, 136, 138, 142, 145, 146, 159, 166, 170, 181, 200, 205, 207, 208, 217, 229, 233, 234, 235, 237, 241, 246, 247, 249, 250, 251, 259
輔助性生業 ix, 46, 109, 122, 130, 147, 202, 248
領袖威權 ix, 2, 33, 39, 59, 67, 68, 69, 70, 71, 95, 154, 189
齊家文化 82, 84, 85, 87, 90, 101, 103, 104, 105, 106

十五劃

歐亞草原 10, 18, 26, 29, 32, 34, 42, 47, 58, 79, 80, 81, 83, 84, 85, 86, 97, 101, 107, 130, 131, 133, 134, 178, 229, 254, 268, 270
養膘 35, 36, 41, 134, 179

十六劃

戰略性掠奪(strategic raids) 147, 247
歷史循環論 xi, 13, 240, 245, 250
駱駝 5, 21, 22, 25, 28, 29, 30, 32, 35, 37, 38, 50, 59, 66, 75, 125, 126, 127, 128, 129, 132, 175, 181, 243, 254

十八劃

藏族 vi, 27, 31, 32, 34, 35, 36, 42, 44, 47, 51, 52, 57, 60, 61, 62, 63, 70, 71, 102, 173, 175, 176, 178, 180, 196, 239, 265, 267, 270

薩林斯(Marshall Sahlins)　49, 148, 197

十九劃

邊界　xi, xii, 2, 13, 39, 46, 93, 100, 107, 111, 114, 159, 163, 166, 226, 230, 232, 234, 236, 237, 246, 250, 251, 253, 254, 255, 256, 257, 258, 259, 260

二十二劃

(權力)集中化(centralization)　12, 61, 84, 95, 117, 118, 149, 156, 166

中央研究院叢書

游牧者的抉擇：面對漢帝國的北亞游牧部族

2009年1月初版 定價：新臺幣550元
2019年3月初版第三刷

著者 王明珂
叢書主編 沙淑芬
校對 馮蕊芳
封面設計 蔡婕岑

總編輯 胡金倫
總經理 陳芝宇
社長 羅國俊
發行人 林載爵

出版者 中央研究院
聯經出版事業股份有限公司
地址 新北市汐止區大同路一段369號1樓
編輯部地址 新北市汐止區大同路一段369號1樓
叢書主編電話 (02)86925588轉5310
台北聯經書房 台北市新生南路三段94號
電話 (02)23620308
台中分公司 台中市北區健行路321號1樓
暨門市電話 (04)22371234 ext.5
郵政劃撥帳戶第0100559-3號
郵撥電話 (02)23620308
印刷者 世和印製企業有限公司
總經銷 聯合發行股份有限公司
發行所 台北縣新店市寶橋路235巷6弄6號2F
電話 (02)29178022

行政院新聞局出版事業登記證局版臺業字第0130號

本書如有缺頁，破損，倒裝請寄回台北聯經書房更換。 ISBN 978-986-01-7005-4 (精裝)
聯經網址 http://www.linkingbooks.com.tw
電子信箱 e-mail:linking@udngroup.com

國家圖書館出版品預行編目資料

游牧者的抉擇：面對漢帝國的北亞游牧部族
/王明珂著．初版．新北市：中央研究院．聯經．2009年
304面．17×23公分．(中央研究院叢書)
ISBN　978-986-01-7005-4(精裝)
參考書目：24面(含索引)
[2019年3月初版第三刷]

1.民族史　2.游牧　3.邊疆民族　4.漢代

639.02　　97024506